MW00611147

Testing Program

VISTA®
HIGHER LEARNING

ISBN: 978-1-62680-210-0

4 5 6 7 8 9 10 BB 18 17 16 15

Table of Contents

UNIT TESTS

EXAMS

LISTENING SCRIPTS

OPTIONAL TEST SECTIONS

ANSWERS

Introduction

Contextualized, communicative, and flexible, the **D'ACCORD! Level 1** Testing Program offers:

- two quizzes (I and II) for each of the textbook's vocabulary presentations and grammar points.
- two lesson tests (I and II) for each of the textbook's 16 lessons.
- two unit tests (I and II) for each unit of the textbook's eight units.
- two exams (I and II) for **Unités 1–4**, **Unités 5–8**, and **Unités 1–8**.
- Scripts for the listening activities, Optional Test Sections, and Answer Keys.

The Quizzes

96 Quizzes, two versions (I and II) for each vocabulary presentation and grammar point, allow you to quickly assess students' grasp of the structures and concepts they are studying. Every Quiz I focuses more on discrete activity formats, whereas every Quiz II focuses more on open-ended formats. Both versions are based on a 20-point scale.

The Lesson and Unit Tests

The Lesson and Unit Tests come in two different versions, Tests I and II. They offer highly contextualized, comprehensive evaluation, consisting of discrete-answer as well as communicative activities that test language proficiency. The two versions are ideal for purposes of administering makeup tests.

Each Lesson and Unit Test begins with a listening section that focuses on the grammar, vocabulary, and theme of the respective lesson or unit. In order for students to complete this section, you may either read from the script in the Listening Scripts section of the **D'ACCORD! Level 1** Testing Program or play the corresponding Testing Program MP3 file. The accompanying activity focuses on global comprehension and understanding key details while prompting new grammar structures in students' answers.

After the listening section, you will find test activities that check students' knowledge of the corresponding lesson's or unit's active vocabulary and grammar structures. These activities combine communicative tasks with discrete-answer items. Formats include, but are not limited to, art-based activities, personalized questions, sentence completions, and cloze paragraphs.

Each test ends with a writing activity that emphasizes personalized communication and self-expression. Students are asked to generate a brief writing sample using the vocabulary and grammar of the corresponding textbook lesson or unit within a natural, realistic context.

The Lesson Tests are two pages each, and the Unit Tests are four pages each. Both are based on a 100-point scale. The former are designed to take about twenty minutes to complete, the latter about forty minutes. Point values for each test section are provided in parentheses at the end of each activity's direction lines.

The Exams

Each assessment begins with a listening comprehension section, continues with achievement and proficiency-oriented vocabulary and grammar checks, and ends with a personalized writing task. The assessments are cumulative and comprehensive, encompassing the main vocabulary fields, key grammar points, and the principal language functions covered in the corresponding textbook units. The scripts for the listening passages are also located in the Listening Scripts section of the **D'ACCORD! Level 1** Testing Program.

Like the Lesson Tests and Unit Tests (versions I and II), these assessments are based on a 100-point scale; point values for each activity are provided in parentheses at the end of each activity's direction lines. The Exams are six pages each and are designed to take about fifty minutes to complete.

The Optional Test Sections

For instructors who wish to evaluate students in areas that fall outside the scope of the assessments provided, five optional assessment activities targeting different knowledge and skills are provided. Brief activities separately review the **Roman-photo** video (one per lesson), the **Culture** textbook section (one per lesson), the **Panorama** textbook section (one per unit), the **Flash culture** video (one per unit), and **Lecture Supplémentaire** activities (one per lesson).

The optional **Lecture Supplémentaire** selections, presented as various forms of realia such as advertisements, articles, or personal correspondence, are accompanied by a set of questions designed to test students' overall comprehension of the text.

For scoring the optional sections, we suggest assigning a total value of 10 points per optional section administered and adding them to the 100 points that the main assessment is already worth. When you have added a student's total points earned, simply divide that sum by the total number of points possible (110, 120, 130, and so on). Then move the decimal point two places to the right to obtain the student's equivalent score out of 100.

The Testing Program MP3s and RTF word processing files

For your convenience, this Testing Program consists of two additional multimedia ancillaries. The **D'ACCORD! Level 1** Testing Program MP3s provide the recordings for the listening sections of the tests and exams. The scripts for these recordings are provided in this Testing Program. The Testing Program is also available in RTF (Rich Text File) word processing files so that you may tailor the materials to your classes and curriculum. The Testing Program MP3s and RTF word processing files are on the **D'ACCORD! Level 1** Supersite.

Some Suggestions for Use

While the materials reflect the content of the corresponding lessons in the **D'ACCORD! Level 1** student text, you may have emphasized certain vocabulary topics, grammar points, or textbook sections more or less than others. Because of this possibility, it is strongly recommended that you look over each assessment before you administer it to ensure that it reflects the vocabulary, grammar, and language skills you have stressed in your class. Additionally, you should feel free to modify any quiz, test, or exam by adding an optional section or adapting an existing activity so that the testing material meets the guidelines of "testing what you teach."

You can alleviate many students' test anxiety by telling them in advance how many points are assigned to each section and what sorts of activities they will see. You may even provide them with a few sample test items. If, for example, you are administering Quiz I for **Leçon 1A**, you may want to create a few items in the format of the activities in the quiz and show them to students.

When administering the listening sections, it is a good idea to begin by going over the direction lines with students so that they are comfortable with the instructions and the content of what they are going to hear. You might also want to give them a moment to look over any listening-based items they will have to complete and let them know if they will hear the narration or questions once or twice. If you read from the scripts yourself instead of playing the Testing Program MP3s, it is recommended that you read each selection twice at a normal speed, without emphasizing or pausing to isolate specific words or expressions.

Like many instructors, you may also want to evaluate your students' oral communication skills at the end of each semester or school year. For ideas and information, see the Oral Testing Suggestions section in this Testing Program.

We hope you find the **D'ACCORD! Level 1** Testing Program a valuable tool for evaluating your students' progress and saving you precious time. We would like to take this opportunity to acknowledge the contributions of writers Myriam Arcangeli, Séverine Champeny, Julie Cormier, Virginia Dosher, Patricia Ménard, and Jaishree Venkatesan, all of whom worked tirelessly to create this Testing Program.

*The **D'ACCORD!** Level 1 authors and the Vista Higher Learning Editorial Staff*

Oral Testing Suggestions

These suggestions for oral tests are offered for every two units to meet your needs; you can decide to administer them two, three, or four times during the year. The suggestions consist of two parts: questions and situations. As often done with proficiency-oriented assessments, the situations are in English in order not to reveal to students the French vocabulary fields and structures they are intended to elicit. The questions, on the other hand, are provided in French to allow you to use them readily without time-consuming advance preparation.

As you begin each oral test, remind students that you are testing their ability to understand and produce acceptable French, so they must give you as complete an answer as possible. It is strongly recommended that you establish a tone in which the test takes on, as much as possible, the ambience of natural communication, rather than that of an interrogation or artificial exchange in which the teacher asks all the questions and students answer them. It is important to start by putting students at ease with small talk in French, using familiar questions such as **Comment ça va?** and commenting on the weather or time of day. During the test, it is also a good idea to give students verbal or gestural feedback about the messages they convey, including reactions, comments, signs of agreement or disagreement, and/or transitions in the form of conversational fillers. Finally, as you end the test, it is recommended that you bring students to closure and put them at ease by asking them simple, personalized questions.

If the oral test revolves around a situation, you can have two students interact or you can play the role of one of the characters. To build students' confidence and comfort levels, you might want to begin the interaction so students have some language to which to react.

Many evaluation tools or rubrics exist for the grading of oral tests. Here is a simplified rubric, which you should feel free to adjust to reflect the type of task that students are asked to perform, the elements that you have stressed in your classes, and your own beliefs about language learning.

Oral Testing Rubric

Fluency	1	2	3	4	5	**24–25**	Excellent (A)
Pronunciation	1	2	3	4	5	**21–23**	Very Good (B)
Vocabulary	1	2	3	4	5	**18–20**	Average (C)
Structure	1	2	3	4	5	**15–17**	Below Average (D)
Comprehensibility	1	2	3	4	5	**Below 15**	Unacceptable (F)

Oral Testing Suggestions for *Unités 1–2*
Questions

- Comment t'appelles-tu?
- Comment vas-tu?
- Quel est ton cours préféré?
- Où habites-tu?
- Quel est ton numéro de téléphone?
- Travailles-tu? Où?
- Qu'est-ce qu'il y a dans ton sac à dos?

Situation

You run into a French-speaking friend at school. Greet each other and talk about the classes you are taking (what they are, the days of the week and/or time of day they meet) and what the professors are like. Then, say good-bye.

Oral Testing Suggestions for *Unités 3–4*
Questions

- As-tu une grande famille?
- As-tu des frères et des sœurs?
- Où habite ta famille?
- Comment sont tes parents?
- Où vas-tu cet après-midi, après le cours?
- Que prends-tu quand tu as soif?
- Que manges-tu à midi?

Situation

You and your best friend have an opportunity to spend a long weekend in either Paris or Québec City. However, you cannot agree on where to go. Explain to your friend why you prefer one city over the other. Stand your ground, and then agree on the city where you will spend your long weekend.

Oral Testing Suggestions for *Unités 5–6*
Questions

- Qu'est-ce que tu as fait le week-end dernier?
- Qu'est-ce que tu vas faire le week-end prochain?
- Que fais-tu de ton temps libre?
- Quelle est la date de ton anniversaire?
- Que fais-tu quand il pleut?
- Que portes-tu quand il fait chaud?
- Que portes-tu quand il fait froid?
- Que fais-tu quand on te fait une surprise?

Situation

You are in a store looking for some new clothes to wear to a party. Interact with the sales clerk. Find out how much at least three articles of clothing cost and buy at least one item.

Oral Testing Suggestions for *Unités 7–8*
Questions

- Où aimes-tu aller en vacances?
- Qu'aimes-tu faire quand tu pars en vacances?
- Quels pays as-tu visités?
- Décris ta maison ou ton appartement.
- Décris la maison ou l'appartement que tu espères avoir un jour.
- Quelles tâches ménagères fais-tu souvent?
- Quelles tâches ménagères faisais-tu quand tu étais plus jeune?
- Comment était ta maison ou ton appartement quand tu étais petit(e)?
- Connaissais-tu déjà l'année dernière un(e) élève de notre classe?

Situation

Your older cousin is spending a year abroad in Belgium, and you are going to visit him or her during Spring Break. Over the phone, you give your cousin your travel details. Your cousin, in turn, tells you his or her plans for picking you up and taking you to his or her apartment.

Leçon 1A

VOCABULARY QUIZ I

1   **Chassez l'intrus**   In each group, choose the phrase that does not belong. (5 x 1 pt. each = 5 pts.)

1. a. Je vais bien.
   b. Excusez-moi.
   c. Comme ci, comme ça.

2. a. Comment vous appelez-vous?
   b. Je m'appelle Bernard.
   c. Ça va très bien!

3. a. Bonne journée!
   b. Il n'y a pas de quoi.
   c. Je t'en prie.

4. a. Au revoir.
   b. À plus tard.
   c. Bonjour.

5. a. Ça va?
   b. Comment vas-tu?
   c. Merci beaucoup.

2   **Choisissez**   Choose the response from Column B that corresponds to each item in Column A.
(5 x 1 pt. each = 5 pts.)

A	B
_____ 1. Merci beaucoup.	a. À plus tard!
_____ 2. Ça va?	b. Et vous?
_____ 3. Eva, je te présente Gabrielle.	c. Moi aussi.
_____ 4. À tout à l'heure!	d. Je vous en prie.
_____ 5. Je vais mal.	e. Comme ci, comme ça.
	f. Enchantée.

3   **En ordre**   Create a logical conversation by ordering these sentences from 1 to 5. (5 x 2 pts. each = 10 pts.)

_____ a. Je m'appelle Lucas.

_____ b. Très bien, merci.

_____ c. Bonjour. Comment vous appelez-vous?

_____ d. Comment allez-vous?

_____ e. Je m'appelle Marisa. Et vous?

Leçon 1A

VOCABULARY QUIZ II

1 **Complétez** Complete these conversations with appropriate phrases. (4 x 1 pt. each = 4 pts.)

1. **PAUL** _____, Chloé! Ça va?

   CHLOÉ _____

2. **MARIANNE** Bonjour, comment vous appelez-vous?

   TOI _____

   MARIANNE Je m'appelle Marianne.

   TOI _____

2 **Comment dit-on?** Write an expression, in French, for each of these situations.
(5 x 2 pts. each = 10 pts.)

1. Greet your teacher, Monsieur Galliand.

   _____

2. Tell your friend good-bye.

   _____

3. Respond to your friend who thanks you for something.

   _____

4. Ask your friend's mom how she is doing.

   _____

5. Introduce one friend to another one.

   _____

3 **C'est à vous!** Write a conversation in which you introduce yourself to a new student in school, ask his or her name and how he or she is doing, and introduce him or her to a friend. (4 pts. for vocabulary + 2 pts. for style and creativity = 6 pts.)

_____

_____

_____

_____

_____

_____

_____

_____

Leçon 1A.1

GRAMMAR QUIZ I

Nouns and articles

1 Choisissez Select the correct article to complete each sentence. (5 x 1 pt. each = 5 pts.)

1. Il y a _____ librairie là-bas.
   a. un   b. des   c. une

2. C'est _____ ordinateur de mon (*of my*) oncle.
   a. l'   b. le   c. la

3. C'est _____ étudiante.
   a. un   b. une   c. des

4. Jacques, c'est _____ ami de Yolanda.
   a. le   b. la   c. l'

5. J'adore _____ littérature!
   a. le   b. la   c. les

2 Singuliers et pluriels Make the singular nouns and articles plural and vice versa.
(5 x 1 pt. each = 5 pts.)

1. un étudiant _____

2. l'ami _____

3. les examens _____

4. un bureau _____

5. les lycées _____

3 Complétez Identify these items with the appropriate indefinite article and noun. (5 x 2 pts. each = 10 pts.)

> **Modèle**
>
> Beyoncé et Britney Spears: *des chanteuses.*

1. Brad Pitt, Jackie Chan et Gérard Depardieu: _____.

2. UCLA: _____.

3. Le Mac et le PC: _____.

4. Un éléphant, un rhinocéros et une girafe: _____.

5. *La Joconde* (*Mona Lisa*): _____.

Quizzes

Leçon 1A.1

GRAMMAR QUIZ II

Nouns and articles

1   **Qu'est-ce qu'il y a?** Complete the sentence by listing five things that you might find in your school. Don't forget to include the appropriate indefinite article with each noun. (5 x 2 pts. each = 10 pts.)

Dans mon (*my*) lycée, il y a...

1. _____.

2. _____.

3. _____.

4. _____.

5. _____.

2   **Assemblez** Form five complete sentences by combining elements from each column. Be sure to use both singular and plural nouns and articles. Make changes or add words as necessary. (5 x 2 pts. each = 10 pts.)

Il y a	un	animal
C'est	une	ami(e)(s)
Ce sont	des	lycée
		librairie
		chanteur français
		actrice formidable
		café
		instrument

1. _____

_____

2. _____

_____

3. _____

_____

4. _____

_____

5. _____

_____

Leçon 1A.2

GRAMMAR QUIZ I

Numbers 0–60

1   **Le calcul**   Select the correct answer to each math problem. (5 x 1 pt. each = 5 pts.)

_____ 1. 30 – 10   a. soixante

_____ 2. 4 x 10   b. seize

_____ 3. 52 + 8   c. trente-trois

_____ 4. 32 ÷ 2   d. quarante

_____ 5. 3 x 11   e. vingt

                             f. quatorze

2   **Des séries**   Write out the number that would logically follow in each series. (5 x 1 pt. each = 5 pts.)

1. zéro, cinq, dix, ... _____

2. dix-huit, seize, quatorze, ... _____

3. quatre, cinq, six, ... _____

4. dix-sept, quinze, treize, ... _____

5. vingt, trente, quarante, ... _____

3   **Phrases complètes**   Write complete sentences using the cues and the expressions **Il y a** or **Il n'y a pas**. Be sure to make all necessary changes. (5 x 2 pts. each = 10 pts.)

> **Modèle**
>
> table / 3
> *Il y a trois tables.*

1. ordinateur / 56

_____

2. étudiant / 0

_____

3. bureau / 21

_____

4. télévision / 0

_____

5. animal / 49

_____

Leçon 1A.2

GRAMMAR QUIZ II

Numbers 0–60

1 Répondez Answer these questions with complete sentences. (4 x 2 pts. each = 8 pts.)

1. Il y a combien d'étudiants dans la classe?

   _____

2. Il y a combien de bibliothèques dans ton (*your*) lycée?

   _____

3. Il y a combien d'ordinateurs dans la classe?

   _____

4. Il y a combien de choses dans ton sac à dos (*backpack*)?

   _____

2 Au café Imagine that you are at a chic café in Montréal. Write three sentences to say what objects or people, and how many of each, are in the café. Write out all numbers. (3 x 2 pts. each = 6 pts.)

1. _____

   _____

2. _____

   _____

3. _____

   _____

3 Pas au café You are still in the same café. Write three sentences to say what objects or people, and how many of each, are *not* in the café. Write out all numbers. (3 x 2 pts. each = 6 pts.)

1. _____

   _____

2. _____

   _____

3. _____

   _____

Leçon 1B

VOCABULARY QUIZ I

1 **Logique ou illogique?** Read these statements that describe what might be in a classroom and indicate whether each one is logical or illogical. (5 x 1 pt. each = 5 pts.)

	Logique	Illogique
1. Il y a des livres.	O	O
2. Il n'y a pas de tableau.	O	O
3. Il n'y a pas d'animaux.	O	O
4. Il y a une fenêtre.	O	O
5. Il n'y a pas de portes.	O	O

2 **Chassez l'intrus** Circle the word that does not belong in each category. (5 x 1 pt. each = 5 pts.)

1. une femme, un homme, une feuille de papier

2. une montre, une carte, une horloge

3. une fenêtre, une chaise, un bureau

4. une copine, une camarade de classe, un livre

5. un sac à dos, un livre, un dictionnaire

3 **Complétez** Fill in the blanks logically using words from the list. (5 x 2 pts. each = 10 pts.)

la chaise	horloge	un stylo
la corbeille	fenêtres	le tableau

1. Mon copain écrit avec (*writes with*) _____.

2. Le professeur écrit sur (*on*) _____.

3. Je jette (*throw*) les feuilles de papier dans _____.

4. Benjamin est assis (*is sitting*) sur _____.

5. Il y a deux _____ dans la salle de classe.

Leçon 1B

VOCABULARY QUIZ II

1 **C'est logique** Add a word that most logically fits each category. (4 x 1 pt. each = 4 pts.)

1. copain
garçon

_____

2. femme
copine

_____

3. livre
cahier

_____

4. étudiants
professeurs

_____

2 **Des catégories** Write two classroom objects under each of these categories. Include an article with each one and do not repeat any objects. (6 x 2 pts. each = 12 pts.)

In your backpack	On the wall	On the floor

3 **En classe** Write one item that you might need specifically for each of these classes. Use a different item each time. (4 x 1 pt. each = 4 pts.)

1. Les maths: _____

2. La géographie: _____

3. L'art: _____

4. Le français: _____

Leçon 1B.1

GRAMMAR QUIZ I

The verb *être*

1 **Quel sujet?** Fill in the blanks with the appropriate subject pronouns. (6 x 1 pt. each = 6 pts.)

1. _____ vais mal.

2. Comment t'appelles- _____?

3. Céline? _____ danse bien!

4. Mélanie et Thomas? _____ sont étudiants.

5. En France, _____ parle (*speak*) français.

6. Comment allez- _____, Monsieur Beaufort?

2 **Complétez** Fill in the blanks with the appropriate forms of the verb être. (6 x 1 pt. each = 6 pts.)

1. Mon (*My*) camarade de chambre et moi, nous _____ amis.

2. Ce _____ des calculatrices.

3. Vous _____ élèves?

4. Théo, tu _____ américain?

5. On _____ à la bibliothèque.

6. Je _____ de Berlin.

3 **Identifiez** Write complete sentences using the cues provided and the verb être. Make any changes necessary. (4 x 2 pts. each = 8 pts.)

> **Modèle**
>
> Ce / horloge
> *C'est une horloge.*

1. Sean Connery et Denzel Washington / acteur

   _____

2. nous / à la librairie

   _____

3. vous / professeur

   _____

4. Carole et Anne / étudiant

   _____

Leçon 1B.1

GRAMMAR QUIZ II

The verb *être*

1 **Où ça?** Write six complete sentences using the words in the list to say where you and these people are. (6 x 1 pt. each = 6 pts)

au lycée	à Paris	ici
à la librairie	dans la salle de classe	là-bas

1. Les professeurs _____.

2. Ma (*My*) copine et moi, nous _____.

3. Jacques, tu _____.

4. On _____.

5. Rémy et toi, vous _____.

6. Aurélie et Mia _____.

2 **Construisez** Write seven complete sentences combining elements from each column and making any additional changes. (7 x 2 pts. each = 14 pts.)

je		professeurs
tu		fille
il/elle		acteur/actrice
on		élève
nous	être	homme
vous		femme
ils/elles		copains/copines
c'est		calculatrice
ce sont		montre
		fenêtre

1. _____

2. _____

3. _____

4. _____

5. _____

6. _____

7. _____

Leçon 1B.2

GRAMMAR QUIZ I

Adjective agreement

1   **Complétez** Complete each sentence with the correct form of the adjective in parentheses.
(5 x 1 pt. each = 5 pts.)

1. Christophe et Tiffany sont _____ (agréable).

2. Henri et moi, nous sommes _____ (français).

3. Les étudiantes sont très _____ (occupé).

4. La littérature est _____ (intéressant).

5. Les actrices japonaises sont _____ (réservé).

2   **Le club international** There are many international students in your school. Indicate these
students' nationalities based on where they are from. (5 x 1 pt. each = 5 pts.)

> **Modèle**
>
> Mohammed est de Casablanca.
> *Il est marocain.*

1. Graham est de Londres. _____

2. Maria est de Venise. _____

3. Pilar et Carlos sont de Madrid. _____

4. Mes copines sont de Hanoï. _____

5. Ralf est de Berlin. _____

3   **Au contraire!** Disagree with each of your friend's statements by writing just the opposite.
(5 x 2 pts. each = 10 pts.)

1. Élodie est pessimiste.

    Non, elle _____.

2. Les professeurs sont très patients.

    Non, ils _____.

3. Janine et Christine sont agréables.

    Non, elles _____.

4. L'examen est facile (*easy*).

    Non, il _____.

5. Mon ami et moi, nous sommes sociables.

    Non, vous _____.

Quizzes

Leçon 1B.2

GRAMMAR QUIZ II

Adjective agreement

1 **Questions personnelles** Answer the questions with complete sentences. (4 x 1 pt. each = 4 pts.)

1. Quelle est la nationalité de ton/ta meilleur(e) (*your best*) ami(e)?

   _____

2. Comment est ton cours de français?

   _____

3. Tes parents sont de quelle(s) origine(s)?

   _____

4. Comment sont tes (*your*) camarades de classe?

   _____

   _____

2 **Décrivez** Write two complete sentences to describe the personality and nationality of each person. (6 x 2 pts. each = 12 pts.)

1. Le président des États-Unis (*United States*)

   _____

   _____

   _____

4. La reine (*queen*) Elizabeth

   _____

   _____

   _____

2. Céline Dion

   _____

   _____

   _____

5. Ebenezer Scrooge

   _____

   _____

   _____

3. Roger Federer

   _____

   _____

   _____

6. Léonard de Vinci (*Leonardo da Vinci*)

   _____

   _____

   _____

3 **Ça, c'est moi!** Write a paragraph of at least four sentences to describe yourself. (2 pts. for vocabulary + 2 pts. for grammar = 4 pts.)

_____

_____

_____

_____

_____

Nom _____   Date _____

Leçon 2A

VOCABULARY QUIZ I

1 **Associez** Match each person with his or her favorite class. (6 x 0.5 pt. each = 3 pts.)

_____ 1. Solange aime les animaux.

_____ 2. Mireille adore Aristote.

_____ 3. Thuy s'intéresse au gouvernement.

_____ 4. Célia adore le sport.

_____ 5. Jason étudie les atomes et les molécules.

_____ 6. Farid adore les ordinateurs.

a. l'éducation physique

b. les lettres

c. l'informatique

d. les langues étrangères

e. les sciences politiques

f. la philosophie

g. la chimie

h. la biologie

2 **Devinez** Read these movie titles and write the subject that you would associate with each one. Remember to include the definite articles. (5 x 2 pts. each = 10 pts.)

1. *Coco before Chanel* _____

2. *Trump's Triumphs* _____

3. *Witness for the Prosecution* _____

4. *The Temple of the Pharaohs* _____

5. *The Wall Street Crisis* _____

3 **Complétez** Fill in each blank with the appropriate subject or school-related expression. (7 x 1 pt. each = 7 pts.)

1. La cathédrale Notre-Dame de Paris est un excellent exemple de

   l'_____ gothique en France.

2. J'ai (*I have*) beaucoup de _____ pour mon cours de physique.

   Je suis très occupé!

3. L'université est chère (*expensive*) mais je vais recevoir (*receive*) une

   _____.

4. Les _____ sont très importantes pour entrer dans une université

   comme Yale.

5. L'algèbre, c'est difficile! Je déteste les _____!

6. Au lycée, je mange (*eat*) une pizza à la _____.

7. J'ai cinq _____ cette année. Ils sont intéressants et les profs

   sont sympas.

© 2015 Vista Higher Learning, Inc. All rights reserved.   **Leçon 2A** Vocabulary Quiz I   **13**

Leçon 2A

VOCABULARY QUIZ II

1 **Complétez** Finish the sentences. (5 x 1 pt. each = 5 pts.)

1. J'aime l'informatique parce que (*because*)… _____

2. Mon cours favori… _____

3. Les examens… _____

4. Avoir une bourse… _____

5. Je n'aime pas tellement… _____

2 **Un dialogue** Complete this conversation between you and your friend Laurent. (5 x 1 pt. each = 5 pts.)

LAURENT Salut! Ça va?

TOI Oui, super!

LAURENT Tu aimes le cours de _____?

TOI Oui, _____.

LAURENT Et le cours de _____?

TOI Non, _____. C'est _____.

3 **Votre opinion** Write an e-mail to your friend telling him or her what you think of five of your classes and teachers. (6 pts. for vocabulary + 4 pts. for style and creativity = 10 pts.)

_____

_____

_____

_____

_____

_____

_____

_____

_____

_____

_____

_____

_____

_____

_____

Leçon 2A.1

GRAMMAR QUIZ I

Present tense of regular -er verbs

1 **Le bon choix** Match the subjects in Column A with the appropriate endings in Column B. (5 x 1 pt. each = 5 pts.)

A	B
_____ 1. Je	a. parles italien?
_____ 2. Julie et toi	b. regardons la télévision.
_____ 3. Aïcha et Pascal	c. mange à la cantine.
_____ 4. Mon copain et moi	d. commencent l'examen.
_____ 5. Tu	e. cherchez le professeur?

2 **Mes amis et moi** Frédéric is talking about himself and his friends. Circle the verb forms that correctly complete his statements. (5 x 1 pt. each = 5 pts.)

1. André (oublie / oublies) toujours ses (*his*) devoirs.

2. Tu (étudie / étudies) souvent à la bibliothèque.

3. Sam et toi, vous (dessiner / dessinez) bien!

4. Nadine et Simone adorent (voyagent / voyager).

5. J' (aimes / aime) retrouver des amis à la cantine.

3 **Complétez** Complete each sentence with the correct form of one of the verbs in the list. Use each verb once. (5 x 2 pts. each = 10 pts.)

| chercher | habiter | travailler |
| commencer | retrouver | voyager |

1. Mes copains _____ des livres à la bibliothèque.

2. Le professeur adore _____ dans cette (*this*) école.

3. Nous _____ beaucoup, surtout en Europe.

4. Vous _____ en France?

5. Nous _____ les devoirs.

Leçon 2A.1

GRAMMAR QUIZ II

Present tense of regular -er verbs

1   **Répondez**   Answer the questions. (5 x 2 pts. each = 10 pts.)

1. Tu aimes les sciences?

   _____

2. Tes copains et toi, vous mangez souvent à la cantine?

   _____

3. Tu aimes mieux regarder la télé ou voyager?

   _____

4. Qu'est-ce que (*What*) tu détestes faire (*doing*)?

   _____

5. Tu parles l'espagnol?

   _____

2   **Assemblez**   Write five complete sentences using a different subject each time and combining elements from each of the other two columns. Add additional words as necessary. (5 x 2 pts. each = 10 pts.)

je	étudier	des amis
tu	voyager	des livres
il/elle/on	retrouver	au café
nous	chercher	à la cantine
vous	travailler	à l'université
ils/elles	aimer	la gestion
	détester	à la bibliothèque
		au lycée
		en Afrique
		la chimie

1. _____

2. _____

3. _____

4. _____

5. _____

Leçon 2A.2

GRAMMAR QUIZ I

Forming questions and expressing negation

1 **Trop de questions** Convert each of these statements into a question using inversion.
(5 x 1 pt. each = 5 pts.)

1. Tu adores le cours de chimie.

   _____

2. Les étudiants parlent français.

   _____

3. Clarice mange à la cantine.

   _____

4. C'est le professeur d'économie.

   _____

5. Il y a une horloge.

   _____

2 **Toujours négatif!** Change each statement or question into a negative one. (5 x 1 pt. each = 5 pts.)

1. Nous dessinons bien.

   _____

2. Fatima et Miriam aiment-elles habiter à Paris?

   _____

3. Parlez français en cours!

   _____

4. D'habitude, tu manges à la cantine.

   _____

5. Il oublie le livre.

   _____

3 **À remplir** Complete Édouard and Valérie's conversation about their classes. (5 x 2 pts. each = 10 pts.)

ÉDOUARD Salut Valérie, ça va?

VALÉRIE Oui, ça va. Dis donc (*So*), tu n'aimes pas le français?

ÉDOUARD (1) _____. C'est très intéressant!

VALÉRIE Et la chimie?

ÉDOUARD Non, (2) _____.

VALÉRIE (3) _____?

ÉDOUARD Parce que c'est inutile. Et je n'aime pas du tout l'informatique.

VALÉRIE (4) _____! L'informatique, c'est difficile!

ÉDOUARD (5) _____?

VALÉRIE Oui, il y a un ordinateur dans la classe.

    Leçon 2A.2 Grammar Quiz I   **17**

Leçon 2A.2

GRAMMAR QUIZ II

Forming questions and expressing negation

1   **Répondez**   Answer the questions using a different expression to agree or disagree each time.
(5 x 1 pt. each = 5 pts.)

1. Est-ce que les examens sont faciles?

   _____

2. Est-ce que tu n'aimes pas manger à la cantine?

   _____

3. Je ne voyage pas beaucoup. Et toi?

   _____

4. Est-ce que tu étudies souvent à la bibliothèque?

   _____

5. Tu aimes le cours de français? Pourquoi?

   _____

2   **On n'aime pas...**   Complete each sentence in the negative using a different verb each time.
(5 x 1 pt. each = 5 pts.)

aimer	étudier	manger	retrouver
être	habiter	parler	voyager

1. Je _____.

2. Mes amis et moi, nous _____.

3. Le professeur _____.

4. Les élèves _____.

5. Le président des États-Unis (*United States*) _____.

3   **Un sondage**   You are conducting a survey (**un sondage**) about new students for your school newspaper.
Write five questions you might ask them about school or classes. Vary the format of your questions.
(5 x 2 pts. each = 10 pts.)

1. _____

2. _____

3. _____

4. _____

5. _____

Leçon 2B

VOCABULARY QUIZ I

Quizzes

1 **Chassez l'intrus** Select the word that does not belong. (6 x 0.5 pt. each = 3 pts.)

1. a. la semaine   b. le soir   c. l'après-midi

2. a. jeudi   b. matin   c. mardi

3. a. un an   b. après-demain   c. un mois

4. a. dernier   b. prochain   c. ce week-end

5. a. une soirée   b. demain   c. aujourd'hui

6. a. enseigner   b. expliquer   c. dîner

2 **Logique ou pas?** Read each statement and indicate whether it is **Logique (L)** or **Illogique (I)**.
(5 x 1 pt. each = 5 pts.)

_____ 1. Il y a un examen aujourd'hui. Je prépare l'examen demain.

_____ 2. Aujourd'hui, c'est lundi. Après-demain, c'est mercredi.

_____ 3. Les élèves enseignent à l'école.

_____ 4. Échouer à un cours, c'est important.

_____ 5. Il y a treize jours dans un mois.

3 **Complétez** Fill in the blanks with the correct forms of the verbs in the box. (6 x 2 pts. each = 12 pts.)

demander	enseigner
donner	expliquer
échouer	oublier
écouter	trouver

M. Garnier (1) _____ la physique au lycée. C'est un excellent
professeur! Il (2) _____ bien la leçon et les élèves
(3) _____ toujours avec beaucoup d'intérêt (*interest*). Il ne
(4) _____ pas beaucoup de devoirs mais on
(5) _____ rarement à son (*his*) cours. Mes copains et moi, nous
(6) _____ ce cours super!

Leçon 2B

VOCABULARY QUIZ II

1 **Complétez** Complete the sentences. (6 x 1 pt. each = 6 pts.)

1. Les jours du cours de français sont… _____.

2. Cette semaine… _____.

3. Le vendredi soir… _____.

4. L'année prochaine… _____.

5. Le dernier cours du jeudi, c'est… _____.

6. Aujourd'hui, … _____ toute (*all*) la matinée.

2 **Répondez** Answer the questions. (6 x 1 pt. each = 6 pts.)

1. Quel jour sommes-nous?

_____

2. D'habitude, est-ce que vous dînez en famille le soir?

_____

3. Est-ce que vous préparez un examen cette semaine?

_____

4. Téléphonez-vous souvent à des amis?

_____

5. Est-ce que vous trouvez le cours de français facile?

_____

6. Aimez-vous le week-end? Pourquoi?

_____

3 **Un jour typique** Write complete sentences to tell what you typically do or do not do on these days and at these times. (4 x 2 pts. each = 8 pts.)

	le lundi	le dimanche
le matin		
le soir		

Leçon 2B.1

GRAMMAR QUIZ I

Present tense of *avoir*

1 **Complétez** Fill in each blank with the correct form of **avoir**. (5 x 1 pt. each = 5 pts.)

1. Tu _____ un stylo?

2. Les élèves _____ beaucoup d'examens.

3. Marie n' _____ pas cours demain.

4. J' _____ biologie le vendredi matin.

5. Nous _____ trois ordinateurs dans la classe.

2 **Reconstituez** Make complete sentences using the cues provided and adding any additional words as necessary. Write out any numbers. (5 x 1 pt. each = 5 pts.)

1. Mme Duchamp et moi / avoir / 53 / ans

_____

2. Kevin / avoir / air / occupé

_____

3. tu / ne pas avoir / chaise

_____

4. je / avoir / chance

_____

5. Georges et toi / ne pas avoir / tort

_____

3 **Décrivez** Read each statement and write a response using an expression with **avoir**. (5 x 2 pts. each = 10 pts.)

1. Je déteste les serpents. Je/J' _____.

2. Tu dis (*say*) que 8 + 8 = 16? Tu _____.

3. La température est de –30 degrés Fahrenheit. Vous _____.

4. Louis et Sandrine _____ une calculatrice pour l'examen de mathématiques demain.

5. M. Faubert travaille toujours la nuit. Alors, il _____ maintenant (*now*).

Leçon 2B.1

GRAMMAR QUIZ II

Present tense of *avoir*

1   **Complétez**   Use your imagination to complete the phrases using the verb **avoir** or an expression with **avoir**. (5 x 1 pt. each = 5 pts.)

    1. Nous étudions parce que/qu' _____.

    2. Je ne regarde pas la télévision parce que/qu'_____.

    3. Laure téléphone à Éric parce que/qu' _____.

    4. Gina et Sabine sont à la bibliothèque parce que/qu' _____.

    5. Le prof n'a pas l'air content parce que/qu' _____.

2   **Répondez**   Answer the questions. (5 x 1 pt. each = 5 pts.)

    1. Quel est ton jour préféré? Pourquoi?

     _____

    2. Tes amis et toi, avez-vous de bonnes notes en français?

     _____

    3. Est-ce que les professeurs ont toujours raison?

     _____

    4. As-tu souvent de la chance?

     _____

    5. Quel âge as-tu?

     _____

3   **Un(e) correspondant(e)**   Write an e-mail to your French pen pal telling him or her about your school, teachers, and classes. Mention what days and times you have certain classes. Use at least two expressions with **avoir**, and do not forget to ask your pen pal about his or her classes. (6 pts. for grammar + 4 pts. for style and creativity = 10 pts.)

_____

_____

_____

_____

_____

_____

_____

Leçon 2B.2

GRAMMAR QUIZ I

Telling time

1 **Arrivée des trains** A computer glitch at the train station has caused arrival times to appear out of order on the monitors. Renumber them in the order in which the trains will arrive, starting with the earliest one. (8 x 1 pt. each = 8 pts.)

_____ a. Le train de Rennes arrive à douze heures trente.

_____ b. Le train de Bordeaux arrive à dix-neuf heures dix.

_____ c. Le train de Nice arrive à seize heures quarante-deux.

_____ d. Le train d'Aix-en-Provence arrive à vingt-deux heures vingt.

_____ e. Le train de Lyon arrive à quatorze heures quinze.

_____ f. Le train de Strasbourg arrive à dix-sept heures cinquante.

_____ g. Le train de Nantes arrive à onze heures quarante-cinq.

_____ h. Le train de Toulouse arrive à vingt heures trente-cinq.

2 **L'heure** Write out the time below each clock. Indicate whether it is morning, afternoon, or evening. (6 x 2 pts. each = 12 pts.)

1. `8:15 AM`

_____

2. `3:30 PM`

_____

3. `2:00 AM`

_____

4. `12:00 AM`

_____

5. `10:50 AM`

_____

6. `1:25 PM`

_____

Leçon 2B.2

GRAMMAR QUIZ II

Telling time

1 **Répondez** Answer the questions. (5 x 2 pts. each = 10 pts.)

1. À quelle heure commence le cours de français?

_____

2. Vers quelle heure est-ce que tu rentres à la maison?

_____

3. Arrives-tu souvent en retard à l'école?

_____

4. Quels cours est-ce que tu as le jeudi matin?

_____

5. À quelle heure manges-tu?

_____

2 **Mon blog** You are spending a semester in France and keeping a blog about your time there. Write an entry in which you talk about at least three classes you are taking, including the days and times that they meet and what you think of them. Mention two other activities you do with your friends and when you do them. (5 pts. for vocabulary and grammar + 5 pts. for style and creativity = 10 pts.)

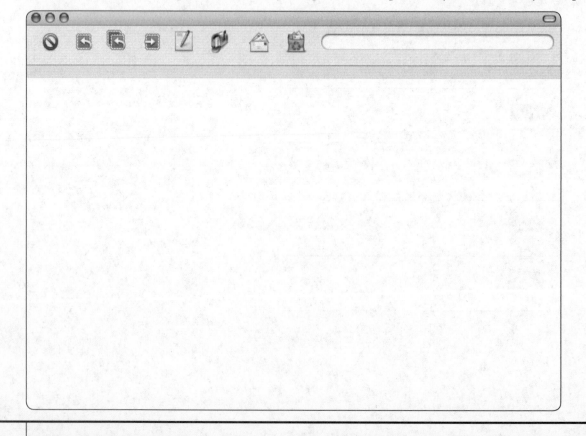

Leçon 3A

VOCABULARY QUIZ I

1 **Chassez l'intrus** In each group, choose the item that does not belong. (4 x 1 pt. each = 4 pts.)

1. a. mère
   b. grand-mère
   c. tante
   d. voisine

2. a. célibataire
   b. oiseau
   c. mariée
   d. veuve

3. a. chat
   b. poisson
   c. aînée
   d. chien

4. a. fiancé
   b. cousin
   c. frère
   d. neveu

2 **Choisissez** Fill in each blank with the appropriate word from the list. (6 x 1 pt. each = 6 pts.)

beau-frère	divorcés	poissons
cadet	épouse	tantes
chien	fille	veuve

1. Ma famille a un cocker. Il s'appelle Fido et c'est un _____ intelligent.

2. Ma mère est mariée à mon père. Ma mère est son _____.

3. J'adore ma _____, Émilie. Elle a sept ans.

4. Vous avez un aquarium parce que vous aimez observer les _____.

5. Moi, j'ai seize ans. Paul a douze ans. C'est mon frère _____.

6. J'habite avec ma belle-mère parce que mes parents sont _____.

3 **Complétez** Fill in the blanks with the appropriate term. (5 x 2 pts. each = 10 pts.)

1. Le père de mon père, c'est mon _____.

2. La mère de ma femme, c'est ma _____.

3. Mon _____, c'est le fils de mes grands-parents et le mari de ma mère.

4. Ma sœur, c'est la _____ de ma grand-mère.

5. Le frère de ma mère, c'est mon _____.

Leçon 3A

VOCABULARY QUIZ II

1 **Expliquez** Write a definition to explain the relationship between the person mentioned and yourself. (5 x 1 pt. each = 5 pts.)

> **Modèle**
>
> mon oncle *C'est le mari de ma tante.*

1. mes nièces _____

2. mon cousin _____

3. ma demi-sœur _____

4. mes grands-parents _____

5. ma belle-mère _____

2 **Questions** Answer these questions with complete sentences. (4 x 1 pt. each = 4 pts.)

1. Combien de personnes y a-t-il dans ta famille?

   _____

2. Où habitent tes grands-parents?

   _____

3. Comment s'appellent tes parents?

   _____

4. As-tu des cousin(e)s? Quel âge ont-ils/elles?

   _____

   _____

3 **Ma personne préférée** Write a description of your favorite relative. You should mention his or her name, relationship to you, where he or she is from, and whether he or she works or studies and where. Also mention one thing he or she likes and one thing he or she dislikes. (6 pts. for grammar + 5 pts. for style and creativity = 11 pts.)

_____

_____

_____

_____

_____

_____

_____

Leçon 3A.1

GRAMMAR QUIZ I

Descriptive adjectives

1   **Au contraire** Write the opposite of each adjective. (5 x 1 pt. each = 5 pts.)

1. vieux _____

2. malheureux _____

3. grand _____

4. beau _____

5. court _____

2   **Complétez** Choose the correct option from the adjectives provided. Make any necessary changes.
(5 x 1 pt. each = 5 pts.)

Ma mère est très (1) _____ (heureux / long). Elle est prof de maths et les élèves
adorent ma mère. Elle est très (2) _____ (vert / fier) de sa classe. Les élèves sont
(3) _____ (jeune / bleu) mais ils ne sont pas (4) _____ (raide / naïf).
Les garçons travaillent beaucoup, et les filles sont très (5) _____ (sérieux / marron).

3   **Descriptions** Write a complete sentence about each person's relatives using descriptive adjectives.
(5 x 2 pts. each = 10 pts.)

> **Modèle**
> Pauline est curieuse. Elle a un frère.
> *Il est curieux aussi.*

1. Gisèle est brune. Elle a deux frères.

   _____

2. Anne est belle. Elle a un neveu.

   _____

3. Olivier et Thomas sont intellectuels. Ils ont une cousine.

   _____

4. Maryse et Patrick sont roux. Ils ont une petite-fille.

   _____

5. Samira est fière. Elle a deux oncles.

   _____

Leçon 3A.1 Grammar Quiz I   **27**

Leçon 3A.1

GRAMMAR QUIZ II

Descriptive adjectives

1 **Complétez** Fill in each blank with an appropriate descriptive adjective. Do not repeat words. (6 x 1 pt. each = 6 pts.)

J'aime bien mon chien, Coco. Il est (1) _____ parce qu'il mange beaucoup. Quand il aboie (*barks*) la nuit, mes parents ne sont pas (2) _____! Coco pense qu'il est humain comme nous parce qu'il est (3) _____ et aime les (4) _____ enfants. Coco habite dans une maison (5) _____ dans le jardin (*backyard*). Mes deux sœurs cadettes ne sont pas (6) _____! Elles détestent jouer (*to play*) avec Coco!

2 **Questions** Answer these questions using descriptive adjectives in complete sentences. (3 x 2 pts. each = 6 pts.)

1. Comment es-tu?

_____

_____

2. Comment sont tes parents?

_____

_____

3. Est-ce que tu aimes les grandes familles? Pourquoi?

_____

_____

3 **Mon copain/Ma copine** Write a description of one of your friends. Include his or her name, nationality, physical appearance, and personality. (4 pts. for grammar + 4 pts. for style and creativity = 8 pts.)

_____

_____

_____

_____

_____

_____

_____

_____

Leçon 3A.2

GRAMMAR QUIZ I

Possessive adjectives

1 **Complétez** Arnaud is asking Laurie about her boyfriend's family. Fill in the blanks with the appropriate possessive adjective. (5 x 1 pt. each = 5 pts.)

ARNAUD Comment tu trouves (1) _____ (*his*) famille?

LAURIE (2) _____ (*His*) parents sont très sympas!

ARNAUD Tu aimes (3) _____ (*his*) sœur Michelle?

LAURIE Oui, et aussi (4) _____ (*her*) mari Pierre et (5) _____ (*their*) fille Rosalie.

2 **Les voisins** Two families just moved into the neighborhood and your nosy neighbor is telling you how they are related to each other. Fill in the blanks with the correct form of **de** + definite article. (6 x 0.5 pt. each = 3 pts.)

Tu connais (*know*) les Renaud et les Blanchard? Bon, Auguste et Henri Blanchard sont les neveux (1) _____ cousin (2) _____ belle-sœur de Mme Renaud. La tante (3) _____ frères Blanchard est l'amie (4) _____ oncle d'Eugène Renaud. Le mari (5) _____ cousine d'Eugène est la demi-sœur (6) _____ grand-père de Célia Blanchard, la femme d'Auguste! Quelle famille!

3 **Oui ou non?** Answer the following questions using a possessive adjective and the cues provided. (6 x 2 pts. each = 12 pts.)

> **Modèle**
> C'est la chaise de Mathieu?
> (Non) *Non, ce n'est pas sa chaise.*

1. C'est l'ordinateur de Sophie?

   (Oui) _____

2. Ce sont les nièces de Maxine et Joseph?

   (Oui) _____

3. C'est le chien de vos voisins?

   (Non) _____

4. Ce sont les élèves de M. Mayer?

   (Oui) _____

5. Ce sont vos filles?

   (Non) _____

6. Alain et Justine, c'est votre professeur?

   (Oui) _____

Quizzes

Leçon 3A.2

GRAMMAR QUIZ II

Possessive adjectives

1 **Décrivez** Write complete sentences to describe these objects or people. (6 x 1 pt. each = 6 pts.)

> **Modèle**
>
> your aunt's house
> *La maison de ma tante est grande.*

1. your niece's dog _____

2. your backpack _____

3. your mother's hair _____

4. your best friend's parents _____

5. your classes _____

6. your French homework _____

2 **On parle de qui?** Write complete sentences using possessive adjectives to describe family members or pets that possess these traits. Make any changes necessary. (6 x 1 pt. each = 6 pts.)

1. grand _____

2. intelligent _____

3. brun _____

4. joli _____

5. petit _____

6. vieux _____

3 **Une famille célèbre** Write a paragraph about your favorite celebrity's family or a famous television family and explain the relationships between different members. Use as many different possessive adjectives as possible. (5 pts. for grammar + 3 pts. for style and creativity = 8 pts.)

_____

_____

_____

_____

_____

_____

_____

_____

Leçon 3B

VOCABULARY QUIZ I

1   **Quelle profession?** Write which profession each of these people practices based on the clues. Do not forget to include the indefinite article **un(e)**. (10 x 1 pt. each = 10 pts.)

1. les criminels / Julien _____

2. la guitare / Tanicha _____

3. l'hôpital / Philippe _____

4. les bâtiments (*buildings*) / Arthur _____

5. les cheveux / Gisèle _____

6. la gestion / Monique _____

7. le sport / Jocelyn _____

8. l'art / Serge _____

9. l'intelligence artificielle / Brian _____

10. les infos (*news*) / Alexandre _____

2   **Complétez** Complete the second sentence with an appropriate adjective. (6 x 1 pt. each = 6 pts.)

1. Pauline n'a pas du tout peur. Elle est vraiment _____.

2. Yves et Jacques n'aiment pas travailler. Ils sont _____.

3. Elles sont faibles. Elles ne sont pas _____.

4. Romain et toi, vous n'êtes pas drôles! Vous êtes _____.

5. Jules et Guy ne sont pas pénibles. Ils sont _____!

6. Tu es égoïste. Tu n'es pas _____.

3   **Assemblez** Write complete sentences using the cues. Make any additional changes as necessary. (4 x 1 pt. each = 4 pts.)

1. Sylvie et Aurélie / être / inquiet

_____

2. mère d'Odile / ne pas être / coiffeur

_____

3. nous / être / dentiste

_____

4. Mme Joubet, vous / être / doux

_____

Leçon 3B

VOCABULARY QUIZ II

1 **Questions personnelles** Answer the questions. (4 x 2 pts. each = 8 pts.)

1. Qui est ton professeur préféré? Pourquoi?

   _____

2. Est-ce que tu es heureux/heureuse ou triste aujourd'hui? Pourquoi?

   _____

3. Est-ce que tu aimes ton dentiste? Pourquoi?

   _____

4. Qu'est-ce que tu as envie d'être plus tard dans la vie?

   _____

2 **Décrivez** Write two adjectives that describe each of these people. (4 x 1 pt. each = 4 pts.)

1. Mes parents _____, _____

2. Mon voisin/Ma voisine _____, _____

3. Mes camarades de classe _____, _____

4. Mon coiffeur/Ma coiffeuse _____, _____

3 **Des portraits** Write a description of yourself and of your ideal spouse. (4 x 2 pts. each = 8 pts.)

Moi:

_____

_____

_____

Mon époux/épouse idéal(e):

_____

_____

_____

Leçon 3B.1

GRAMMAR QUIZ I

Numbers 61–100

1 **Déchiffrez** Write out the number that follows in each sequence. (6 x 0.5 pt. each = 3 pts.)

1. 20, 40, 60… _____

2. 42, 52, 62… _____

3. 80, 85, 90… _____

4. 25, 50, 75… _____

5. 99, 96, 93… _____

6. 71, 72, 73… _____

2 **La combinaison** Write out these gym locker combinations. (6 x 1.5 pts. each = 9 pts.)

1. 67.98.70

_____

2. 42.86.91

_____

3. 77.61.81

_____

4. 93.79.57

_____

5. 84.88.96

_____

6. 66.36.75

_____

3 **Combien?** Write complete sentences using the cues provided. Spell out the numbers and make any additional changes. (4 x 2 pts. each = 8 pts.)

1. nous / avoir / 99 / chaise

_____

2. il y a / 71 / professeur / ici

_____

3. Danielle / travailler / 83 / jour

_____

4. on / chercher / 73 / tableau

_____

Quizzes

Leçon 3B.1

GRAMMAR QUIZ II

Numbers 61–100

1 **Répondez** Answer the questions. (5 x 2 pts. each = 10 pts.)

1. Quel est ton numéro de téléphone? Écris-le à la française (*Write it the French way*).

   _____

   _____

2. Qui est le plus vieux (*oldest*) dans ta famille? Quel âge a-t-il/elle?

   _____

   _____

3. Combien de chaises y a-t-il dans ta salle de classe?

   _____

   _____

4. D'habitude, quelle note (sur [*over*] 100) as-tu à tes examens de français?

   _____

   _____

5. Combien de professeurs y a-t-il dans ton lycée?

   _____

   _____

2 **Les fournitures scolaires** You are ordering supplies (**fournitures**) for your school. Look at the list, then write complete sentences saying how many of each item are needed using an expression with **avoir**. Order over sixty of each item and use a different amount each time. Write out all numbers. (5 x 2 pts. each = 10 pts.)

cahier	stylo	crayon	calculatrice	livre

1. M. Gilbert _____

   _____

2. Simone et moi _____

   _____

3. Roland et toi _____

   _____

4. Je/J' _____

   _____

5. Laure et Maxime _____

   _____

Leçon 3B.2

Prepositions of location and disjunctive pronouns

1 **Complétez** Fill in the blanks with the French equivalents of the indicated prepositions.
(5 x 1 pt. each = 5 pts.)

1. Son chien est _____ (*in front of*) le restaurant.

2. Les chats sont _____ (*under*) la table.

3. Les cahiers sont _____ (*on*) le bureau du professeur.

4. Mme Martinel retourne _____ (*to*) la coiffeuse ce soir.

5. Les élèves sont _____ (*in*) cours.

2 **Vrai ou faux?** Look at the map and indicate whether the statements are **Vrai** or **Faux**.
(5 x 1 pt. each = 5 pts.)

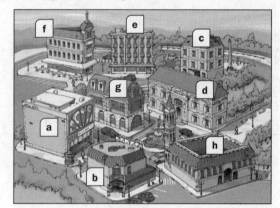

a. le cinéma Royal

b. le restaurant japonais

c. la librairie Points Communs

d. le lycée Condorcet

e. l'hôtel Carnaval

f. le café Mozart

g. la banque Nationale

h. l'hôpital Bonsecours

_____ 1. La librairie Points Communs est loin du lycée Condorcet.

_____ 2. Le cinéma Royal est derrière le restaurant japonais.

_____ 3. Le café Mozart est à droite de l'hôtel Carnaval.

_____ 4. Le lycée Condorcet est en face de la banque Nationale.

_____ 5. L'hôtel Carnaval est à côté de la librairie Points Communs.

3 **Où est... ?** Look at the illustration from the previous activity and write a complete sentence to tell
the location of one building in reference to the other one. (5 x 2 pts. each = 10 pts.)

1. l'hôpital Bonsecours / le café Mozart

_____

2. la librairie Points Communs / l'hôtel Carnaval

_____

3. le cinéma Royal / le lycée Condorcet

_____

4. l'hôtel Carnaval / la banque Nationale

_____

5. le restaurant japonais / le cinéma Royal

_____

Leçon 3B.2

GRAMMAR QUIZ II

Prepositions of location and disjunctive pronouns

1 **En ville** Write complete sentences to tell where five places in town are located. Use as many different prepositions as possible. (5 x 2 pts. each = 10 pts.)

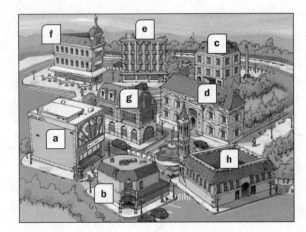

a. le cinéma Royal

b. le restaurant japonais

c. la librairie Points Communs

d. le lycée Condorcet

e. l'hôtel Carnaval

f. le café Mozart

g. la banque Nationale

h. l'hôpital Bonsecours

1. _____

2. _____

3. _____

4. _____

5. _____

2 **Ma famille** You are at a family event with a friend who is meeting everyone for the first time. Point people out and explain the relationships between different family members. Be creative in your descriptions and use as many different prepositions of location as possible. (7 pts. for grammar and vocabulary + 3 pts. for style and creativity = 10 pts.)

_____

_____

_____

_____

_____

_____

_____

_____

Quizzes

Leçon 4A

VOCABULARY QUIZ I

1 **Associez** Match the words in Column A with a logical choice from Column B.
(8 x 0.5 pt. each = 4 pts.)

A	B
1. un sport	a. une piscine
2. bavarder	b. une église
3. des grands magasins	c. un bureau
4. un endroit	d. manger
5. danser	e. parler
6. travailler	f. un gymnase
7. nager	g. un lieu
8. déjeuner	h. une boîte de nuit
	i. un kiosque
	j. un centre commercial

2 **Un week-end occupé!** Write complete sentences to say what you and your friends are doing this weekend. Use the elements provided and make any necessary changes. (6 x 1 pt. each = 6 pts.)

1. Élise et toi / explorer / ville

   _____

2. Gérard / inviter / amis / chez lui

   _____

3. Lucas et moi / nager / à la piscine

   _____

4. Martine et Robert / bavarder / au parc

   _____

5. Je / ne pas quitter / la maison

   _____

6. Mes amis / fréquenter / boîtes de nuit

   _____

3 **Complétez** Fill in the blanks with the names of appropriate places. (5 x 2 pts. each = 10 pts.)

1. Le père d'Amélie n'est pas homme d'affaires. Il ne travaille pas dans un _____.

2. Tu aimes l'art? Il y a une exposition de Monet au _____.

3. Chicago a un grand _____ avec beaucoup de bâtiments (*buildings*).

4. L'Everest, c'est une _____.

5. Je n'aime pas habiter en ville. J'adore la _____.

Leçon 4A

VOCABULARY QUIZ II

1 **Ma ville** Write a paragraph to describe your town or city and the places in it. Use prepositions of location to describe where different buildings are in relation to each other. (5 pts. for vocabulary + 2 pts. for creativity = 7 pts.)

_____

_____

_____

_____

_____

_____

_____

2 **Questions** Answer these questions with complete sentences. (5 x 1 pt. each = 5 pts.)

1. Est-ce que tu aimes bavarder ou est-ce que tu es réservé(e)?

_____

2. Tes parents et toi, vous habitez en ville ou en banlieue?

_____

3. D'habitude, ta famille dîne au restaurant ou à la maison le vendredi soir?

_____

4. Est-ce que tes ami(e)s dépensent beaucoup d'argent au centre commercial?

_____

5. Tes amis et toi, vous aimez mieux regarder la télé ou voir (see) un film au cinéma?

_____

3 **Nos activités** Write a paragraph to tell what you and your friends are doing this weekend. Use as many of the verbs provided as possible. (6 pts. for vocabulary and grammar + 2 pts. for style = 8 pts.)

bavarder	explorer	nager	patiner
dépenser	inviter	passer	visiter

_____

_____

_____

_____

Leçon 4A.1

GRAMMAR QUIZ I

The verb *aller*

Quizzes

1 **Complétez** Complete these sentences with the correct form of **aller**. (5 x 1 pt. each = 5 pts.)

1. Mes cousines _____ bavarder toute la soirée.

2. Je ne _____ pas visiter le musée du Louvre à Paris.

3. _____ -tu trouver la maison de Simon?

4. On _____ parler français avec ma grand-mère.

5. Nous allons _____ au lycée avec nos enfants.

2 **Remplissez** Fill in the blanks with the appropriate form of the preposition **à** + the definite article. (6 x 0.5 pt. each = 3 pts.)

1. Ma voisine travaille _____ hôpital le soir.

2. Je n'aime pas étudier _____ bibliothèque.

3. Mes camarades de classe posent (*ask*) des questions _____ professeurs.

4. Mes parents vont _____ gymnase le samedi matin.

5. Vous dépensez de l'argent _____ kiosque.

6. Il va _____ grands magasins pour acheter des cadeaux.

3 **Notre calendrier** You are looking at your family calendar and telling your sister what everyone is going to do. Write six complete sentences to tell where everyone is going to go, on what day, and at what time. Write out the times. (6 x 2 pts. each = 12 pts.)

L	M	M	J	V	S	D
9h40	8h00	12h00	13h15	19h30	10h50	9h30
moi / piscine	papa et Isabelle / parc avec chien	Benjamin / café avec Jean et Max	tante Agathe et toi / ville	toi / cinéma avec Félix	Agnès et moi / centre commercial	Maman / église

Modèle

Mercredi à midi, Benjamin va au café avec Jean et Max.

1. _____
2. _____
3. _____
4. _____
5. _____
6. _____

Quizzes

Leçon 4A.1

GRAMMAR QUIZ II

The verb *aller*

1   **Complétez** Complete the conversation between Aurélie and Hervé about their weekend activities in a logical manner using the verb **aller** and adding your own details. (5 x 1 pt. each = 5 pts.)

AURÉLIE Est-ce que tu (1) _____ samedi prochain?

HERVÉ Non, c'est ennuyeux!

AURÉLIE Eh bien, Salima et moi, nous (2) _____ samedi après-midi.
        Ça te dit? (*Does that interest you?*)

HERVÉ Génial! J'adore (3) _____!

AURÉLIE Et dimanche soir? On (4) _____?

HERVÉ Non, dimanche soir, je (5) _____.

2   **On y va?** Imagine a reason why these people are going or not going to each of these places. (5 x 1 pt. each = 5 pts.)

   1.   Mon père / bureau

     _____

   2.   Mes cousines / centre commercial

     _____

   3.   Je / gymnase

     _____

   4.   Mes parents / restaurant

     _____

   5.   Mon ami Amadou / boîte de nuit

     _____

3   **La surveillance** You are a detective following different members of the Chacal family around town. Write a log of where different people are going at various times and with whom. Be descriptive! (5 pts. for grammar + 5 pts. for creativity and style = 10 pts.)

Lundi matin à 6h30, M. Chacal...

Leçon 4A.2

GRAMMAR QUIZ I

Interrogative words

1 Choisissez Choose the appropriate response for each question. (5 x 1 pt. each = 5 pts.)

_____ 1. Quand est-ce que tu vas au parc?

_____ 2. Pourquoi travailles-tu aujourd'hui?

_____ 3. Où est-ce que tu étudies?

_____ 4. Comment est ta copine?

_____ 5. Elle étudie quoi?

a. Elle est intelligente.

b. La chimie.

c. D'accord.

d. Parce qu'elle est fatiguée.

e. Samedi matin.

f. Avec Nora et Marc.

g. Parce que j'ai besoin d'argent.

h. À la maison.

2 Un élève curieux Léo wants to get to know everyone in his class. Complete each of his questions with a logical question word. (5 x 1 pt. each = 5 pts.)

_____ 1. est-ce que Karim a l'air triste?

_____ 2. est-ce que Miriam et Angélique habitent?

_____ 3. manges-tu à la cantine?

_____ 4. livres détestent-ils?

_____ 5. fréquente des boîtes de nuit?

3 Posez la question! You have the answers. Ask the questions. (5 x 2 pts. each = 10 pts.)

1. _____

   J'aime danser avec Caroline et Serge.

2. _____

   Nous n'aimons pas aller au centre-ville.

3. _____

   Elles aiment mieux la table rouge.

4. _____

   Gabriel est grand et fort.

5. _____

   Il y a trois cafés sur la place.

Leçon 4A.2

GRAMMAR QUIZ II

Interrogative words

1 **Complétez** Complete the questions using the suggested verbs, or your own, and varying the subject each time. (5 x 1 pt. each = 5 pts.)

adorer	épouser
aller	fréquenter
chercher	inviter
détester	penser

1. À qui _____?

2. _____ quoi?

3. Quelles _____?

4. Que _____?

5. Quand _____?

2 **Répondez** Answer these questions using complete sentences. (5 x 1 pt. each = 5 pts.)

1. Comment sont tes cours?

_____

2. Quel jour de la semaine est-ce que tu aimes? Pourquoi?

_____

3. D'habitude, à quelle heure est-ce que tu déjeunes? Avec qui?

_____

4. Où est-ce que tu aimes aller après les cours?

_____

5. Combien d'hôpitaux y a-t-il dans ta ville?

_____

3 **Les nouveaux élèves** There are several new exchange students in your school and you are especially interested in one of them. Write to your friend, their mentor, and ask five questions to get more information about the new student. (5 pts. for grammar + 5 pts. for vocabulary = 10 pts.)

_____

_____

_____

_____

_____

Leçon 4B

VOCABULARY QUIZ I

1 **Chassez l'intrus** Find the word that does not belong. (6 x 1 pt. each = 6 pts.)

1. la bouteille, l'addition, le pourboire

2. le pain, la baguette, le beurre

3. d'autres, assez de, beaucoup de

4. un éclair, une limonade, un croissant

5. le café, le thé, le jus de pomme

6. une eau minérale, un thé glacé, une soupe

2 **On mange?** Put this conversation between Éric and his friend in order. (6 x 1 pt. each = 6 pts.)

_____ a. Ça coûte combien?

_____ b. Un jus de pomme pour moi.

_____ c. Non, mais j'ai très soif.

_____ d. 8,25€ et je laisse aussi un pourboire.

_____ e. Moi, je vais manger un sandwich au jambon. Et toi?

_____ f. Éric, tu as faim?

3 **Complétez** Complete each sentence with a logical word. (8 x 1 pt. each = 8 pts.)

1. Andrea commande un _____ d'eau.

2. Je suis diabétique. Je ne veux (*want*) pas de _____ dans mon thé.

3. Les serveuses _____ la soupe.

4. Nous _____ un bon pourboire.

5. Où est ma _____ de café?

6. Voilà un _____ de fromage.

7. Moi, j'aime les _____ froides comme la limonade.

8. Le serveur donne l'_____ au client.

Quizzes

Leçon 4B

VOCABULARY QUIZ II

1 **Phrases incomplètes** Complete these sentences in a logical manner. (6 x 1 pt. each = 6 pts.)

1. Au petit-déjeuner (*breakfast*), je _____

2. Quand mon ami et moi allons au café, _____.

3. Comme boisson, mes parents _____.

4. Je déteste _____.

5. L'après-midi, on préfère manger _____.

6. Le serveur _____.

2 **Au café** Julie and her friend André are at a café trying to decide what to order. Write their conversation. (6 pts. for vocabulary and grammar + 2 pts. for style = 8 pts.)

ANDRÉ _____

JULIE _____

ANDRÉ _____

JULIE _____

ANDRÉ _____

JULIE _____

3 **Le menu** You have opened a small café in Geneva. Create a menu with five items to eat and a total of seven drinks. Include prices for all the items. Do not forget to name your café! (12 x 0.5 pt. each = 6 pts.)

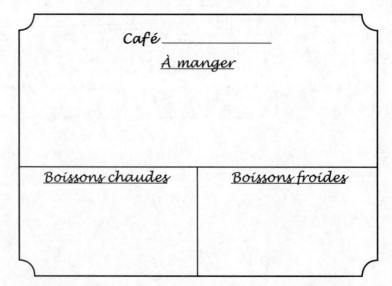

Café _____
À manger

| *Boissons chaudes* | *Boissons froides* |

Leçon 4B.1

GRAMMAR QUIZ I

The verbs *prendre* and *boire*; Partitives

1 **Choisissez** Choose the correct partitive or indefinite article. (5 x 1 pt. each = 5 pts.)

1. Gaëlle aime prendre (du / de la / un) soupe aux tomates.

2. Justine et Nathan prennent (un / du / de la) sucre avec leur café.

3. Tu ne bois pas (du / de la / de) lait?

4. Lise et moi, nous aimons prendre (un / une / du) sandwich au fromage.

5. Vous prenez (de / du / de la) beurre?

2 **Complétez** Fill in the blanks with the correct verbs in the list. (5 x 1 pt. each = 5 pts.)

> apprendre   boire   comprendre   prendre

1. Vous _____ les questions du prof?

2. Nous ne _____ pas de thé glacé.

3. Mes amis _____ beaucoup dans leur cours d'art.

4. Est-ce que tu _____ notre explication de grammaire?

5. Mona et moi, nous _____ un éclair avec du lait.

3 **Répondez** Answer these questions using the cues provided and the appropriate partitive or indefinite articles. (5 x 2 pts. each = 10 pts.)

1. Qu'est-ce que tes parents aiment boire le matin? (café / sucre / lait)

   _____

2. Que manges-tu au petit-déjeuner (*breakfast*)? (croissants / beurre)

   _____

3. Y a-t-il de bons serveurs dans le café? (non / bons serveurs)

   _____

4. Qu'est-ce que tu détestes comme boisson? (ne pas prendre / boissons gazeuses)

   _____

5. Tes copains et toi, buvez-vous quelque chose après les cours? (oui / limonade)

   _____

Leçon 4B.1

GRAMMAR QUIZ II

The verbs *prendre* and *boire*; Partitives

1 **Assemblez** Write six sentences using elements from each column and adding additional words as necessary. Do not repeat any elements. (6 x 2 pts. each = 12 pts.)

je	(ne... pas)	limonade
ma cousine et moi	prendre	sandwich au jambon
mon ami(e)	comprendre	langues étrangères
vous	apprendre	café au lait
mes parents	boire	sucre
le serveur	apporter	beurre
	commander	cours
		soupe
		croissants
		plusieurs
		français

1. _____
2. _____
3. _____
4. _____
5. _____
6. _____

2 **On a faim!** Françoise, Tarik, and Éloise are meeting at a restaurant. Write a conversation in which they decide what to eat and drink. (5 pts. for vocabulary and grammar + 3 pts. for creativity = 8 pts.)

_____
_____
_____
_____
_____
_____
_____
_____
_____
_____

Leçon 4B.2

GRAMMAR QUIZ I

Regular *-ir* verbs

---

1   **Choisissez**   Choose the correct verb form. (5 x 1 pt. each = 5 pts.)

1. À quelle heure _____ le film?

    a. finis   b. finit   c. finir   d. finissent

2. Philippe ne _____ pas parce qu'il mange trop!

    a. maigris   b. maigrissez   c. maigrir   d. maigrit

3. Les enfants n'aiment pas _____ à leur professeur.

    a. obéit   b. obéissent   c. obéir   d. obéis

4. Qu'est-ce que je vais _____, l'éclair ou le croissant?

    a. choisir   b. choisis   c. choisit   d. choisissent

5. Quand il y a du danger, vous _____ vite.

    a. réagissez   b. réagit   c. réagissons   d. réagissent

---

2   **Quel verbe?**   Fill in each blank with the appropriate form of a regular **-ir** verb. (5 x 1 pt. each = 5 pts.)

1. Tu ne _____ pas à tes examens.

2. Qu'est-ce que vous _____ comme boisson au café?

3. Sylvie et Yvonne _____ parce qu'elles ont honte!

4. Pour _____, je mange moins et je nage beaucoup.

5. Mon frère et moi, nous n'_____ pas toujours (*always*) à nos parents.

---

3   **Mes copains et moi**   Christophe is talking about himself and his friends. Write complete sentences using the cues. (5 x 2 pts. each = 10 pts.)

1. Françoise / ne pas réagir / quand / elle / parler de / Édouard

    _____

2. tu / manger / éclairs / et / tu / grossir / !

    _____

3. je / obéir à / grands-parents

    _____

4. les enfants / grandir / vite

    _____

5. que / choisir / vous / restaurant / ?

    _____

Leçon 4B.2

GRAMMAR QUIZ II

Regular *-ir* verbs

1 **Répondez** Answer these questions. (3 x 1 pt. each = 3 pts.)

1. Dans ta famille, qui choisit le restaurant quand vous sortez (*go out*) dîner?

   _____

2. Est-ce que tu réussis à maigrir quand tu manges moins?

   _____

3. Est-ce que tes camarades de classe obéissent à leurs professeurs?

   _____

2 **La conséquence logique** Write a logical consequence for each situation using an -ir verb. (4 x 2 pts. each = 8 pts.)

1. Mélanie est très timide. Elle ne parle pas à ses camarades de classe.

   _____

2. Didier prend cinq éclairs le matin avec son café.

   _____

3. Les amis de Paul n'étudient pas du tout pour l'examen de biologie.

   _____

4. M. et Mme Vatel ont quatre-vingt-sept ans aujourd'hui.

   _____

3 **Les nouvelles ici** Your best friend has moved away. Write him or her with news of all your friends and family. Use as many verbs as possible from the list. (6 pts. for grammar + 3 pts. for creativity = 9 pts.)

| grandir | maigrir | réfléchir | rougir |
| grossir | réagir | réussir (à) | vieillir |

_____

_____

_____

_____

_____

_____

_____

Leçon 5A

VOCABULARY QUIZ I

1 **Complétez** Fill in the blanks with words from the list. Make any necessary changes. (8 x 1 pt. each = 8 pts.)

aider	équipe	indiquer	marcher
bande dessinée	gagner	jeu	spectacle

1. Nous _____ au lycée parce qu'il est tout près de chez nous.

2. Parfois, mes parents _____ mon frère cadet avec ses devoirs.

3. Tu joues mal au tennis! Tu ne _____ jamais!

4. Mes amis adorent les _____, surtout *Astérix, Tintin* et *X-Men*!

5. Ils sont champions parce qu'ils ont une _____ super!

6. Les échecs? C'est un _____ que je déteste!

7. La joueuse _____ à l'arbitre (*umpire*) qu'il y a un problème.

8. À quelle heure commence le _____ son et lumière (*sound and light*)?

2 **La semaine de Karim** Write how often Karim participates in a sport or activity. Use a different expression of frequency each time. (5 x 1 pt. each = 5 pts.)

lundi	mardi	mercredi	jeudi	vendredi	samedi	dimanche
7h00 tennis 12h00 piscine	12h00 piscine	7h00 tennis 12h00 piscine	8h15 volley	7h00 tennis 12h00 piscine		9h30 volley
	7h45 cartes avec Josie		3h00 piscine		3h00 piscine	

1. Karim joue au tennis _____ par semaine.   4. Il ne joue _____ au baseball.

2. Il nage _____.   5. Il joue _____ au volley.

3. Il joue _____ aux cartes avec sa sœur.

3 **Les passe-temps** Write the sports or pastimes that correspond to each category. (7 x 1 pt. each = 7 pts.)

1. Three outdoor activities that you can do by yourself:

_____

2. Two indoor games:

_____

3. Two places where people gather to watch something:

_____

Quizzes

Leçon 5A

VOCABULARY QUIZ II

1   **Répondez** Answer these questions about you and your family's leisure activities. (5 x 1 pt. each = 5 pts.)

1. Qui est sportif dans ta famille?

   _____

2. Quel sport est-ce que cette personne pratique?

   _____

3. Qu'est-ce que tes amis et toi, vous désirez faire (*do*) vendredi soir?

   _____

4. Est-ce que tu aides souvent ta mère à la maison?

   _____

5. Ton équipe préférée gagne-t-elle toujours (*always*)?

   _____

2   **Les loisirs** Write complete sentences to say how often these people practice these sports or activities. (5 x 1 pt. each = 5 pts.)

1. mes copains et moi, nous / aller / cinéma

   _____

2. je / aller / pêche

   _____

3. Tom Brady / jouer / football américain

   _____

4. mes parents / regarder / spectacle

   _____

5. ma famille et moi, nous / skier

   _____

3   **On pratique bien!** You are spending a week at a sports camp. Write your mother an e-mail describing what sports and leisure activities you are practicing and how often. (6 pts. for vocabulary + 4 pts. for style = 10 pts.)

_____

_____

_____

_____

_____

Leçon 5A.1

GRAMMAR QUIZ I

The verb *faire*

1 **Complétez** Complete this conversation with the correct forms of **faire**. (8 x 0.5 pt. each = 4 pts.)

ZOÉ Minh, qu'est-ce que tu aimes (1) _____ comme passe-temps?

MINH Mon père et moi, nous (2) _____ du jogging le samedi. Moi, après l'école, je (3) _____ parfois du cheval. Et toi? Tu (4) _____ du cheval aussi n'est-ce pas?

ZOÉ Oui, deux fois par semaine. J'adore aussi (5) _____ du camping avec mes cousins.

MINH Vous (6) _____ des randonnées?

ZOÉ Mes cousins (7) _____ une randonnée tous les samedis mais pas moi.

MINH Ils sont très actifs, tes cousins!

ZOÉ Oui, surtout mon cousin Geoffroy. Il (8) _____ beaucoup de sports.

2 **Choisissez** Complete each sentence with an appropriate **faire** expression. Choose from the list and make any additions necessary. (6 x 1 pt. each = 6 pts.)

attention	cuisine	promenade	sport
camping	planche à voile	ski	tour

1. Après le dîner, nous aimons marcher. Donc, nous _____.

2. Quand il neige (*snows*), mes voisins _____.

3. Pour bien manger, il faut _____ à ce qu'on mange.

4. Chez nous, ma mère _____. Aujourd'hui elle fait de la soupe.

5. Vous aimez la mer (*sea*)? Alors, vous _____?

6. Tu _____? Du foot, du volley ou du baseball?

3 **Aujourd'hui** Write complete sentences to say what these people are doing today. (5 x 2 pts. each = 10 pts.)

1. tu / vélo / parc

2. Mes parents et moi, nous / tour en voiture / montagne

3. Rosie / aérobic / gymnase

4. Vous / connaissance de / parents de votre petit(e) ami(e)

5. On / ne... pas / cheval / après / dîner

Leçon 5A.1

GRAMMAR QUIZ II

The verb *faire*

1 **Que font-ils?** Use expressions with **faire** to tell what these people are doing based on where they are. (5 x 1 pt. each = 5 pts.)

1. Jean / gymnase _____

2. les enfants / parc _____

3. mon/ma meilleur(e) (*best*) ami(e) et moi, nous / montagne

   _____

4. Justin et toi, vous / plage (*beach*) _____

5. Hélène / fête de son ami _____

2 **Il faut...** Your friends are asking you for advice. Tell them what they must or must not do in these situations. Use the expression **il (ne) faut (pas).** (5 x 1 pt. each = 5 pts.)

1. Notre équipe va jouer le match de championnat (*championship*) le mois prochain.

   _____

2. Je n'ai pas de bonnes notes en classe.

   _____

3. Je ne comprends pas le professeur.

   _____

4. Je veux (*want*) être athlète.

   _____

5. Je n'ai pas assez d'argent.

   _____

3 **Un e-mail** Write an e-mail to your friend Yousef to say what activities you and your family do on vacation (**pendant les vacances**). Be sure to ask him what he and his family do. (6 pts. for vocabulary and grammar + 4 pts. for style = 10 pts.)

   _____

   _____

   _____

   _____

   _____

   _____

   _____

Leçon 5A.2

GRAMMAR QUIZ I

Irregular -ir verbs

1 **Correspondez** Match the phrases in Column A with the logical endings from Column B. (6 x 1 pt. each = 6 pts.)

_____ 1. Il est minuit et Mathilde…

_____ 2. Quand est-ce que Céline et toi, vous…

_____ 3. Cet éclair est beau et il…

_____ 4. Pourquoi Rémy et Lise…

_____ 5. Ludovic et moi, nous…

_____ 6. Il y a un match maintenant. Marc…

a. sers la soupe.

b. sortons demain soir.

c. ne servent pas de café?

d. court au stade.

e. partez pour Casablanca?

f. sent bon.

g. va dormir.

2 **Quelle indiscrétion!** Mme Lefèvre loves to gossip and is always asking questions or talking about her neighbors. Complete each of her statements with an irregular -ir verb. (9 x 1 pt. each = 9 pts.)

1. À quelle heure _____-vous de l'église?

2. Claudette _____ avec plusieurs garçons!

3. Denise et Natalie ne gagnent pas parce qu'elles ne _____ pas vite.

4. Je ne _____ pas de thé avec le dîner comme Mme Omar.

5. Tu _____ que ton mari va gagner à la loterie cette fois?

6. Les enfants des Dupont ne _____ pas de la maison. C'est bizarre, ça!

7. Mon mari et moi, nous ne _____ pas bien la nuit parce que Serge joue de la guitare.

8. Les Renoir _____ souvent pour la Suisse.

9. Qu'est-ce que ta femme cuisine (*cooking*)? Ça _____ bon!

3 **Répondez** Answer these questions using the cues in parentheses. (5 x 1 pt. each = 5 pts.)

1. Ton frère et toi servez-vous quelque chose à la fête ce soir? (fromage)

_____

2. Pourquoi est-ce que tu cours si vite? (avoir un examen à 8h00)

_____

3. Tes parents sortent-ils le week-end? (parfois)

_____

4. À quelle heure ton père sort-il de son bureau? (18h30)

_____

5. Quand est-ce que je pars pour Chicago? (lundi matin)

_____

Quizzes

Leçon 5A.2

GRAMMAR QUIZ II

Irregular -*ir* verbs

1 **Complétez** Complete each statement with an irregular -ir verb. (5 x 1 pt. each = 5 pts.)

1. Le matin, je _____.

2. Quand mes amis _____.

3. Pendant (*During*) le cours de chimie _____.

4. Ma mère _____.

5. Les athlètes _____.

2 **Les habitudes** You are asking your friend about his or her family's habits. Write five questions using an element from each column and adding your own question words. Be creative. (5 x 2 pts. each = 10 pts.)

tu	(ne pas) courir
ton grand-père	(ne pas) dormir
on	(ne pas) servir
ton ami(e) et toi, vous	(ne pas) sentir
tes parents	(ne pas) sortir (de)
	(ne pas) partir

1. _____?

2. _____?

3. _____?

4. _____?

5. _____?

3 **Mon journal** The Algerian exchange student in your class is returning home next week. You are going out with him this evening. Write a journal entry about your plans. Use at least three irregular -ir verbs. (3 pts. for grammar and 2 pts. for creativity = 5 pts.)

_____

_____

_____

_____

_____

_____

_____

_____

Leçon 5B

VOCABULARY QUIZ I

1 **Corrigez** There is a new Senegalese student in your school who does not know about holidays in this country. Provide the correct answers by replacing the underlined words. (5 x 1 pt. each = 5 pts.)

1. *Thanksgiving*, c'est <u>en juin</u>? Non _____.

2. *Memorial Day*, c'est <u>en janvier</u>? Non, _____.

3. La fête du travail, c'est <u>en mars</u>? Non, _____.

4. Le jour de l'indépendance, c'est <u>en décembre</u>? Non, _____.

5. *Halloween*, c'est <u>en août</u>? Non, _____.

2 **La météo** Based on this weather report, indicate whether each statement is **Logique** or **Illogique**. (5 x 1 pt. each = 5 pts.)

Aujourd'hui, vendredi 25 avril.	Votre météo pour le week-end:	
Le printemps est bien arrivé! Il va faire beau avec une température de 21 degrés et quelques nuages.	Samedi, il va faire du soleil avec une température de 23 degrés.	Dimanche, encore 23 degrés mais sortez vos imperméables et vos parapluies! Il va pleuvoir toute la journée et il va faire du vent.

_____ 1. Mon père va jouer au golf demain.

_____ 2. Après-demain, nous allons rester à la maison et jouer aux cartes.

_____ 3. Je vais aller au parc aujourd'hui.

_____ 4. Le temps aujourd'hui n'est pas bon pour faire du vélo.

_____ 5. Dimanche après-midi, je vais inviter mon ami à faire de la planche à voile.

3 **Répondez** Answer these questions with complete sentences. (5 x 2 pts. each = 10 pts.)

1. En quelle saison fait-on du ski?

_____

2. Le mois d'avril est en quelle saison?

_____

3. En quelle saison fait-il chaud?

_____

4. De quoi avez-vous besoin quand il pleut?

_____

5. Quelle est la date aujourd'hui?

_____

Leçon 5B

VOCABULARY QUIZ II

Quizzes

1 **Questions personnelles** Answer these questions with complete sentences. (4 x 1 pt. each = 4 pts.)

1. Quelle est la date de l'anniversaire (*birthday*) de ta mère?

   _____

2. Quand fait-il mauvais où vous habitez?

   _____

3. Qu'est-ce que tes amis et toi, vous faites quand il pleut?

   _____

4. Quelle est ta saison préférée? Pourquoi?

   _____

2 **Assemblez** Write five sentences using an element from each column. Add any additional words as necessary. (5 x 1 pt. each = 5 pts.)

je/j'	aimer	automne
mes ami(e)s et moi, nous	aller	été
mes voisins	détester	hiver
mon/ma petite ami(e)	faire	printemps
mon professeur	jouer	

1. _____

2. _____

3. _____

4. _____

5. _____

3 **Un documentaire de voyage** You are on vacation with your family and you are keeping a travelogue. How is your day going today? What is the weather like? How does it affect your mood? What are you and your family doing? Write a detailed entry. (6 pts. for vocabulary + 5 pts. for style = 11 pts.)

_____

_____

_____

_____

_____

_____

_____

Leçon 5B.1

GRAMMAR QUIZ I

Numbers 101 and higher

1 **Répondez** Your mother is asking you questions about your friend David. Answer her questions by using the cues in parentheses. Write out all numbers. (5 x 2 pts. each = 10 pts.)

1. En quelle année est-ce que sa sœur va épouser son petit ami? (2014)

   _____

2. Combien d'étudiants y a-t-il à l'université de son frère aîné? (12.837)

   _____

3. Combien de filles travaillent dans le bureau de David? (391)

   _____

4. Est-ce que beaucoup de femmes de son village vont à l'université? (200)

   _____

5. En quelle année est-ce que ses parents partent pour Johannesburg? (2021)

   _____

2 **À Dakar** Roland is shopping in Dakar, where the local currency is the **FCFA**. Say what these items cost. Remember to write out all numbers. (5 x 2 pts. each = 10 pts.)

1.230.345 FCFA

1. _____

   _____

718.009 FCFA

2. _____

   _____

5.984 FCFA

3. _____

   _____

87.615 FCFA

4. _____

   _____

300 FCFA

5. _____

   _____

Leçon 5B.1

GRAMMAR QUIZ II

Numbers 101 and higher

1   **Répondez** Answer these questions. Write out all numbers. (5 x 1 pt. each = 5 pts.)

    1. Quel pour cent d'élèves dans ta classe sont des garçons?

    _____

    2. En quelle année est-ce que tu vas commencer l'université?

    _____

    3. Combien d'habitants y a-t-il dans ta ville?

    _____

    4. En général, combien de jours de soleil y a-t-il par an où tu habites?

    _____

    5. Quand tu cherches un job d'été, combien d'argent as-tu envie de gagner pour la saison?

    _____

2   **Cela va arriver?** Write complete sentences about what is going to happen in your life or in the world in these years. Remember to write out the years. (2 x 2 pts. each = 4 pts.)

    1. En 2018:

    _____

    _____

    2. En 2035:

    _____

    _____

3   **Une émission de télé-réalité** Imagine that you are participating in a reality show and have to spend $5,000,000 in one day. Write a paragraph telling at least four ways in which you are going to spend the money. Say what you are going to buy and at what price. Write out all amounts. You are not allowed to give away any money! (6 pts. for grammar + 5 pts. for creativity = 11 pts.)

_____

_____

_____

_____

_____

_____

_____

_____

Leçon 5B.2

GRAMMAR QUIZ I

Spelling-change -er verbs

1 **Complétez** Fill in the blanks with the correct forms of the verbs in parentheses. (6 x 2 pts. each = 12 pts.)

1. Nous faisons attention à tout et nous _____ (protéger) la nature.

2. Combien d'hommes est-ce qu'ils _____ (employer) pour finir leur maison?

3. Quand l'équipe gagne, les joueurs _____ (célébrer) leur victoire.

4. Magali _____ (payer) l'ordinateur à son fils.

5. Vous _____ (envoyer) un message à vos amis?

6. Qu'est-ce que tu _____ (considérer) comme un bon film?

2 **La suite logique** Use these phrases to write the most logical continuation for each statement. (8 x 1 pt. each = 8 pts.)

acheter beaucoup de magazines	préférer une boisson froide
espérer avoir de bonnes notes	posséder cinq voitures
essayer une nouvelle recette (*recipe*)	amener les enfants
nettoyer le garage	répéter tous les jours

1. M. et Mme Lotier sont très riches.

   _____

2. Marie-Line et sa sœur cadette adorent jouer du piano.

   _____

3. Ma grand-mère dépense trop d'argent au kiosque.

   _____

4. Mes parents adorent faire la cuisine.

   _____

5. Les élèves étudient bien.

   _____

6. Nous aidons notre mère à la maison.

   _____

7. Je n'aime pas le café.

   _____

8. Tu viens (*Are you coming*) à ma fête ce soir?

   _____

Leçon 5B.2

Spelling-change -er verbs

1 **Répondez** Answer these questions. (4 x 1.5 pts. each = 6 pts.)

1. Tes professeurs envoient-ils souvent des lettres à tes parents?

_____

2. Est-ce que tes copains et toi, vous préférez le printemps ou l'automne?

_____

3. Qu'est-ce que tu espères faire pendant les vacances (*vacation*) d'été?

_____

4. Est-ce que tes amis achètent souvent sur Internet?

_____

2 **Faites quelque chose!** Write a logical command to follow each statement. Choose a different verb from the list for each one. (4 x 1 pt. each = 4 pts.)

| acheter | emmener | envoyer | payer | essayer | nettoyer | répéter |

1. Je ne joue pas bien au foot. _____
2. Nous avons des invités (*guests*) ce soir. _____
3. Vous passez à l'épicerie? _____
4. Tu n'as pas le numéro de téléphone de M. Amboise? _____

3 **Un e-mail** Your mother is away for a few days and has left you in charge of the house and your siblings. Write her an e-mail telling her that everyone is fine and explaining what everyone is doing. Use at least five spelling-change -er verbs. (7 pts. for grammar and vocabulary + 3 pts. for style = 10 pts.)

_____
_____
_____
_____
_____
_____
_____
_____
_____

Leçon 6A

VOCABULARY QUIZ I

1 **La vie** Indicate which stage of life these people are in. (6 x 1 pt. each = 6 pts.)

   a. l'adolescence

   b. l'âge adulte

   c. l'enfance

   d. la jeunesse

   e. la vieillesse

   _____ 1. Mélanie a deux ans.

   _____ 2. Mes cousins vont au lycée.

   _____ 3. Henri a soixante-dix-sept ans.

   _____ 4. Noah va fêter son anniversaire. Il a vingt ans.

   _____ 5. Les nouveaux mariés ont trente-deux ans.

   _____ 6. Corinne apprend à faire du vélo avec son papa.

2 **Les opposés** Give the opposite of each word. (6 x 1 pt. each = 6 pts.)

   1. le mariage: _____

   2. l'hôte: _____

   3. la jeunesse: _____

   4. l'adulte: _____

   5. la mort: _____

   6. séparé: _____

3 **Complétez** Fill in each blank with an appropriate vocabulary word. (8 x 1 pt. each = 8 pts.)

   1. L'_____ s'appelle Sophie. La fête est chez elle.

   2. Une boisson qu'on sert souvent à un mariage, c'est le _____.

   3. Une boisson alcoolisée (*alcoholic*) qui est rouge (*red*) ou blanche (*white*), c'est le _____.

   4. M. Lamentin ne va plus (*no longer*) travailler. Il prend sa _____.

   5. La mère de Clara prépare un _____ au chocolat pour l'anniversaire de sa fille.

   6. La jeunesse et l'adolescence sont deux _____ de la vie.

   7. Qu'est-ce que tu vas acheter comme _____ pour son mariage?

   8. La fête va être une grande _____ pour Jean-Paul. Il pense qu'il va au cinéma avec Julie.

Quizzes

Leçon 6A

VOCABULARY QUIZ II

1 **Répondez** Answer these questions. (5 x 1 pt. each = 5 pts.)

1. Est-ce que tu es amoureux/amoureuse de quelqu'un? Comment est cette personne?

_____

2. Qu'est-ce que tes parents servent quand ils font une fête?

_____

3. Qui sont tes invités préférés quand tu fais une fête?

_____

4. Quelle étape de la vie préfères-tu? Pourquoi?

_____

5. Quelles occasions dans la vie font ressentir (*feel*) du bonheur?

_____

2 **Les définitions** Define these life stages or events. It is not necessary to answer with complete sentences. (4 x 2 pts. each = 8 pts.)

1. tomber amoureux: _____

2. prendre sa retraite: _____

_____

3. l'adolescence: _____

_____

4. le divorce: _____

_____

3 **Une fête** You are organizing a party for someone you know. Write an e-mail to a friend saying who the guest of honor is and what the occasion is. Then explain how you are preparing for the party and who is doing what. (5 pts. for vocabulary + 2 pts. for style = 7 pts.)

_____

_____

_____

_____

_____

_____

_____

_____

_____

Leçon 6A.1

GRAMMAR QUIZ I

Demonstrative adjectives

1   **Complétez** Fill in the blanks with the appropriate demonstrative adjectives. (10 x 0.5 pt. each = 5 pts.)

1. _____ café est célèbre (*famous*) pour ses croissants.

2. Ta mère va servir _____ biscuits?

3. Préférez-vous _____ limonade ou _____ vin?

4. _____ jeunes mariés ont l'air triste!

5. _____ homme-ci est l'oncle de Gloria et Jonas.

6. Mes parents ne sont pas du tout contents de _____ divorce.

7. Quelle est la spécialité de _____ endroit?

8. Tu vas adorer les maisons dans _____ ville.

9. Arrange la table devant _____ chaises!

2   **Le mot juste** Complete these sentences using demonstrative adjectives and vocabulary based on the pictures. (5 x 1 pt. each = 5 pts.)

1. Nous avons très peur de _____.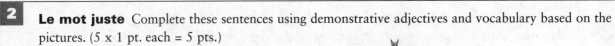

2. Mon père a envie d'acheter _____.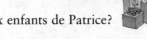

3. Tu vas donner _____ aux enfants de Patrice?

4. À qui est _____?   Il est adorable!

5. Mme Marroum choisit _____ pour le mariage de son fils.

3   **Faites des phrases** Write complete sentences using the cues provided. Use a demonstrative adjective in each one. (5 x 2 pts. each = 10 pts.)

1. je / acheter / ordinateur / noir

_____

2. vous / ne pas fréquenter / boîte de nuit

_____

3. nous / nager / piscine / le vendredi

_____

4. ils / dépenser / beaucoup de / argent / pour / garçon

_____

5. quand / faire / tu / connaissance de / joueuses / ?

_____

Quizzes

Leçon 6A.1

GRAMMAR QUIZ II

Demonstrative adjectives

1 **Écrivez** Write a statement, description, or opinion about each item using a demonstrative adjective. (5 x 1 pt. each = 5 pts.)

> **Modèle**
> Yale
> *Mon frère va visiter cette université.*

1. Michael Jackson _____

2. *La Joconde* (*Mona Lisa*) de Léonard de Vinci

   _____

3. Paris _____

4. le football _____

5. *Spiderman* et *X-Men* _____

2 **Imaginez** Write a sentence about each picture using a demonstrative adjective. (4 x 2 pts. each = 8 pts.)

1. 2. 3. 4.

1. _____
2. _____
3. _____
4. _____

3 **À une fête** You are at a party with your best friend. Write a conversation in which the two of you comment on the guests, the food, and the drinks. Use as many demonstrative adjectives as possible. (5 pts. for grammar + 2 pts. for creativity = 7 pts.)

_____

_____

_____

_____

_____

_____

_____

_____

Leçon 6A.2

The *passé composé* with *avoir*

1 Complétez Fill in each blank with a verb from the list in the **passé composé**. (5 x 1 pt. each = 5 pts.)

> apprendre   dormir   faire
> courir   emmener   falloir

1. Il _____ aller chez le médecin avant-hier.

2. Elles _____ dans le parc.

3. Tu _____ tes chiens au café à Paris?!

4. Vous _____ une langue étrangère pendant vos voyages?

5. Ma grand-mère _____ jusqu'à (*until*) onze heures ce matin.

2 Changez le temps Rewrite these sentences in the past tense. (5 x 1 pt. each = 5 pts.)

1. Ethan envoie des bonbons à Louise.

_____

2. Il ne pleut pas cet après-midi.

_____

3. Je suis déjà au musée avec mes amis.

_____

4. Nous avons beaucoup de problèmes.

_____

5. Buvez-vous du lait?

_____

3 La fête de fiançailles Your mother is stressed out and cannot remember what has already been done for your sister's engagement party. Answer her using the cues in parentheses to say who did what yesterday. (5 x 2 pts. each = 10 pts.)

1. Qui va acheter le champagne? (papa)

_____ hier.

2. Tu vas faire le gâteau au chocolat aujourd'hui? (je)

_____ hier.

3. Sébastien, quand est-ce que tu choisis la musique? (Julien et moi)

_____ hier.

4. Célia, n'oublie pas de nettoyer le salon! (Christelle et Zoé)

_____ hier.

5. Qui va téléphoner aux invités? (toi, tu)

_____ hier!

Leçon 6A.2

The *passé composé* with *avoir*

1 Pourquoi? Write a complete sentence using the **passé composé** to provide an explanation for each situation. (4 x 1 pt. each = 4 pts.)

1. Hélène est fatiguée maintenant.

   _____

2. Christian est très content.

   _____

3. Mes parents reviennent du supermarché.

   _____

4. Je n'ai pas quitté la maison hier.

   _____

2 Questions personnelles Answer these questions in the past tense. (4 x 1 pt. each = 4 pts.)

1. Où est-ce que tu as été avec tes amis le week-end dernier?

   _____

2. Qu'est-ce que tes amis et toi avez fait samedi dernier?

   _____

3. Qu'est-ce que tu as mangé à la cantine hier?

   _____

4. Qu'est-ce que tu n'as pas encore essayé comme sport?

   _____

3 Une soirée Your friend's parents were away last weekend and he or she threw a party. Describe what everyone did, ate, and drank. Use as many verbs as possible in the **passé composé**. (6 pts. for grammar + 4 pts. for vocabulary + 2 pts. for style = 12 pts.)

| acheter | faire | finir | organiser | prendre |
| boire | fêter | manger | parler | servir |

_____

_____

_____

_____

Leçon 6B

VOCABULARY QUIZ I

1 **Au magasin** Martine is shopping for clothes and the salesperson is helping her find something. Put the lines of conversation in the correct order. (10 x 0.5 pt. each = 5 pts.)

_____ a. Je fais du 36.

_____ b. Très bien. Et vous cherchez un sac à main pour aller avec cette robe?

_____ c. Vous aimez cette robe rouge?

_____ d. Nous avons de très belles robes en solde aujourd'hui.

_____ e. Voilà. Quelle est votre taille?

_____ f. Vous cherchez quelque chose de spécial, Mademoiselle?

_____ g. Non, merci. Je prends juste la robe.

_____ h. Non, je n'aime pas le style. Je préfère la robe bleue.

_____ i. Oui, Monsieur, je vais à un mariage et je cherche une robe.

_____ j. Ah oui? Où ça?

2 **Complétez** Fill in the blanks with an appropriate vocabulary word. (5 x 1 pt. each = 5 pts.)

1. Il fait du soleil. Il faut se couvrir (*cover*) la tête avec un _____.

2. Nos pantalons sont trop grands. Nous avons besoin d'une _____.

3. Le _____ montre des anoraks à Sacha.

4. La couleur de la neige? Elle est _____.

5. Ce pull est trop _____. Vous n'avez pas quelque chose d'un peu plus large?

3 **Assemblez** Write complete sentences using the cues provided. Make any necessary changes. (5 x 2 pts. each = 10 pts.)

1. Marilène et moi / chercher / robes / vert / pour / fête de Raoul

_____

2. ils / porter / chemise / violet / et / lunettes / noir

_____

3. quelle / couleur / être / chaussettes de Josie

_____

4. hier / je / acheter / trois / écharpe / marron

_____

5. tu / préférer / casquettes / orange / casquettes / gris

_____

Leçon 6B

VOCABULARY QUIZ II

1 **Les vêtements** Write the appropriate clothes or accessories under each category. (9 x 1 pt. each = 9 pts.)

pour l'hiver (quatre choses)	pour aller au parc en été (trois choses)	pour aller à une fête élégante (deux choses)

2 **Répondez** Answer the questions with complete sentences. (4 x 1 pt. each = 4 pts.)

1. Quelle est ta couleur préférée?

_____

2. D'habitude, où est-ce que tes ami(e)s et toi achetez vos vêtements?

_____

3. Qu'est-ce que tu portes aujourd'hui?

_____

4. Est-ce que tes parents attendent des soldes pour acheter des vêtements?

_____

3 **Je sors!** You are attending a special event. Write your best friend an e-mail telling him or her where you are going and with whom. Then write about the clothes and accessories you are going to wear and specify their colors. Be sure to mention whether you got a good deal on the clothes and accessories. (5 pts. for vocabulary + 2 pts. for style = 7 pts.)

Leçon 6B.1

Indirect object pronouns

1 **Complétez** Fill in the blanks with the appropriate indirect object pronouns based on the cues in parentheses. (5 x 1 pt. each = 5 pts.)

1. Tu _____ prêtes de l'argent? (à Omar)

2. Nous _____ posons souvent des questions. (aux professeurs)

3. Je _____ ai envoyé un e-mail hier. (à toi)

4. Vous ne _____ montrez pas votre maison? (à ma copine et moi)

5. Est-ce qu'ils vont _____ téléphoner ce soir? (à notre frère Samuel)

2 **Mini-dialogues** Complete each dialogue with the appropriate indirect object pronoun. (5 x 1 pt. each = 5 pts.)

1. — Dis Sandrine, comment va Jean-Marc?

   — Je ne _____ ai pas parlé depuis mardi dernier.

2. — Nous n'avons pas assez d'argent pour acheter cette voiture.

   — Est-ce que vos parents ne _____ prêtent pas un peu d'argent?

3. — Quand est-ce que tu _____ téléphones?

   — Je vais t'appeler vers six heures.

4. — Demain, c'est l'anniversaire de mariage de mes parents.

   — Achète-_____ cette belle horloge!

5. — Je ne comprends pas la physique.

   — Allez, je vais _____ expliquer la leçon.

3 **Répondez** Answer these questions using indirect object or disjunctive pronouns. (5 x 2 pts. each = 10 pts.)

1. Leurs parents ont donné des cadeaux à Mélanie et à Yvonne?

   Oui, _____.

2. Vous allez venir chez Michel dimanche?

   Non, _____.

3. Tu n'écris pas souvent à ton cousin?

   Si, _____.

4. M. Imhoff a acheté des vêtements pour ses enfants?

   Oui, _____.

5. Je t'achète des lunettes de soleil?

   Non, _____.

Leçon 6B.1

GRAMMAR QUIZ II

Indirect object pronouns

1 **Répondez** Answer these questions using an indirect object pronoun. (4 x 2 pts. each = 8 pts.)

1. D'habitude, qu'est-ce que tu achètes à ton/ta meilleur(e) ami(e) pour son anniversaire?

_____

2. Est-ce que tu parles souvent à tes cousins?

_____

3. Tes amis te prêtent-ils leurs livres?

_____

4. Tes amis et toi, que demandez-vous souvent à vos parents?

_____

2 **Que faire?** Imagine that you are having these conversations with different people. Respond to each person's statement using one of the verbs in the list and an indirect object pronoun. (6 x 2 pts. each = 12 pts.)

acheter	parler
apporter	poser
donner	prêter
envoyer	téléphoner

1. — Nous avons faim.

— _____

2. — Ma cousine a invité mon mari et moi à son mariage.

— _____

3. — J'ai oublié mon anorak chez moi et j'ai froid.

— _____

4. — Mes amis et moi ne comprenons pas les professeurs!

— _____

5. — Notre grand-mère est à l'hôpital.

— _____

6. — Tu es à l'épicerie?

— _____

Leçon 6B.2

GRAMMAR QUIZ I

Regular and irregular -re verbs

1 **Associez** Match the phrases in Column A with their logical endings in Column B. (6 x 1 pt. each = 6 pts.)

A

_____ 1. Émile, tu…

_____ 2. Mouna et Surya…

_____ 3. Kofi et moi…

_____ 4. Ma copine et toi…

_____ 5. Véronique ne…

_____ 6. Je n'…

B

a. vend pas la voiture de M. Jourdain.

b. attendez le bus?

c. entends pas le chien.

d. perds toujours les livres.

e. rendons les CD à Roxanne.

f. ne répondent pas à leur mère.

2 **Choisissez** Complete each sentence with the correct form of the appropriate verb. (8 x 1 pt. each = 8 pts.)

1. Mon père et moi _____ (attendre / répondre) à l'agent de police.

2. (vendre / mettre) _____-vous votre maison?

3. Félix ne m'a pas encore _____ (permettre / rendre) mon pull.

4. Nous avons _____ (courir / mettre) une jupe rouge et une chemise noire.

5. Amélie _____ (sourire / perdre) toujours son sac à main.

6. Faites attention quand vous _____ (conduire / descendre) du bus.

7. Ils _____ (détruire / traduire) facilement ces documents en allemand.

8. Je _____ (réduire / sourire) quand je suis heureuse.

3 **Au passé** Write complete sentences using the cues provided and the **passé composé**. Make any necessary changes. (6 x 1 pt. each = 6 pts.)

1. quand / vous / construire / ce / bibliothèque / ?

_____

2. ils / rire / toute la soirée

_____

3. elle / promettre d'acheter / ce / ordinateur

_____

4. je / rendre visite à / ma / nièce / hier

_____

5. tu / ne pas détruire / ce / vieux / maison

_____

6. nous / attendre / devant / musée

_____

Leçon 6B.2

GRAMMAR QUIZ II

Regular and irregular -re verbs

1 Imaginez Complete the statements using the verbs listed to say what these people are doing or did. Use each verb only once. (6 x 1 pt. each = 6 pts.)

attendre	conduire	mettre	promettre	rendre	vendre

1. Nous _____.

2. Je _____.

3. Tu _____.

4. Mon père _____.

5. Mes voisins _____.

6. Mon/Ma meilleur(e) ami(e) _____.

2 Répondez Answer these questions with complete sentences. (5 x 1 pt. each = 5 pts.)

1. Le professeur de français traduit-il souvent les phrases en anglais?

_____

2. Est-ce que tes parents te permettent de conduire leur voiture?

_____

3. As-tu promis quelque chose à ton/ta meilleur(e) ami(e)?

_____

4. Qu'est-ce que tu as mis pour venir au lycée aujourd'hui?

_____

5. As-tu perdu quelque chose récemment? Quoi?

_____

3 Le week-end dernier Write a note to your e-mail pal Arnaud telling him what you and your friends did at school last week. Use at least five -re verbs. (5 pts. for grammar + 2 pts. for vocabulary + 2 pts. for style = 9 pts.)

_____

_____

_____

_____

_____

_____

Leçon 7A

VOCABULARY QUIZ I

1   **Ajoutez**   Select the word that best fits each set. (5 x 1 pt. each = 5 pts.)

l'aéroport	la mer
belge	partir en vacances
la Belgique	le pays
la campagne	le plan
un départ	une station de ski

1. faire les valises, faire un séjour, _____

2. un vol, une arrivée, _____

3. la plage, bronzer, _____

4. la France, l'Allemagne, _____

5. allemand, chinois, _____

2   **Le mot juste**   Fill in each blank with an appropriate vocabulary word. (6 x 1 pt. each = 6 pts.)

1. M. Tremaine doit (*must*) avoir un visa pour aller à l'_____.

2. Nous allons passer l'été à la ferme (*farm*) de mes grands-parents à la _____.

3. Je pars jeudi et je reviens (*return*) samedi, alors achète-moi un billet _____.

4. Il faut passer par la _____ où il faut montrer son passeport.

5. Mon père ne va pas au bureau. Il a un jour de _____ aujourd'hui.

6. Mes amis vont visiter toutes les belles plages de Rio de Janeiro au _____.

3   **Répondez**   Answer these questions with complete sentences. (6 x 1.5 pts. each = 9 pts.)

1. Dans quel pays parle-t-on japonais?

_____

2. Où se trouve Dublin?

_____

3. Où va-t-on pour visiter «Big Ben»?

_____

4. Nomme deux pays où on parle espagnol.

_____

5. Quel moyen de transport prend-on pour aller de Chicago à Amsterdam?

_____

6. Dans quel pays est-ce que tes camarades de classe et toi habitez?

_____

Leçon 7A

VOCABULARY QUIZ II

1 **Répondez** Answer these questions with complete sentences. (5 x 1 pt. each = 5 pts.)

1. Quand pars-tu en vacances cette année?
   _____

2. Comment vas-tu de ta maison au centre commercial?
   _____

3. Où préfères-tu aller en vacances? Pourquoi?
   _____

4. Est-ce que tes parents ont visité un pays étranger?
   _____

5. Comment tes parents et toi préférez-vous voyager?
   _____

2 **Imaginez** Cédric and his friends are preparing to go on vacation. Complete these phrases with travel-related expressions. Write a different ending each time. (5 x 1 pt. each = 5 pts.)

1. Cédric a déjà _____.
2. Armando va aller _____.
3. Ayesha et Samir ont besoin de/d' _____.
4. Thuy va faire _____.
5. Audrey et Makim n'ont pas _____.

3 **On part!** You and your family are going to visit your cousins in England. You are also visiting two other European countries. Write your cousins a letter telling them about your plans in detail: how you are getting there, when you are going, and what you are doing to prepare for the trip. (7 pts. for vocabulary + 3 pts for style and creativity = 10 pts.)

_____
_____
_____
_____
_____
_____
_____
_____
_____
_____

Leçon 7A.1

GRAMMAR QUIZ I

The *passé composé* with *être*

1   **Choisissez** Choose the correct form of each verb to complete these sentences. (6 x 0.5 pt. each = 3 pts.)

1. Charles et toi êtes (allé / allées / allés) au cinéma hier?

2. Ses enfants ne sont pas (né / nées /nés) à Strasbourg.

3. Mes poissons sont (morts / mortes / mort)!

4. Nos deux valises sont (restées / restés / resté) dans le taxi.

5. Avec qui Bryan est-il (partie / partis / parti) pour Bruxelles?

6. Elle est déjà (descendu / descendue / descendues) à l'hôtel.

2   **Une histoire tragique** Lucas is telling his grandfather's story. Complete his narration with the appropriate verbs in the **passé composé**. (7 x 1 pt. each = 7 pts.)

aller	mourir	partir	sortir
monter	naître	retourner	tomber

Mon grand-père (1) _____ en Angleterre en 1945. En 1970, sa famille (2) _____

d'Angleterre et ils (3) _____ au Népal. Il a rencontré ma grand-mère là-bas. En 1980, il

(4) _____ à un des sommets (*peaks*) de l'Himalaya avec des amis. En descendant, son ami et lui

(5) _____ dans une ravine et ils (6) _____. Après ça, ma grand-mère

(7) _____ vivre (*live*) aux États-Unis avec ses parents.

3   **On a fait un voyage** Bernard is talking about the trip he and his family took to New York City. Write complete sentences using the cues provided and making any additional changes. (5 x 2 pts. each = 10 pts.)

1. ma famille / partir / New York en avion

_____

2. nous / arriver / tard la nuit

_____

3. jeudi matin / ma mère / rester / chez ma tante

_____

4. Sylvie et ma cousine / monter / dans la statue de la Liberté

_____

5. moi, je / passer trois heures / musée

_____

Leçon 7A.1

GRAMMAR QUIZ II

The *passé composé* with *être*

1 **Questions personnelles** Answer these questions with complete sentences. (5 x 1 pt. each = 5 pts.)

1. En quelle année es-tu né(e)?

_____

2. Tes amis et toi êtes sortis le week-end dernier? Où êtes-vous allés?

_____

3. Ton père est-il rentré tard hier soir?

_____

4. Est-ce que tu es déjà passé(e) par la douane? Où?

_____

5. Tes parents sont-ils déjà allés dans un autre pays? Dans quel pays?

_____

2 **Des questions** M. Pomerol is investigating a murder and is questioning one of the suspects, Henri, about his movements and those of his wife yesterday evening. Write five questions M. Pomerol might ask about their activities. (5 x 1 pt. each = 5 pts.)

1. comment / arriver _____

2. avec qui / sortir _____

3. combien de temps / rester _____

4. pourquoi / aller _____

5. quand / retourner _____

3 **Ma journée** You have lost your calculator and are trying to retrace your steps to figure out where you might have left it. Using these verbs, say what you did since you left your house this morning. (6 pts. for grammar + 4 pts. for vocabulary = 10 pts.)

aller	passer	retourner	sortir
arriver	rester	retrouver	tomber

_____

_____

_____

_____

_____

_____

_____

Leçon 7A.2

GRAMMAR QUIZ I

Direct object pronouns

1 **Choisissez** Choose the correct direct object pronoun to replace the direct object in each sentence. (5 x 1 pt. each = 5 pts.)

1. J'ai conduit Yousef à la banque.
   a. l'   b. la   c. les   d. me

2. Nous avons envoyé les lettres au professeur.
   a. le   b. les   c. nous   d. l'

3. Vous allez visiter les pyramides avec votre amie.
   a. nous   b. votre   c. les   d. la

4. Ils retrouvent Gérard à la gare.
   a. eux   b. les   c. la   d. le

5. Tu donnes ta robe à ta cousine?
   a. me   b. te   c. les   d. la

2 **À l'aéroport** Fabienne is saying what everyone in her family did before their trip to Tunisia. Rewrite her sentences using a direct object pronoun. (5 x 1 pt. each = 5 pts.)

1. Papa a fait les valises.

   _____

2. Nous avons pris le taxi pour aller à l'aéroport.

   _____

3. J'ai oublié ma casquette dans le taxi.

   _____

4. Mon frère a regardé les avions à l'aéroport.

   _____

5. Ma sœur et moi avons acheté le livre sur la Tunisie.

   _____

3 **Répondez** Mme Chandon is asking you a lot of questions. Answer her using a direct object pronoun. (5 x 2 pts. each = 10 pts.)

1. Ta nièce a choisi les fleurs pour son mariage?

   Oui, _____.

2. Est-ce que ton ami et toi avez déjà entendu cette chanteuse?

   Oui, _____.

3. A-t-il invité les élèves chez lui?

   Non, _____.

4. Le professeur va t'emmener à la bibliothèque?

   Oui, _____.

5. Avez-vous pris les journaux ce matin?

   Non, _____.

Leçon 7A.2

GRAMMAR QUIZ II

Direct object pronouns

1   **Une curieuse** Your aunt Mathilde is curious and constantly asks questions about you and your family. Write five questions that she might ask about these topics. Use a direct object pronoun in each question. (5 x 1 pt. each = 5 pts.)

1. les garçons/filles: _____?

2. les vêtements: _____?

3. les copains/copines: _____?

4. le français: _____?

5. la plage: _____?

2   **Les questions** Write the questions that elicited these answers. Pay attention to the direct object pronouns. (5 x 1 pt. each = 5 pts.)

1. _____

Je les ai mises dans la voiture parce qu'on va partir.

2. _____

Non, il ne l'a pas invitée.

3. _____

Nous vous avons attendus devant le café.

4. _____

Non, elle ne l'a pas prise hier.

5. _____

Mes parents vont vous emmener sur leur bateau.

3   **Bon voyage!** Karine is going on a ski trip to Switzerland with her friend Simone and her family. Karine's mother wants to make sure her daughter is not forgetting anything. Write a conversation between Karine and her mother using the cues and as many direct object pronouns as possible. (7 pts. for grammar + 3 pts. for style = 10 pts.)

acheter un cadeau	ne pas oublier ton passeport
appeler les parents de Simone	organiser ton sac à main
faire les valises	prendre de l'argent
laisser le numéro de l'hôtel	trouver ton écharpe et tes gants

_____

_____

_____

_____

Leçon 7B

VOCABULARY QUIZ I

1 **Mettez en ordre** Madeleine wrote to her mother about her arrival in Paris. Put her statements in order. (7 x 1 pt. each = 7 pts.)

_____ a. Enfin, c'était (*was*) notre tour (*turn*) mais il n'y avait plus de chambre libre!

_____ b. Nous avons eu de la chance de prendre la dernière chambre libre!

_____ c. Ensuite, Mylène et moi avons pris le taxi pour aller à l'hôtel.

_____ d. Finalement, l'hôtelière nous a donné nos clés et nous sommes montées à notre chambre.

_____ e. C'est alors qu'un monsieur a téléphoné à la réception pour annuler sa réservation.

_____ f. Puis à l'hôtel, on a fait la queue devant la réception pendant une heure.

_____ g. D'abord, j'ai essayé d'appeler l'hôtel Minerve de l'aéroport pour réserver une chambre mais j'ai composé le mauvais numéro.

2 **Logique ou illogique?** Indicate whether each statement is **logique** (**L**) or **illogique** (**I**). (5 x 1 pt. each = 5 pts.)

_____ 1. L'hôtelier a montré son passeport aux clients.

_____ 2. M. Rodin appelle l'hôtel pour réserver une chambre.

_____ 3. Nous montons à notre chambre avant de prendre les clés.

_____ 4. Cet hôtel n'a pas de chambre libre alors on va à l'hôtel à côté.

_____ 5. Nous allons à l'agence de voyages pour acheter nos billets.

3 **Le mot juste** Fill in each blank with an appropriate vocabulary word. (8 x 1 pt. each = 8 pts.)

1. Septembre est le _____ mois de l'année.

2. En France, vendredi est le _____ jour de la semaine.

3. George Washington est le _____ président des États-Unis.

4. *U* est la _____ lettre de l'alphabet.

5. La Saint-Valentin est le _____ jour du mois de février.

6. La réception de l'hôtel se trouve au _____ près de l'entrée.

7. Je voyage seul (*alone*) donc je réserve une chambre _____.

8. Les étudiants n'ont pas beaucoup d'argent, alors ils descendent à l' _____ de jeunesse.

Leçon 7B

VOCABULARY QUIZ II

1 **Répondez** Answer these questions with complete sentences. (4 x 1 pt. each = 4 pts.)

1. Quand ta famille part en vacances, qui fait les réservations d'hôtel?

   _____

2. Préfères-tu voyager avec ta famille ou avec des copains? Pourquoi?

   _____

3. À quel étage est ta chambre dans ta maison?

   _____

4. Le prénom de ta mère commence-t-il par la dernière lettre de l'alphabet?

   _____

2 **Un premier voyage** Your friend Brandon is traveling to France for the first time. Write him an e-mail to tell him five things to do to prepare for the trip and make hotel reservations. Use at least six of these expressions. (6 x 1 pt. each = 6 pts.)

après	d'abord	ensuite	puis
avant	donc	finalement	tout de suite

_____

_____

_____

_____

_____

_____

3 **Hôtel Sans Souci** You are in the lobby of the Sans Souci Hotel trying to reserve rooms for yourself and your family. There are few available and your family members are picky about their rooms and want them on different floors. Write the conversation between you and the person at the front desk. (6 pts. for vocabulary + 4 pts. for creativity = 10 pts.)

_____

_____

_____

_____

_____

_____

Leçon 7B.1

GRAMMAR QUIZ I

Adverbs

1   **Complétez** Complete each sentence with the adverb suggested by the adjective in parentheses.
(5 x 1 pt. each = 5 pts.)

1. Mes amis étudient _____ au lycée. (sérieux)

2. Ma grand-mère explique _____ les maths. (patient)

3. Ses filles parlent _____ en français. (constant)

4. Mon frère ne conduit pas _____! (prudent)

5. _____, Denise est très jalouse de toi. (franc)

2   **Au contraire!** André is talking to Emma about his friends and family. For every statement that he makes, Emma contradicts him. Write what Emma says in each case. (5 x 1 pt. each = 5 pts.)

> **Modèle**
>
> Pierre gagne facilement de l'argent.
> *Non, Pierre gagne difficilement de l'argent.*

1. Mes frères courent lentement.

_____

2. Magali parle méchamment aux enfants.

_____

3. Sarina et Adèle ont bien compris ma question.

_____

4. Tu envoies fréquemment des lettres à tes grands-parents.

_____

5. Guy et moi ne rentrons jamais après minuit.

_____

3   **Assemblez** Write complete sentences using the cues provided and the adverbial forms of the adjectives.
(5 x 2 pts. each = 10 pts.)

1. Zoé et Alyssa / écouter / attentif / le professeur

_____

2. je / ne pas aimer / absolu / jouer au tennis

_____

3. évident / mes copines / préférer nager ici

_____

4. vous / penser / différent / de votre père

_____

5. sa fiancée / danser / joyeux

_____

Quizzes

Leçon 7B.1

GRAMMAR QUIZ II

Adverbs

1 **Répondez** Answer each question using an adverb in your response. (4 x 1 pt. each = 4 pts.)

1. Qu'est-ce que tu fais avec tes copains le week-end?

   _____

2. Où va ta famille pendant les vacances d'été?

   _____

3. Comment va ta mère?

   _____

4. Tu aimes tes professeurs?

   _____

2 **Assemblez** Combine elements from each of the three columns to write five complete sentences. Add any additional elements as necessary. (5 x 1 pt. each = 5 pts.)

mon professeur	nager	bien
je	travailler	mal
mon/ma petit(e) ami(e)	apprendre	constamment
mes parents	jouer	fréquemment
mon ami(e) et moi	voyager	sérieusement
mes camarades de classe	aider	facilement
mon frère	danser	souvent
ma sœur	dormir	différemment

1. _____
2. _____
3. _____
4. _____
5. _____

3 **Mes activités** Imagine that this is your first year of college and you are living in a dorm. Write your mother an e-mail telling her about your teachers, classes, friends, and activities. Use at least six adverbs in your message. (6 pts. for grammar + 5 pts. for style = 11 pts.)

_____

_____

_____

_____

_____

Leçon 7B.2

GRAMMAR QUIZ I

The *imparfait*

1 **Complétez** Complete these sentences with the **imparfait** of the verbs in parentheses. (4 x 1 pt. each = 4 pts.)

1. Est-ce que tu _____ (perdre) souvent tes clés?

2. Tes enfants _____ (boire) du lait chaque matin?

3. Mon père _____ (voyager) de temps en temps en Angleterre.

4. Nous _____ (finir) tous nos devoirs après l'école.

2 **L'amour** Natasha is confiding her feelings to her friend Clarisse. Complete her letter with the present tense, infinitive, or **imparfait** of these verbs. Some verbs may be used more than once. (10 x 1 pt. each = 10 pts.)

aimer	aller	dire	écrire	être	faire	parler	prendre

Salut Clarisse! Je suis amoureuse!!! Il s'appelle Nicolas et je l'ai rencontré chez mes cousins.

C' (1) _____ vraiment super à Nice. Il (2) _____ beau tous les matins

et Nicolas et moi (3) _____ au parc chaque matin avec Fido, le chien de mes cousins.

Parfois, nous (4) _____ un café dans une petite brasserie près du parc et nous

(5) _____ pendant des heures. Il me (6) _____ qu'il m' (7) _____

aussi! Puis, tout à coup, il est parti! Maintenant, je (8) _____ si triste. J'attends et j'espère

toujours qu'il va m' (9) _____. Ne (10) _____ pas mon secret à Julie! Tu

promets? Bises, Natasha

3 **La vie est différente** Your grandfather is comparing life today to how things used to be. Write complete sentences using the **imparfait**. (4 x 1.5 pts. each = 6 pts.)

> **Modèle**
> Maintenant, les gens font impatiemment la queue.
> *Avant, ils faisaient patiemment la queue.*

1. Maintenant, les marchands parlent méchamment aux clients.

   _____

2. Maintenant, on mange fréquemment au restaurant.

   _____

3. Maintenant, nous dormons mal la nuit.

   _____

4. Maintenant, toute la famille va parfois à l'église.

Leçon 7B.2

GRAMMAR QUIZ II

The *imparfait*

1 **Questions personnelles** Answer these questions using the **imparfait**. (5 x 1 pt. each = 5 pts.)

1. Où habitait ta famille quand tu étais petit(e)?

   _____

2. Comment était ta chambre?

   _____

3. Aimais-tu la ville où tu habitais? Pourquoi?

   _____

4. Qu'est-ce que tu faisais souvent avec ta famille?

   _____

5. Quels sports tes ami(e)s et toi pratiquiez-vous?

   _____

2 **Le suspect** There has been a crime in the neighborhood and the police is interrogating you about your whereabouts and those of your family and friends. Provide alibis by completing these sentences using the **imparfait**. Use a different verb in each sentence. (5 x 1 pt. each = 5 pts.)

Hier, entre cinq heures et huit heures du soir…

1. Je _____

2. Mes parents _____

3. Mes amis et moi _____

4. Ma sœur Carmen _____

5. Mes frères Jonas et Maxime _____

3 **La nostalgie** You just came back from your middle school reunion. Write a blog entry in which you compare how things and people used to be when you were in middle school to how they are now. Use as many different verbs in the **imparfait** as possible and be creative! (6 pts. for grammar + 4 pts. for creativity = 10 pts.)

_____

_____

_____

_____

_____

_____

_____

_____

Leçon 8A

VOCABULARY QUIZ I

1 **Associez** Match each verb in Column A with the room in Column B associated with that action. Use each room only once. (6 x 1 pt. each = 6 pts.)

A

_____ 1. dormir

_____ 2. déjeuner

_____ 3. garer (*park*) la voiture

_____ 4. admirer les fleurs

_____ 5. regarder la télé

_____ 6. conserver le vin

B

a. le garage

b. la salle de séjour

c. le jardin

d. la cave

e. la chambre

f. la salle à manger

g. le sous-sol

2 **Ajoutez** Add the word from the list that belongs with each group. (5 x 1 pt. each = 5 pts.)

| une affiche | une commode | un lavabo |
| des rideaux | un fauteuil | un studio |

1. une maison, un appartement, _____

2. une douche, une baignoire, _____

3. un balcon, une porte, _____

4. une chaise, un canapé, _____

5. un mur, un miroir, _____

3 **Complétez** Complete each sentence with the vocabulary word that best fits. (9 x 1 pt. each = 9 pts.)

1. Les voisins sont bizarres et il y a trop de criminalité dans ce _____!

2. Je n'ai pas d'argent pour payer le _____ à la propriétaire.

3. Range (*Put away*) tous tes vêtements dans l'_____.

4. Mon frère va _____ à Paris parce que sa fiancée habite là-bas.

5. Où as-tu acheté le beau _____ sous la table?

6. Mes cousines habitent dans une _____ moderne avec piscine.

7. Quand est-ce que tu vas _____ dans ton nouvel appartement?

8. La commode de Véronique a six _____.

9. Ma grand-mère est très faible et elle ne peut pas (*cannot*) monter les _____.

Leçon 8A

VOCABULARY QUIZ II

1 **Les catégories** Write two vocabulary words that fit each category. (6 x 0.5 pt. each = 3 pts.)

Au mur	On met des vêtements dedans (*inside*)	Dans la salle de bains

2 **Une conversation** M. Cambu is looking for a furnished one-bedroom apartment, and he is talking to a potential landlord about the living room and bedroom furniture. Write a conversation consisting of at least four exchanges between them. (5 pts. for vocabulary + 2 pts. for style = 7 pts.)

_____

_____

_____

_____

_____

_____

3 **Ma maison idéale** You have just found the house of your dreams. Write your friend an e-mail describing the number of rooms and their layout. Use prepositions of location. Remember to comment on the neighborhood as well. (7 pts. for vocabulary + 3 pts. for creativity = 10 pts.)

_____

_____

_____

_____

_____

_____

_____

_____

_____

_____

_____

Leçon 8A.1

The *passé composé* vs. the *imparfait* (Part 1)

1   **Choisissez** Select the correct past tense form to complete each sentence. (6 x 0.5 pt. each = 3 pts.)

1. Nous (déménagions / avons déménagé) plusieurs fois cette année.

2. Les professeurs de l'autre lycée (ont été / étaient) toujours gentils.

3. Mon père (a fait / faisait) du cheval quand il avait cinq ans.

4. J'(avais / ai eu) de mauvaises notes en chimie l'année dernière.

5. Ses filles (ne sont pas nées / ne naissaient pas) dans cet hôpital.

6. (Achetais-tu / As-tu acheté) tes vêtements quand tu étais petit(e)?

2   **Complétez** Complete these sentences with the **passé composé** or the **imparfait**. (7 x 1 pt. each = 7 pts.)

1. Aminata _____ (mettre) une belle robe blanche pour aller à son interview.

2. Ton mari et toi _____ (avoir) fréquemment envie de partir?

3. Mon oncle _____ (prendre) le journal chaque matin à six heures.

4. Tu penses que Fabrice et Denis _____ (monter) au deuxième étage pour l'interview?

5. Flora et Laure _____ (rentrer) à minuit hier.

6. Baptiste et moi _____ (choisir) un bel appartement près de l'aéroport.

7. Il _____ (falloir) souvent louer le studio aux touristes.

3   **Mettez au passé** Rewrite each sentence in the **passé composé** or the **imparfait** as appropriate. (5 x 2 pts. each = 10 pts.)

1. Mes parents et moi allons au restaurant deux fois par semaine.

   _____

2. D'habitude, êtes-vous fatigués après un match de football?

   _____

3. Tes grands-parents jouent régulièrement au tennis.

   _____

4. Le concert commence à huit heures.

   _____

5. Elle meurt dans un accident.

   _____

Leçon 8A.1

GRAMMAR QUIZ II

The *passé composé* vs. the *imparfait* (Part 1)

1 **Questions personnelles** Answer these questions using complete sentences. (5 x 1 pt. each = 5 pts.)

1. Quel âge avais-tu quand Barack Obama est devenu président?

_____

2. Qu'est-ce que ta famille et toi avez fait pendant les dernières fêtes de fin d'année?

_____

3. À quelle heure ton cours de français a-t-il commencé?

_____

4. Qu'est-ce que tu aimais faire quand tu étais petit(e)?

_____

5. Où habitaient tes parents quand ils étaient jeunes?

_____

2 **Imaginez** Complete these sentences using the **passé composé** or the **imparfait**. Be creative. (5 x 1 pt. each = 5 pts.)

1. La semaine dernière, mes parents...

_____

2. D'habitude, le matin je...

_____

3. Hier au lycée, mes amis et moi...

_____

4. Quand j'étais à l'école primaire...

_____

5. L'année dernière, mon/ma meilleur(e) ami(e) ne/n'...

_____

3 **Un(e) bon(ne) ami(e)** Write a short paragraph about your first best friend. Say how old you both were, describe him or her, say what you used to do together and how long you stayed best friends, and explain why the friendship ended. (7 pts. for grammar + 3 pts. for creativity = 10 pts.)

_____

_____

_____

_____

Leçon 8A.2

GRAMMAR QUIZ I

The *passé composé* vs. the *imparfait* (Part 2)

1 **Choisissez** Select the appropriate past tense verb to complete each sentence. (4 x 1 pt. each = 4 pts.)

1. Nous _____ au stade quand Michel _____.
   a. allons / a appelé   b. allions / a appelé   c. sommes allés / appelait

2. Quand mon ami _____, je _____.
   a. est arrivé / dessinais   b. arrivait / ai dessiné   c. arrivait / dessinait

3. Nous _____ du cheval quand sa fille _____.
   a. faisons / est tombée   b. avons fait / tombait   c. faisions / est tombée

4. Je/J' _____ sur la piste de ski quand mon oncle _____.
   a. arrivais / a téléphoné   b. suis arrivé / téléphonais   c. arrivais / téléphonait

2 **Une mauvaise expérience** Cédric had a bad experience during his last family vacation. Rewrite every underlined verb in the **passé composé** or the **imparfait**. (12 x 1 pt. each = 12 pts.)

Toute la famille (1) part en vacances. Papa (2) appelle l'hôtel le matin pour réserver une chambre. Nous (3) arrivons à l'hôtel mais on (4) ne trouve pas notre réservation. Papa (5) n'est pas du tout content et mon petit frère (6) commence à pleurer (*cry*). Nous (7) attendons à la réception pendant deux heures et finalement l'hôtelier (8) réussit à trouver une autre chambre. Nous (9) prenons la clé et nous (10) montons l'escalier pour aller au deuxième étage. Nous (11) entrons dans la chambre et… il n'y (12) a pas de lit (*bed*)! Quelle horreur!

1. _____	5. _____	9. _____
2. _____	6. _____	10. _____
3. _____	7. _____	11. _____
4. _____	8. _____	12. _____

3 **Assemblez** Write complete sentences in the past tense using the cues. Pay attention to words that signal which past tense to use. (4 x 1 pt. each = 4 pts.)

1. tout à coup / Mme Dialo / avoir peur

   _____

2. mes cousines / boire / parfois / thé

   _____

3. nous / vivre en Chine / pendant deux ans

   _____

4. vous / être médecin / quand / vous / rencontrer / Clarisse / ?

   _____

     Leçon 8A.2 Grammar Quiz I

Leçon 8A.2

The *passé composé* vs. the *imparfait* (Part 2)

1 **Imaginez** Complete these sentences using the **passé composé** or the **imparfait** as appropriate. Be creative. (5 x 1 pt. each = 5 pts.)

1. Nous avons acheté un anorak parce que/qu' _____.

2. J'ai écrit à mes grands-parents parce que/qu' _____.

3. Il était minuit quand _____.

4. Ma mère est descendue au sous-sol parce que/qu' _____.

5. Mon voisin voyageait en Europe quand _____.

2 **Assemblez** Write five complete sentences using elements from every column and adding other words as necessary. (5 x 1 pt. each = 5 pts.)

je/j'	aller à la bibliothèque		prendre un avion
tu	téléphoner à la police		avoir un accident
mes copains et moi	maigrir beaucoup	quand	faire de la gym
mes professeurs	conduire à l'aéroport	parce que	rendre des livres
on	regarder sa montre		tomber dans la salle de bains
mes tantes	dormir à la maison		manger des fruits
ma sœur	avoir douze ans		arriver de Dakar

1. _____
2. _____
3. _____
4. _____
5. _____

3 **Un jour occupé** Your friend Aïcha is visiting from Tunisia. Write a paragraph in the past tense describing your busy first day together. Write about the places you visited, what you did, and whether you were satisfied with how the day went. Use the **passé composé** and the **imparfait**. (6 pts. for grammar + 4 pts. for vocabulary = 10 pts.)

_____
_____
_____
_____
_____
_____

Leçon 8B

VOCABULARY QUIZ I

1 **Chassez l'intrus** Select the word that does not belong in each group. (5 x 1 pt. each = 5 pts.)

1. débarrasser la table, faire le ménage, la salle à manger

2. un oreiller, un aspirateur, un lit

3. un sèche-linge, un appareil électrique, la poussière

4. un évier, un lavabo, un tapis

5. un lave-vaisselle, un balai, un frigo

2 **Le ménage** Mme. Sarteau is telling her kids to do various chores around the house. Complete these sentences with the appropriate words. (10 x 1 pt. each = 10 pts.)

1. Mets les vêtements _____ dans le lave-linge!

2. N'oublie pas de mettre la glace dans le _____ et le beurre dans le
_____.

3. Mets la belle _____ que j'ai achetée sur ton lit!

4. Tu vas faire des toasts? Voilà le _____.

5. Toute la famille a déjà dîné. Rémy, tu _____ la table?

6. Camille, réchauffe (*reheat*) la soupe dans le _____.

7. Le gâteau est tout chaud dans le _____. C'est notre dessert pour ce soir.

8. Prépare le café avec la _____!

9. Françoise, fais attention à la sauce sur la _____, s'il te plaît!

3 **La suite** Say which rooms these people are in, based on what they are doing. (5 x 1 pt. each = 5 pts.)

1. Maman met la table. Elle est dans _____.

2. Marie essuie les verres. Elle est dans _____.

3. Papa lave la baignoire. Il est dans _____.

4. Janine range ses livres et ses vêtements. Elle est dans _____.

5. Agathe passe l'aspirateur sur le canapé. Elle est dans _____.

Leçon 8B Vocabulary Quiz I

Leçon 8B

VOCABULARY QUIZ II

1 **Complétez** Tell what chores you and your family do. Complete these phrases without repeating any chores. (5 x 1 pt. each = 5 pts.)

1. D'habitude, mon père _____.

2. Chez moi, maman _____.

3. Hier, je/j' _____.

4. Je déteste _____.

5. Quand j'avais dix ans, je _____ tous les jours.

2 **Un nouvel appartement** You and your family just moved into a new apartment. Write an e-mail to your best friend telling him or her about all the appliances, linens, and accessories that you purchased for your new home. Be sure to specify colors and whether you got a good deal on anything. (5 pts. for vocabulary + 2 pts. for style = 7 pts.)

_____

_____

_____

_____

_____

_____

_____

3 **Une note à maman** Your mother left you in charge of making sure that you and your siblings finish all the household chores. Leave her a note saying what you and each of your siblings did or did not do. (5 pts. for vocabulary + 3 pts. for grammar = 8 pts.)

_____

_____

_____

_____

_____

_____

_____

_____

_____

_____

_____

Leçon 8B.1

GRAMMAR QUIZ I

The *passé composé* vs. the *imparfait* (Summary)

1 **Mettez au passé** Rewrite these sentences in the **passé composé** or the **imparfait** using the cues provided. (5 x 1 pt. each = 5 pts.)

1. La vieille femme descend au sous-sol. (tout à coup)

   _____

2. Christophe et Danielle montent ces escaliers. (souvent)

   _____

3. Saliou et toi perdez vos calculatrices. (hier soir)

   _____

4. Marianne part pour Dakar. (un jour)

   _____

5. Simon et moi mangeons au restaurant japonais. (parfois)

   _____

2 **Quelle expérience!** Caroline is talking about a discovery that she and her brother Jean-Paul once made. Put the verbs in parentheses in the **passé composé** or the **imparfait**. (5 x 1 pt. each = 5 pts.)

Quand nous (1) _____ (être) jeunes, mon frère et moi (2) _____ (aller) souvent à la plage pendant les vacances d'été. Nous (3) _____ (nager) tranquillement dans la mer. Un jour, Jean-Paul (4) _____ (trouver) une petite boîte rouge dans le sable (*sand*). Et dans la boîte, il y (5) _____ (avoir) un trésor (*treasure*) inimaginable!

3 **Assemblez** Write complete sentences in the past tense using the cues provided. Use the **passé composé** and the **imparfait** as needed. (5 x 2 pts. each = 10 pts.)

1. Nadine / faire la lessive / quand / ses copines / arriver

   _____

2. mes parents / dormir / quand / horloge / tomber du mur

   _____

3. nous / balayer la cuisine / quand / Hubert / sortir la poubelle

   _____

4. vous / jouer ensemble / quand / nous / quitter la maison

   _____

5. il / ranger sa chambre / quand / son ami / appeler

   _____

Leçon 8B.1

GRAMMAR QUIZ II

The *passé composé* vs. the *imparfait* (Summary)

1 **Des excuses** Martin and his siblings have left their household chores unfinished. He explains to his mother what interrupted each of them. Complete their conversation in a logical manner. (5 x 1 pt. each = 5 pts.)

MAMAN Pourquoi n'as-tu pas passé l'aspirateur?

MARTIN Je _____.

MAMAN Et Simone et Valérie n'ont pas balayé la cuisine?

MARTIN Elles _____.

MAMAN Regarde toutes ces chemises qui sont toujours dans le lave-linge! Où est Chloé?

MARTIN Elle _____.

MAMAN Et la vaisselle?

MARTIN Noah et moi _____.

MAMAN Et je suppose que Benjamin n'a pas rangé sa chambre?

MARTIN Il _____.

MAMAN Rien que des excuses!

2 **Assemblez** Use elements from each column to write four sentences in the **passé composé** or the **imparfait**. Add words as necessary. (4 x 1 pt. each = 4 pts.)

parfois	je	faire la lessive
souvent	tu	rentrer à la maison
une, deux fois…	mon père	rencontrer…
l'année dernière	mon/ma meilleur(e)	parler à…
tous les jours	ami(e) et moi	tomber
soudain	mes grands-parents	aller…

1. _____

2. _____

3. _____

4. _____

3 **Une réunion familiale** You attended a large family gathering last weekend. What was everyone wearing? What did you eat and drink? What did everyone do around the house before and after the party? Did anything exciting occur? (7 pts. for grammar + 4 pts. for creativity = 11 pts.)

_____

_____

_____

_____

Leçon 8B.2

GRAMMAR QUIZ I

The verbs *savoir* and *connaître*

1   **Quel verbe?** Complete each sentence with the appropriate form of **savoir** or **connaître**.
(5 x 1 pt. each = 5 pts.)

1. Quand il vivait en Louisiane, il _____ beaucoup de clubs de jazz.

2. Vous ne _____ pas comment aller au musée?

3. Ils _____ les résultats (*results*) jeudi dernier.

4. _____-elle où envoyer les lettres?

5. Mon oncle ne _____ pas quoi dire quand Cécile a raconté ses problèmes.

2   **Complétez** Complete each conversation with the present or past tense of **savoir** or **connaître**.
(10 x 1 pt. each = 10 pts.)

1. — Est-ce que tu _____ la sœur de Marco?

   — Non, mais je/j' _____ ses parents l'année dernière à Rome.

2. — Tu _____ faire de la planche à voile?

   — Oui, mais malheureusement, je ne _____ pas de bonnes plages près d'ici.

3. — _____-ils parler espagnol?

   — Oui, ils _____ beaucoup d'élèves mexicains.

4. — Ton amie ne _____ pas qu'il y avait une fête?

   — Non, elle le/l' _____ seulement ce matin et elle a été très vexée (*upset*)!

5. — Ton frère _____-il cette fille?

   — Non, mais il _____ son numéro de téléphone!

3   **Répondez** Answer the questions using the cues provided and **savoir** or **connaître**. (5 x 1 pt. each = 5 pts.)

1. Thomas connaît-il les enfants de Stéphanie? (hier)

   _____

2. Pourquoi prenez-vous le bus? (ne pas savoir conduire)

   _____

3. Tu n'as pas dit bonjour à la sœur de Maurice hier? (ne pas reconnaître)

   _____

4. Où est-ce que Léo et Claudine vont dîner? (connaître un bon restaurant québécois)

   _____

5. Léa et toi allez préparer quelque chose à manger? (ne pas savoir faire la cuisine)

   _____

    Leçon 8B.2 Grammar Quiz I   **95**

Leçon 8B.2

GRAMMAR QUIZ II

The verbs *savoir* and *connaître*

1 **Questions personnelles** Answer these questions using **savoir** or **connaître**. (5 x 1 pt. each = 5 pts.)

1. Qui dans ta famille sait parler une langue étrangère?

   _____

2. Est-ce que tes parents connaissent des chansons françaises?

   _____

3. Connais-tu bien la ville où tu habites?

   _____

4. Est-ce que tes parents savent jouer d'un instrument? De quel instrument?

   _____

5. Tes amis et toi, connaissez-vous de bons restaurants dans votre quartier?

   _____

2 **Parce que...** Write a logical explanation for each statement. Use **savoir** or **connaître** in each response. (4 x 2 pts. each = 8 pts.)

1. Mon ami dîne toujours au restaurant.

   _____

2. Les enfants n'aiment pas aller à la plage.

   _____

3. Damien n'a pas parlé à la nouvelle étudiante.

   _____

4. Rosalie va rendre visite à ses cousines en France et elle est très nerveuse.

   _____

3 **Mon correspondant** Write an e-mail to your Senegalese friend Amadou to find out what sports or activities he knows how to do and and how familiar he is with North American culture (food, movies, actors, singers, etc.). Tell him what you know about francophone culture. Use **savoir** and **connaître** in your e-mail. (4 pts. for grammar + 3 pts. for style = 7 pts.)

_____

_____

_____

_____

_____

Unité 1   Leçon 1A

1   **Conversations** While walking along the street in Paris, you hear these conversations. Determine whether the speech is familiar, formal, or whether it could be either. Check the appropriate column for each. (6 x 4 pts. each = 24 pts.)

	familiar	formal	either
1.	○	○	○
2.	○	○	○
3.	○	○	○
4.	○	○	○
5.	○	○	○
6.	○	○	○

2   **Ça va?** While sitting at a café, you see various people saying hello and good-bye to each other. Create conversations of two to three lines based on the illustration. (4 x 5 pts. each = 20 pts.)

1. _____   3. _____

   _____   _____

   _____   _____

2. _____   4. _____

   _____   _____

   _____   _____

Lesson Tests

3   **Qu'est-ce que c'est?** Jean-Luc is showing a new student around school, pointing out various things. Fill in each blank with the appropriate definite article. (10 x 2 pts. each = 20 pts.)

1. Voilà _____ classe d'histoire et _____ bureaux des professeurs.

2. C'est _____ café et _____ bibliothèque de _____ école.

Jean-Luc continues the tour...

Fill in each blank with the appropriate indefinite article.

3. Il y a _____ ordinateurs et _____ télévision pour (for) les élèves.

4. Il y a _____ tableaux, mais il n'y a pas _____ table. C'est _____ problème.

4   **Combien?** Abdel is taking inventory in the storeroom. You are copying down what he says, but he keeps changing the numbers. Write out the number that comes before and after each of these numbers. (10 x 2 pts. each = 20 pts.)

1. _____, douze, _____

2. _____, trente-neuf, _____

3. _____, vingt-deux, _____

4. _____, sept, _____

5. _____, cinquante, _____

5   **Questions** Respond to these questions or statements logically and as completely as possible. (4 x 4 pts. each = 16 pts.)

1. Comment t'appelles-tu? _____

    _____

2. Ça va, Pierre/Sophie? _____

    _____

3. Bonjour, Monsieur/Mademoiselle. Comment allez-vous? _____

    _____

4. Je vous présente mon ami Guillaume. _____

    _____

Unité 1

LESSON TEST II

Leçon 1A

1 **Conversations** While visiting Montreal, you hear these conversations. Determine whether the speech is familiar, formal, or whether it could be either. Check the appropriate column for each. (6 x 4 pts. each = 24 pts.)

	familiar	formal	either
1.	○	○	○
2.	○	○	○
3.	○	○	○
4.	○	○	○
5.	○	○	○
6.	○	○	○

2 **Bonjour!** While at a park, you see various people saying hello and good-bye to each other. Create a conversation of two to three lines for each pair or group of people in the illustration. (3 x 4 pts. each = 12 pts.)

1. _____

   _____

   _____

2. _____

   _____

   _____

3. _____

   _____

   _____

Lesson Tests

3 **Qu'est-ce que c'est?** Yasmina is showing a new student around school, pointing out various things. Fill in each blank with the appropriate definite article. (14 x 2 pts. each = 28 pts.)

1. C'est _____ bibliothèque et _____ librairie.

2. Voilà _____ café de _____ école et voici _____ professeurs de maths!

3. À _____ école, _____ ordinateurs sont (are) modernes.

Yasmina continues the tour. Fill in each blank with the appropriate indefinite article.

4. Il y a _____ professeur américain, mais il n'y a pas _____ professeur anglais.

5. Il y a _____ table et _____ tableau dans le bureau.

6. Il y a _____ télévisions et _____ ordinateurs. C'est _____ université super!

4 **Combien?** Mariama is taking inventory in her university bookstore. You are copying down what she says, but she keeps changing the numbers. Write out the number that comes before and after each of these numbers. (10 x 2 pts. each = 20 pts.)

1. _____, cinquante-neuf, _____

2. _____, quatorze, _____

3. _____, dix-neuf, _____

4. _____, cinq, _____

5. _____, quarante et un, _____

5 **Conversez** Respond to each question or statement logically and as completely as possible. (4 x 4 pts. each = 16 pts.)

1. Comment vas-tu? _____

2. À plus tard! _____

3. Je te présente mon amie Claire. _____

4. Comment vous appelez-vous? _____

Unité 1

Leçon 1B

1   **Une réponse logique** Select the most logical answer to each question. (6 x 4 pts. each = 24 pts.)

1. a. C'est une montre.
   b. C'est un professeur.
   c. Il est français.

2. a. C'est une calculatrice.
   b. C'est Nicole.
   c. C'est un homme.

3. a. Enchanté.
   b. Je suis anglais.
   c. Très bien, merci.

4. a. Isabelle Dunat.
   b. Comme ci, comme ça.
   c. Bonne journée.

5. a. Elles sont françaises.
   b. Je te présente ma copine.
   c. Il y a vingt filles.

6. a. Oui, je suis professeur.
   b. Oui, je suis de Zurich.
   c. Oui, je vais très bien.

2   **Au bureau** Look at the person and items in the illustration, and identify the ten corresponding French words. Be sure to include the appropriate indefinite article. (10 x 2 pts. each = 20 pts.)

1. _____   6. _____
2. _____   7. _____
3. _____   8. _____
4. _____   9. _____
5. _____   10. _____

3 **Où est...?** When someone asks if certain people are in various places, respond affirmatively. (6 x 2 pts. each = 12 pts.)

> **Modèle**
>
> François / le lycée?   *Oui, il est au lycée.*

1. tu / au bureau? _____.
2. Marc et Anne / à la librairie? _____.
3. je / au café? _____.
4. Nicole / dans la salle de classe? _____.
5. Hélène et toi / à l'école? _____.
6. Pauline et Séverine / au lycée? _____.

4 **Identification** Identify the object and person below by completing the descriptions with either C'est or Il/Elle est. (6 x 2 pts. each = 12 pts.)

1. _____ un téléphone.   4. _____ une chanteuse.

2. _____ petit.   5. _____ une femme.

3. _____ japonais.   6. _____ québécoise.

5 **Descriptions** Describe some of these people who are at a party together. Give their nationality, and then say something different about each one. (4 x 3 = 12 pts.)

> **Modèle**
>
> Miguel (Nogales)   *Miguel est mexicain. Il est sociable.*

1. Nina (Rome) _____
2. Steve et Mike (Chicago) _____
3. Katarina et Erik (Berlin) _____
4. Philippe (Montréal) _____

6 **À vous!** You meet a new foreign exchange student. Greet him/her, and tell him/her your name, nationality, and where you are from. Find out how the exchange student is doing and ask about his/her heritage or nationality. Write at least five complete sentences. (8 pts. for vocabulary + 8 pts. for grammar + 4 pts. for style and creativity = 20 pts.)

_____

_____

_____

_____

Lesson Tests

Unité 1

LESSON TEST II

Leçon 1B

---

1 **Une réponse logique** Select the most logical answer to each question. (6 x 3 pts. each = 18 pts.)

1. a. Il est très poli.
   b. C'est Daniel.
   c. Il est suisse.

2. a. Bien, merci.
   b. Ils sont français.
   c. Je suis d'origine américaine.

3. a. Enchanté.
   b. Oui, je suis de Québec.
   c. Oui, je suis professeur.

4. a. Oui, il est sociable.
   b. Oui, il est désagréable.
   c. Oui, il est égoïste.

5. a. C'est Madame Desrosiers.
   b. C'est une horloge.
   c. C'est une fille.

6. a. C'est un livre.
   b. Je m'appelle Denis.
   c. C'est Denis.

---

2 **Identifiez** Look at the people and items in the illustration, and identify the ten corresponding French words. Be sure to include the appropriate indefinite articles. (10 x 2 pts. each = 20 pts.)

1. _____
2. _____
3. _____
4. _____
5. _____

6. _____
7. _____
8. _____
9. _____
10. _____

Lesson Tests

3 **Où sont-ils?** Say that these people are in the places given. (5 x 2 pts. each = 10 pts.)

> **Modèle**
>
> Ghislaine / au café   _Ghislaine est au café._

1. les filles / en classe _____.
2. nous / à Paris _____.
3. vous / à l'école _____.
4. je / au lycée _____.
5. tu / à la librairie _____.

4 **Identification** Identify the object and person below by completing the descriptions with **C'est** or **Il/Elle est.** (6 x 2 pts. each = 12 pts.)

1. _____ une montre.   4. _____ français.

2. _____ petite.   5. _____ charmant.

3. _____ chinoise.   6. _____ un acteur.

5 **Descriptions** Describe the foreign exchange students at your school by giving their nationalities, and then say something different about each one. (5 x 4 pts. each = 20 pts.)

> **Modèle**
>
> Lucie (Genève)   _Elle est suisse. Elle est optimiste._

1. Ingrid et Marta (Berlin) _____.
2. Emma (Londres) _____.
3. Carlos et Monica (Barcelone) _____.
4. Lydie (Fort-de-France) _____.
5. Han (Tokyo) _____.

6 **À vous!** You meet a new foreign exchange student. Greet him/her, and tell him/her your name, nationality, and where you are from. Find out how the exchange student is doing and ask about his/her heritage or nationality. Write at least five complete sentences. (8 pts. for vocabulary + 8 pts. for grammar + 4 pts. for style and creativity = 20 pts.)

_____

_____

_____

_____

Unité 2

LESSON TEST I

Leçon 2A

1 **Conversations** You will hear several short conversations between Julien and Françoise. Listen to each conversation, and then choose the most logical answer to each question. (5 x 4 pts. each = 20 pts.)

1. What does Julien not like?
   a. to travel   b. to study   c. to work

2. What is Françoise doing?
   a. studying for a math test   b. looking for something   c. meeting up with friends

3. What language does Julien prefer to speak?
   a. English   b. French   c. Spanish

4. What does Julien like to study?
   a. foreign languages   b. math   c. computer science

5. What is Caroline doing?
   a. studying   b. eating   c. meeting up with a friend

2 **Quel cours?** What class is each person preparing for based on the books he or she is reading? (6 x 2 pts. each = 12 pts.)

1. Éric _____

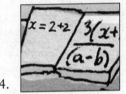

4. Yves _____

2. Océane _____

5. Gilles _____

3. Philippe _____

6. Micheline _____

Lesson Tests

3 **Ce week-end!** Tell what these people are doing this weekend by completing these sentences with the correct form of the verb in parentheses. (6 x 2 pts. each = 12 pts.)

1. (dessiner) Nathalie _____ pour son cours d'art.

2. (manger) Olivier et toi _____ à la cantine.

3. (commencer) Moi, je _____ mon livre d'histoire.

4. (rencontrer) Mylène et Louise _____ Philippe et André au café.

5. (partager) Marie-Laure et Luc _____ une pizza.

6. (regarder) Tu _____ la télévision.

4 **Pas ce week-end!** Now tell what these people are *not* doing this weekend. (4 x 3 pts. each = 12 pts.)

1. (étudier) Nous _____ la physique.

2. (oublier) Toi, tu _____ ton argent (*money*).

3. (chercher) Pierre _____ le livre de maths.

4. (travailler) Claudine et Antoine _____ à la bibliothèque.

5 **Le coup de téléphone** Your older sister is on the phone and you can only hear her answers. What are the logical questions? Use at least three different ways to ask the questions. (6 x 4 pts. each = 24 pts.)

1. —_____
   —Bien sûr, j'aime dessiner.

2. —_____
   —Oui, il mange bientôt.

3. —_____
   —Non, elle n'est pas française. Elle est québécoise.

4. —_____
   —Si, nous aimons bien partager l'appartement.

5. —_____
   —Oui, il y a des bourses pour l'université.

6. —_____
   —Parce que je déteste habiter sur le campus.

6 **À vous!** What activities do you like or not like to do? Write at least four complete sentences in French telling one thing you like to do and one thing you hate to do (or do not like very much) under the following circumstances. (8 pts. for vocabulary + 8 pts. for grammar + 4 pts. for style and creativity = 20 pts.)

On weekends: _____

_____

_____

_____

During the week: _____

_____

_____

_____

_____

Unité 2

LESSON TEST II

Leçon 2A

1 Conversations You will hear several short conversations between Aline and Matthieu. Listen to each conversation, then choose the most logical answer to each question. (5 x 4 pts. each = 20 pts.)

1. How does Matthieu feel about math?
   a. He loves it.
   b. He thinks that it is easy.
   c. He doesn't really like it.

2. What subject does Matthieu prefer?
   a. history
   b. foreign languages
   c. geography

3. What exam does Matthieu find easy to pass?
   a. philosophy
   b. physical education
   c. psychology

4. What is Aya doing?
   a. studying for an exam
   b. eating at the university cafeteria
   c. watching television with Olivier

5. Where does Aline like to eat?
   a. at the university cafeteria
   b. at the café
   c. at home

2 Quel cours? What class is each person preparing for based on the books he or she is reading? (6 x 2 pts. each = 12 pts.)

1. Marie _____

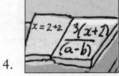

4. Andrée _____

2. Nicolas _____

5. Youssef _____

3. Fatima _____

6. Lola _____

Lesson Tests

3 **Ce week-end!** Tell what these people are doing this weekend by completing these sentences with the correct form of the verb in parentheses. (6 x 2 pts. each = 12 pts.)

1. (étudier) Moi, j'_____ pour l'examen d'histoire avec Maurice.

2. (manger) Aurélie _____ au restaurant avec son amie.

3. (chercher) Vous _____ le livre de maths.

4. (voyager) Nous _____ au Canada avec des copains.

5. (retrouver) Toi, tu _____ des amis à la bibliothèque.

6. (travailler) Véronique et Laurent _____ à Boston.

4 **Pas ce week-end!** Now tell what these people are *not* doing this weekend. (4 x 3 pts. each = 12 pts.)

1. (manger) Vous _____ à la cantine.

2. (commencer) Nous _____ les devoirs de chimie.

3. (regarder) Malika et Vincent _____ les livres d'histoire.

4. (parler) Béatrice _____ avec le professeur d'espagnol.

5 **Le coup de téléphone** Your friend is on the phone and you can only hear his answers. What are the logical questions? Use at least three different ways to ask the questions. (6 x 4 pts. each = 24 pts.)

1. —_____

—Non, je n'aime pas étudier l'économie.

2. —_____

—Oui, c'est mon livre préféré.

3. —_____

—Non, il n'est pas sénégalais. Il est martiniquais.

4. —_____

—Non, je pense que c'est inutile.

5. —_____

—Oui, il y a les copains au café.

6. —_____

—Oui, mais j'aime mieux dessiner.

6 **À vous!** What activities do you like or not like to do? Write at least four complete sentences in French telling two things you like to do and two things you hate (or don't like very much) to do. (8 pts. for vocabulary + 8 pts. for grammar + 4 pts. for style and creativity = 20 pts.)

During the week: _____

_____

_____

_____

With friends on the weekends: _____

_____

_____

_____

Lesson Tests

Unité 2

LESSON TEST I

1 **Quoi et quand?** Anne-Laure is asking various people about activities they have to do and when they are doing them. Listen to the conversations and then choose the most logical answer to each question. (5 x 4 pts. each = 20 pts.)

1. When are they going to the movies?
   a. in the morning
   b. in the afternoon
   c. at night

2. When is Christine's exam?
   a. today
   b. Friday
   c. Wednesday

3. What day is it today?
   a. Thursday
   b. Friday
   c. Saturday

4. Why is Imad not going to study with Anne-Laure?
   a. He is tired.
   b. He doesn't like to study with her.
   c. He has other plans.

5. What does Vivienne feel like doing this weekend?
   a. meeting up with her friends
   b. working
   c. traveling

2 **Que fait-on?** Everybody is busy doing different things today. Tell what each person is doing based on the illustrations. Write complete sentences. (5 x 2 pts. each = 10 pts.)

Modèle

(les élèves)
Les élèves assistent au cours d'économie.

1.

2.

3.

4.

5.

1. (tu) _____.

2. (Paul) _____.

3. (ils) _____.

4. (vous) _____.

5. (je) _____.

3 **Qu'est-ce qu'on a?** Some people have things that others do not. Complete these sentences with the correct forms of **avoir**. (6 x 3 pts. each = 18 pts.)

1. —Tu _____ une calculatrice?

   —Oui, voilà. Oh, pardon, non, je n'_____ pas de calculatrice.

2. —Ta copine et toi, vous _____ une bourse?

   —Oui, nous _____ une bourse. Et toi?

3. —Moi, non, et mes copains Thomas et Mohammed n'_____ pas de bourse non plus.

   —Mais Thomas _____ un travail (*job*) au resto U.

4 **Expressions** Complete these sentences using an appropriate expression with **avoir**. (5 x 4 pts. each = 20 pts.)

1. Regarde! 100 euros! J'_____.

2. La température est de 90°F aujourd'hui. Nous _____.

3. Tu penses que Montréal est la capitale du Canada, mais tu _____.

4. Il y a un examen de maths, mais Gilles ne fait pas (*does not do*) ses devoirs. Il _____ de rater son examen.

5. Nathalie et Olivier sont au Québec en décembre. Ils _____.

5 **Quelle heure est-il?** Write complete sentences that tell what time it is in each illustration. (4 x 3 pts. each = 12 pts.)

| 1. | 2. | 3. | 4. |

1. _____

2. _____

3. _____

4. _____

6 **À vous!** Write a paragraph of at least five complete sentences saying what you typically do in the morning, afternoon, and evening during the week and on weekends. (8 pts. for vocabulary + 8 pts. for grammar + 4 pts. for style and creativity = 20 pts.)

_____

_____

_____

_____

_____

_____

Lesson Tests

Unité 2

LESSON TEST II

Leçon 2B

---

1 **Quoi et quand?** Christophe is asking various people about activities they have to do and when they are doing them. Listen to the conversations and then select the most logical answer to each question. (5 x 4 pts. each = 20 pts.)

1. What day is it today?
   a. Monday
   b. Wednesday
   c. Tuesday

2. Who has a scholarship?
   a. Frédéric
   b. Jeanne
   c. Christophe

3. At what time does geography class start?
   a. 8:15
   b. 8:30
   c. 8:05

4. When does Christophe want Lise to go to the park with him?
   a. after classes
   b. at lunchtime
   c. before classes

5. What does Christophe need to do?
   a. eat
   b. study
   c. meet friends

---

2 **Que font-ils?** Everybody is busy doing different things today. Using the illustrations, tell what each person is doing. Write complete sentences. (5 x 2 pts. each = 10 pts.)

> **Modèle**
>
> (Justine et Farid)
> Justine et Farid dînent au restaurant.

1.

2.

3.

4.

5.

1. (Bertrand) _____.

2. (Thomas et Émilie) _____.

3. (je) _____.

4. (tu) _____.

5. (vous) _____.

Leçon 2B Lesson Test II **111**

3 **Qu'est-ce qu'ils ont?** Some people have things that others do not. Complete these sentences with the correct forms of **avoir**. (6 x 3 pts. each = 18 pts.)

1. —Est-ce que Sarah et Thomas _____ des devoirs?

   —Oui. Mais nous, nous n'_____ pas de devoirs.

2. —Pierre _____ un chien (*dog*). Et toi?

   —Non, je n'_____ pas de chien. Je suis allergique.

3. —_____-tu une bourse?

   —Moi, non. Mais vous deux, vous _____ une bourse, n'est-ce pas?

4 **Expressions** Complete these sentences using an appropriate expression with avoir. (5 x 4 pts. each = 20 pts.)

1. Aujourd'hui, la température est de 14°F. J'_____.

2. Sophie pense que New York est la capitale des États-Unis. Elle _____.

3. Clément et Malika n'étudient pas assez et ils ne font pas leurs (*their*) devoirs. Ils _____ du bac.

4. Tu penses que 23 + 77 font (*makes; equals*) 100? Tu _____!

5. Vous gagnez (*win*) un million de dollars à la loterie! Vous _____.

5 **Quelle heure avez-vous?** Write complete sentences that tell what time it is in each illustration. (4 x 3 pts. each = 12 pts.)

1.   2.   3.   4.

1. _____

2. _____

3. _____

4. _____

6 **À vous!** Write a paragraph of at least five complete sentences saying what you usually do at different times during the day or night, during the week, and on weekends. (8 pts. for vocabulary + 8 pts. for grammar + 4 pts. for style and creativity = 20 pts.)

_____

_____

_____

_____

_____

_____

_____

Unité 3

Leçon 3A

LESSON TEST I

1 **Comment est-elle?** You will hear your new French teacher describe her family. Listen carefully, then answer the questions by checking vrai, faux, or je ne sais pas if the information is not given. (6 x 3 pts. each = 18 pts.)

	Vrai	Faux	Je ne sais pas.
1. Mme Dostert est américaine.	○	○	○
2. Elle est mariée.	○	○	○
3. Elle a trois enfants.	○	○	○
4. Elle a des nièces et des neveux.	○	○	○
5. C'est la cadette de sa famille.	○	○	○
6. Elle aime les animaux.	○	○	○

2 **La famille Dupré** Complete the sentences with the appropriate family member based on the family tree. (10 x 2 pts. each = 20 pts.)

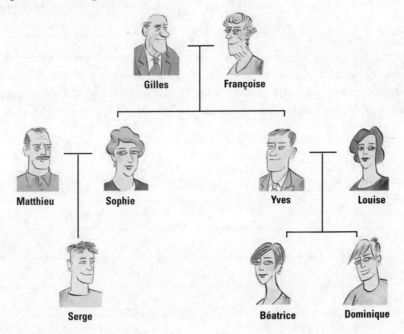

Gilles   Françoise

Matthieu   Sophie   Yves   Louise

Serge   Béatrice   Dominique

Modèle

Serge est ___le fils___ de Sophie.

1. Françoise est _____ de Gilles.

2. Louise est _____ de Serge.

3. Béatrice est _____ de Serge.

4. Gilles est _____ de Béatrice.

5. Sophie est _____ d'Yves.

6. Louise est _____ de Matthieu.

7. Béatrice est _____ de Matthieu.

8. Matthieu est _____ de Dominique.

9. Gilles est _____ de Sophie.

10. Serge est _____ de Françoise.

Lesson Tests

3   **La famille de Michelle** Complete each description of the people in Michelle's family logically.
(6 x 4 pts. each = 24 pts.)

1. Michelle n'est pas blonde. Elle est _____.

2. Son grand-père n'est pas jeune. Il est _____.

3. Ses frères ne sont pas petits. Ils sont _____.

4. Son oncle n'est pas laid. C'est un _____ homme.

5. Son copain n'a pas les yeux bleus. Il a les yeux _____.

6. Sa cousine n'a pas les cheveux longs. Elle a les cheveux _____.

4   **Où est...?** Say what these people are looking for. Complete each sentence with the possessive
adjective that corresponds to the subject. (8 x 2 pts. each = 16 pts.)

1. Je cherche _____ chat.

2. Nicole cherche _____ calculatrice.

3. Nous cherchons _____ livres.

4. Ils cherchent _____ CD.

5. Tu cherches _____ chiens.

6. Elles cherchent _____ copains.

7. André cherche _____ ordinateur.

8. Vous cherchez _____ copains.

5   **À vous!** Write a brief note to your new pen pal describing yourself and your family. Write at least five
complete sentences. Include such information as the size of your family, how many pets you own, and your
physical appearance. (8 pts. for vocabulary + 8 pts. for grammar + 6 pts. for style and creativity = 22 pts.)

_____

_____

_____

_____

_____

_____

_____

_____

_____

_____

_____

_____

_____

Lesson Tests

Unité 3

LESSON TEST II

Leçon 3A

---

1 **Choisissez** You will hear a series of questions about your family and friends. Select the most logical response to each question. (6 x 3 pts. each = 18 pts.)

1. a. Non, je suis célibataire.
   b. Oui, c'est mon épouse.
   c. Oui, et je suis l'aîné.

2. a. Oui, c'est mon neveu.
   b. Oui, c'est mon cousin.
   c. Non, je n'ai pas de frère.

3. a. Oui, elle s'appelle Claude.
   b. Non, parce que j'ai un chat.
   c. Non, ils habitent à Paris.

4. a. Non, il est divorcé.
   b. Oui, il a des cousins.
   c. Oui, c'est le cadet.

5. a. Oui, il est de taille moyenne.
   b. Non, c'est un pauvre homme.
   c. Oui, ils sont toujours heureux.

6. a. Elle est rousse et belle.
   b. Elle habite avec sa grand-mère.
   c. Elle adore mon chien.

---

2 **La famille** Complete each sentence with the most logical word. Remember to use an article or possessive adjective with each noun. (8 x 3 pts. each = 24 pts.)

Modèle

La sœur de ton père est ___ta tante___.

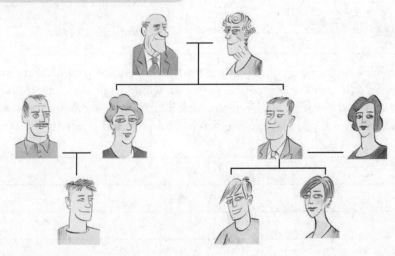

1. Le frère de ton père est _____.

2. Une personne qui n'est pas mariée est _____.

3. La personne qui habite dans la maison à côté (*next door*) est _____.

4. La fille de ta tante est _____.

5. Le fils de ta mère est _____.

6. L'épouse de ton oncle est _____.

7. La mère de ta mère est _____.

8. La nouvelle épouse de ton père est _____.

Leçon 3A Lesson Test II   **115**

3 **Conséquences** How would people react to various situations? Complete each sentence with the correct form of the adjective suggested by the context. (6 x 4 pts. each = 24 pts.)

1. J'ai un «A» à mon examen. Maman est _____ (jeune / fier / noir) de moi.

2. Il a son ordinateur depuis (*for*) 10 ans. C'est un _____ (marron / nouveau / vieux) ordinateur.

3. Anna n'aime pas les cheveux frisés. Elle préfère les cheveux _____ (raide / châtain / court).

4. Éric mange beaucoup. Il va (*is going*) être _____ (pauvre / vert / gros).

5. Elle pense que Montréal est la capitale du Canada. C'est la _____ (mauvais / laid / joli) réponse.

6. Ils étudient beaucoup. Ce sont des élèves _____ (naïf / heureux / sérieux).

4 **Ils ont besoin de...?** Say what these people need. Complete each sentence with the possessive adjective that corresponds to the subject. (7 x 2 pts. each = 14 pts.)

1. Jean a besoin de _____ montre.

2. Danièle et Grégoire ont besoin de faire _____ devoirs.

3. Moi, j'ai besoin de _____ stylos.

4. Avez-vous besoin de _____ disques?

5. Tu as besoin de _____ dictionnaire?

6. Nous avons besoin de _____ bourse.

7. Nathalie a besoin de _____ notes.

5 **À vous!** Imagine you're going off to college next year. Describe your ideal roommate in at least five complete sentences. To be most compatible with you, would he or she come from a big family? Would he or she like animals? What would he or she look like? What personality traits would he or she have? (8 pts. for vocabulary + 8 pts. for grammar + 4 pts. for style and creativity = 20 pts.)

_____

_____

_____

_____

_____

_____

_____

_____

_____

_____

_____

_____

Unité 3

LESSON TEST I

Leçon 3B

---

1   **Comment est-elle?** You will hear Isabelle asking her friend Pierre about his aunt. Select the most logical response to her questions. (5 x 4 pts. each = 20 pts.)

1. a. Elle a trente-sept ans.
    b. Oui, elle est très sympa.
    c. C'est la sœur de ma mère.

2. a. Oui, elle est géniale.
    b. Non, elle est avocate.
    c. Oui, en fait, elle est québécoise.

3. a. Elle est ingénieur.
    b. Elle est célibataire.
    c. Elle est pénible.

4. a. Oui, sportive et courageuse aussi.
    b. Oui, fatiguée et paresseuse aussi.
    c. Oui, méchante et folle aussi.

5. a. Ah, je suis modeste.
    b. Oh, ils sont ennuyeux.
    c. Oh, ils sont avocats.

---

2   **Que font-ils?** Write the name of the profession most closely associated with these illustrations. (8 x 3 pts. each = 24 pts.)

   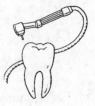

1. M. Morel est   2. Mlle Dunant est   3. Mme Colbert est   4. Mme Séror est

_____.   _____.   _____.   _____.

  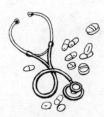 

5. Mlle Thonat est   6. M. Méthot est   7. M. Leblanc est   8. Mme Pascal est

_____.   _____.   _____.   _____.

---

3   **Les chiffres** Write the number that corresponds to these words. (6 x 3 pts. each = 18 pts.)

1. soixante-treize   _____
2. quatre-vingt-dix-huit _____
3. soixante-cinq   _____

4. soixante-quinze   _____
5. quatre-vingts   _____
6. quatre-vingt-sept   _____

Lesson Tests

4   **Où est...?** Complete these sentences with a preposition, according to the illustration.
(6 x 3 pts. each = 18 pts.)

1. Les stylos sont _____ des cahiers.

2. Les sacs à dos sont _____ la table.

3. Les crayons sont _____ les ordinateurs.

4. Les dictionnaires sont _____ des cahiers.

5. Les ordinateurs sont _____ la table.

6. Les dictionnaires sont _____ les livres.

5   **À vous!** You are helping someone find several items in your room. Write at least five complete
sentences explaining where each item is, using at least five different prepositions of location. (8 pts. for
vocabulary + 8 pts. for grammar + 4 pts. for style and creativity = 20 pts.)

> **Modèle**
> La calculatrice est sur le bureau...

_____

_____

_____

_____

_____

_____

_____

_____

_____

_____

Lesson Tests

Unité 3
LESSON TEST II
Leçon 3B

1 **Une réponse logique** You will hear various people asking you questions. Select the most logical response. (5 x 4 pts. each = 20 pts.)

1. a. Il est sur la chaise là-bas.   b. Il est sous la corbeille.   c. Il est à gauche du musée.
2. a. Elle est musicienne.   b. Elle est douce.   c. Elle est veuve.
3. a. Il est homme d'affaires.   b. Il est généreux et gentil.   c. Il est divorcé.
4. a. Ils sont travailleurs.   b. Ils ont soixante ans.   c. Ils sont devant la fac.
5. a. Non, ils sont méchants.   b. Non, ils sont géniaux.   c. Oui, ils sont très paresseux.

2 **Quelle profession?** Write the name of the profession you would associate with these words. Be sure to write **un** or **une** according to the gender of each person. (8 x 3 pts. each = 24 pts.)

1. Salima / piano, trombone, flûte _____

2. Marc / justice, crime, gouvernement _____

3. Laure / stylo, télévision, notes _____

4. Abdel / sportif, tennis, volleyball _____

5. François / dessiner, sculpture, couleur _____

6. Carole / biologie, science, patient(e) _____

7. M. Hébert / enseigner, étudiant, salle de classe _____

8. Sylvie / style, cheveux, salon de beauté _____

3 **Les mathématiques** Calculate these answers and write out the numbers. (6 x 3 pts. each = 18 pts.)

> **Modèle**
> 15 + 40 = *cinquante-cinq*

1. 35 + 25 = _____

2. 20 x 5 = _____

3. 90 − 9 = _____

4. 50 + 25 = _____

5. 40 + 40 = _____

6. 100 − 4 = _____

Lesson Tests

4 **Où est...?** Complete these sentences with a preposition, according to the illustration.
(6 x 3 pts. each = 18 pts.)

1. L'ordinateur est _____ le bureau.

2. La chaise est _____ le bureau.

3. La photo est _____ de l'ordinateur.

4. Les crayons sont _____ des photos.

5. Le lit est _____ des photos.

6. La carte est _____ le bureau.

5 **À vous!** Describe where certain buildings are located in relation to others near your school. Write at least five complete sentences explaining where each place is, using at least five different prepositions of location. (8 pts. for vocabulary + 8 pts. for grammar + 4 pts. for style and creativity = 20 pts.)

> **Modèle**
>
> La bibliothèque est à gauche de la librairie...

_____

_____

_____

_____

_____

_____

_____

_____

_____

_____

_____

Lesson Tests

Unité 4

Leçon 4A

LESSON TEST I

---

1 **Une réponse logique** Nicole is full of questions for her friend Christian today. Select the most logical response to each question. (6 x 4 pts. each = 24 pts.)

1. Nicole and Christian are on their way to class. Christian answers:
   a. Il est deux heures.　　　　b. Oui, il est d'accord.　　　　c. Non, il est en retard.

2. Nicole wants to know about Christian's plans after morning classes. Christian answers:
   a. À une heure.　　　　b. Au resto U.　　　　c. Parce que j'ai faim.

3. Nicole wants a little more information. Christian answers:
   a. Oui, bien sûr.　　　　b. J'ai vingt euros.　　　　c. Il est au café.

4. Nicole asks about Christian's family. Christian answers:
   a. Il aime nager.　　　　b. Il invite son copain.　　　　c. Il adore patiner.

5. Nicole continues to ask about his family. Christian answers:
   a. Oui, elle a envie de voyager.　　　　b. Oui, elle adore la banlieue.　　　　c. Non, elle aime mieux le centre commercial.

6. Nicole has lost track of time. Christian answers:
   a. À demain.　　　　b. Je vais au marché.　　　　c. Mais c'est lundi!

---

2 **Qu'est-ce qu'on fait?** Everyone is involved in various activities. Write five complete sentences, saying what the people in the illustrations are doing or where they are. (5 x 4 pts. each = 20 pts.)

> **Modèle**
> Madame Leduc va à la poissonnerie.

 1.　　　 2.　　　 3.

 4.　　　 5.

1. _____.
2. _____.
3. _____.
4. _____.
5. _____.

Lesson Tests

3 **Où?** Based on what these people like, say where they are probably going. (5 x 3 pts. each = 15 pts.)

> **Modèle**
> J'aime les artistes impressionnistes.
> *Je vais au musée.*

1. Nous aimons nager. Nous _____.
2. Hélène et Aurélie aiment danser. Elles _____.
3. Patrick aime les films étrangers. Il _____.
4. Toi, tu adores dépenser ton argent. Tu _____.
5. Vous aimez manger. Vous _____.

4 **Comment?** Your brother is on the phone making plans for the evening and you can only hear his answers. What are the most logical questions? (7 x 3 pts. each = 21 pts.)

1. —_____?
   —Il est six heures et demie.
2. —_____?
   —Le film commence à sept heures quinze.
3. —_____?
   —On va au cinéma en taxi.
4. —_____?
   —Le cinéma est au centre-ville.
5. —_____?
   —On va au cinéma avec Julien et Annick.
6. —_____?
   —J'ai quatre tickets de cinéma.
7. —_____?
   —On va rentrer vers minuit.

5 **À vous!** Write a paragraph that mentions five places you plan to go within the next week and what you are going to do at each place. Be sure to write complete sentences. (8 pts. for vocabulary + 8 pts. for grammar + 4 pts. for style and creativity = 20 pts.)

> **Modèle**
> *Je vais à la bibliothèque. Je vais préparer un examen d'histoire.*

_____
_____
_____
_____
_____

Lesson Tests

Unité 4

LESSON TEST II

Leçon 4A

1 **Une réponse logique** Joseph is full of questions for his friend Marika today. Select the most logical response to each question. (6 x 4 pts. each = 24 pts.)

1. Joseph calls Marika just before they are supposed to meet up. Marika answers:
   a. Non, je suis en retard.   b. Oui, il est d'accord.   c. Il est deux heures.

2. They meet, and now Joseph wants to know about Marika's plans. Marika answers:
   a. À la librairie.   b. Un sandwich.   c. Au café.

3. Joseph wants even more information. Marika answers:
   a. Demain.   b. Dans une heure.   c. Ce matin.

4. Joseph asks about Marika's family. Marika answers:
   a. Avec le chat.   b. Avec Daniel.   c. En Suisse.

5. Joseph continues to ask about her family. Marika answers:
   a. Oui, il adore la ville.   b. Non, il aime mieux le parc.   c. Oui, il aime la banlieue.

6. Joseph has now completely lost track of time. Marika answers:
   a. À plus tard.   b. Nous allons au cinéma.   c. Mais c'est vendredi!

2 **Qu'est-ce qu'on fait?** Everyone is involved with various activities. Write five complete sentences, saying what the people in the photos are doing. (5 x 4 pts. each = 20 pts.)

> **Modèle**
> Il passe chez un ami.

1.    2.    3.

4.    5.

1. _____.
2. _____.
3. _____.
4. _____.
5. _____.

Lesson Tests

3 **Où?** Based on what these people like, say where they are probably going. (5 x 3 pts. each = 15 pts.)

> **Modèle**
>
> J'aime bien explorer la ville. *Je vais au centre-ville.*

1. Vous aimez bien les films français. Vous _____.

2. Monsieur et Madame Bérard adorent manger. Ils _____.

3. Nous aimons skier. Nous _____.

4. Tu aimes acheter (*to buy*) des magazines et des journaux. Tu _____.

5. Suzanne aime faire (*to do*) de l'aérobic. Elle _____.

4 **Comment?** Your sister is on the phone talking about her plans for the evening and you can only hear her answers. What are the most logical questions? (7 x 3 pts. each = 21 pts.)

1. —_____?
   —Nous allons au musée ce soir.

2. —_____?
   —Parce que Philippe adore l'art moderne.

3. —_____?
   —On va au musée avec Ahmed et Caroline.

4. —_____?
   —À dix-huit heures trente.

5. —_____?
   —Après, nous allons au restaurant.

6. —_____?
   —Au restaurant Chez Pascal. C'est cher *(expensive)*.

7. —_____?
   —J'ai 150 euros.

5 **À vous!** Write a paragraph that mentions five places you plan to go within the next week, and what you are going to do at each place. Be sure to write complete sentences. (8 pts. for vocabulary + 8 pts. for grammar + 4 pts. for style and creativity = 20 pts.)

> **Modèle**
>
> *Je vais au gymnase. Je vais patiner avec Delphine et Virginie.*

_____

_____

_____

_____

_____

_____

Lesson Tests

Unité 4

LESSON TEST I

1 **Conversations** You will hear a series of short, incomplete conversations between various people. Select the most logical continuation for each. (5 x 4 pts. each = 20 pts.)

1. Anaïs est au café. Le serveur arrive.
   a. Une pizza,   b. Une baguette,   c. Un thé,
      s'il vous plaît.   s'il vous plaît.   s'il vous plaît.

2. Monsieur et Madame Foussereau sont au café.
   a. Non merci. Je n'ai   b. Non merci. Je n'ai   c. Oui, un chocolat
      pas très soif.   pas très faim.   chaud, s'il vous plaît.

3. Hassan et Gaëtan regardent dans le réfrigérateur.
   a. Oui, il prend toutes   b. Oui, il y a une   c. Oui, il y a un
      les frites.   bouteille d'eau.   morceau de fromage.

4. Nathalie et Inès préparent un pique-nique.
   a. Prends de la limonade. b. Prends quelque   c. Prends l'addition.
                              chose à manger.

5. Stéphanie et Roger mangent à sept heures du matin.
   a. Oui, tout   b. Non merci. Je n'ai   c. Non, je n'ai pas envie
      le jus d'orange.   pas très faim.   de boisson.

2 **Au café** You are walking into a café for the first time. List ten different food or related items you notice, with an appropriate article for each, under the appropriate category. (10 x 2 pts. each = 20 pts.)

Boissons

1. _____
2. _____
3. _____

Nourriture (*Food*)

4. _____
5. _____
6. _____

Vaisselle (*Tableware*)

7. _____
8. _____

Argent

9. _____
10. _____

Lesson Tests

3 **On a faim et soif!** Tell what these people are eating or drinking by completing each sentence with the appropriate form of **prendre** or **boire** and the correct partitive or indefinite article. (8 x 3 pts. each = 24 pts.)

1. Florent _____ _____ eau minérale.

2. Mes copains _____ _____ fromage.

3. Francine et moi, nous _____ _____ limonade.

4. Tu _____ _____ thé, n'est-ce pas?

5. Monsieur Moreau _____ _____ sandwich au jambon.

6. Pierrick et Myriam _____ _____ jus de pomme.

7. Vous _____ _____ frites.

8. Moi, je _____ aussi _____ hamburger.

4 **Au déjeuner** Manuel and Youssra are having lunch at a café. Complete their conversation with the appropriate form of a regular **-ir** verb. (8 x 2 pts. each = 16 pts.)

YOUSSRA Je (1) _____ la soupe du jour. Et toi?

MANUEL Moi, je ne sais (*know*) pas. Je (2) _____ encore. Bon, je prends un hamburger, des frites et un coca.

YOUSSRA Tu ne vas pas (3) _____ avec tout ça!

MANUEL Et toi, tu es au régime (*on a diet*)?

YOUSSRA Oui, tu vas voir (*will see*); je vais (4) _____ cette année. Je/J' (5) _____ à mon docteur et mon corps (*body*) (6) _____ bien au nouveau régime. ... Eh, c'est bon pour samedi soir?

MANUEL Mes parents (7) _____ à ma suggestion. Ah, voilà le serveur.

YOUSSRA (8) _____ notre conversation après.

5 **À vous!** You and a friend are at a café. Write a conversation of at least five sentences in which you both order something different to eat and drink, one of you asks the server how much your order costs, and one of you asks for the check. (8 pts. for vocabulary + 8 pts. for grammar + 4 pts. for style and creativity = 20 pts.)

_____

_____

_____

_____

_____

Unité 4
LESSON TEST II

Leçon 4B

---

1 **Conversations** You will hear a series of short, incomplete conversations between various people. Select the most logical continuation of each conversation. (5 x 4 pts. each = 20 pts.)

1. Geoffroy est au café. La serveuse arrive.
   a. Une bouteille d'eau, s'il vous plaît. b. De la soupe, s'il vous plaît.   c. Des frites, s'il vous plaît.

2. Monsieur et Madame Ouellette sont au café.
   a. Oui, de la soupe, s'il vous plaît.
   b. Non merci. Je n'ai pas très soif.
   c. Oui, un chocolat chaud, s'il vous plaît.

3. Sabine et Zoé préparent le déjeuner.
   a. Prends l'addition.
   b. Prends du sucre.
   c. Prends de l'eau minérale.

4. Simone et Alexie prennent le petit-déjeuner (*breakfast*).
   a. Oui, tout le café.
   b. Oui, s'il te plaît, j'ai très faim.
   c. Non, je n'ai pas envie de boisson.

5. Benoît et Arnaud regardent dans le réfrigérateur.
   a. Oui, il y a une bouteille de jus de pomme.
   b. Oui, il prend toutes les frites.
   c. Oui, il y a du pain et un morceau de fromage.

---

2 **Au café** You are walking by the Café de la Fleur, and notice this menu outside. List eight of the items from the menu with an appropriate article for each. (8 x 3 pts. each = 24 pts.)

1. _____   5. _____
2. _____   6. _____
3. _____   7. _____
4. _____   8. _____

Lesson Tests

3 **On a faim et soif!** Tell what these people are eating or drinking by completing each sentence with the appropriate form of **prendre** or **boire** and the correct partitive or indefinite article. (8 x 3 pts. each = 24 pts.)

1. Vous _____ _____ lait.

2. Nous _____ _____ pizzas.

3. Moi, je _____ _____ frites.

4. Tu _____ _____ jus d'orange, n'est-ce pas?

5. Habib et Aïcha _____ _____ thé.

6. Monsieur Moreau _____ _____ sandwich au jambon.

7. Dominique _____ aussi _____ éclair?

8. Claude et moi, nous _____ _____ café.

4 **Au dîner** Maryse et Laëtitia are at a restaurant. Complete their conversation with the appropriate form of a regular -ir verb. (8 x 2 pts. each = 16 pts.)

MARYSE Alors, quand est-ce que Martine et toi allez (1) _____ votre nouveau colocataire?

LAËTITIA Je ne sais pas. Nous ne (2) _____ pas à parler des trois candidats.

Je/J' (3) _____ encore. Ils sont tous très bien.

MARYSE (4) _____ à ton instinct. Ah, la serveuse arrive. Qu'est-ce que tu

(5) _____ pour le déjeuner?

LAËTITIA Je/J' (6) _____ de regarder la carte. Tout est riche en calories dans ce restaurant!

MARYSE Je vais prendre un sandwich avec un soda. Moi, je ne/n' (7) _____ pas parce que

je vais beaucoup à la gym.

LAËTITIA Tu as de la chance! Moi, je ne/n' (8) _____ pas. Et pourtant (*yet*), je mange léger

tous les jours!

MARYSE Demain, va au gymnase avec moi.

5 **À vous!** You and a friend are out to eat. Write a conversation of at least five sentences in which you both order something different (food and drink), ask the waiter how much your order costs, and ask for the check. (8 pts. for vocabulary + 8 pts. for grammar + 4 pts. for style and creativity = 20 pts.)

_____

_____

_____

_____

_____

Lesson Tests

Unité 5

Leçon 5A

1 **Une réponse logique** Franck is very curious today. He asks his friend Hugo lots of questions. Select the most logical response for each. (5 x 4 pts. each = 20 pts.)

1. a. C'est du café.
   b. C'est un endroit.
   c. C'est de l'eau.

2. a. Elle est ingénieur.
   b. Elle est célibataire.
   c. C'est la sœur de mon père.

3. a. Avec du beurre.
   b. Oui, il sort souvent.
   c. Avec Christine.

4. a. Ils jouent aux échecs.
   b. Ils jouent au foot.
   c. Ils font une randonnée.

5. a. J'aime bricoler.
   b. Je ne cours pas.
   c. Je déjeune à midi.

2 **Qu'est-ce qu'on aime faire?** List six different things that people like to do in their free time based on the illustrations. (6 x 3 pts. each = 18 pts.)

1.

2.

3.

4.

5.

6.

On aime…

1. _____

2. _____

3. _____

4. _____

5. _____

6. _____

Lesson Tests

3 **Combien de fois...?** Complete each sentence with an adverb in French to describe how frequently Dominique does each activity. (4 x 2 pts. each = 8 pts.)

> **Modèle**
>
> golf (1 fois tous les 6 mois) Il joue *rarement* au golf.

1. jeux vidéo (tous les jours) Il joue _____ aux jeux vidéo.

2. aller à la pêche (1 fois par mois) Il va _____ à la pêche.

3. aller au cinéma (1 fois par semaine) Il va _____ au cinéma.

4. baseball (0 fois) Il ne joue _____ au baseball.

4 **Que fait...?** Explain what various people are doing using the context and a logical expression with **faire**. (6 x 4 pts. each = 24 pts.)

1. Georges a un examen demain. Il _____ au professeur.

2. J'ai vraiment faim. Est-ce que vous _____ bientôt?

3. Nous courons souvent. Parfois nous _____ dans le parc.

4. Dans les Alpes, l'hiver (*winter*), mes copains _____.

5. Tu n'as pas de bicyclette, alors tu ne _____.

6. Éric me présente à sa copine Alice. Alors, je _____ d'Alice.

5 **Le bon verbe** Complete these sentences with the correct forms of the most logical irregular -ir verbs: **courir, dormir, partir, sentir, servir,** or **sortir.** (5 x 2 pts. each = 10 pts.)

1. Est-ce que tu _____ avec Marie-Jo ce soir? Où allez-vous?

2. Où est-ce que vous _____? Au stade ou dans le parc?

3. Est-ce que Nicolas _____ pour Paris demain?

4. Pourquoi est-ce que tes copains _____ jusqu'à midi le samedi?

5. Au café, est-ce qu'on _____ du chocolat chaud?

6 **À vous!** Write a paragraph of at least five complete sentences discussing what you like to do in your free time. Mention how frequently you do each of the activities and whether you do them on certain days or on weekends. (8 pts. for vocabulary + 8 pts. for grammar + 4 pts. for style and creativity = 20 pts.)

_____

_____

_____

_____

_____

_____

_____

Lesson Tests (vertical side tab)

Unité 5

Leçon 5A

1   **Une réponse logique**   Latifa is very curious today. She asks her friend Alexandre lots of questions. Select the most logical response to her questions. (5 x 4 pts. each = 20 pts.)

1. a. Oui, il a faim.
   b. Oui, il a sommeil.
   c. Oui, il a raison.

2. a. Genève.
   b. Samedi.
   c. Je vais parler français.

3. a. Ils font une randonnée.
   b. Ils font de l'aérobic.
   c. Ils font de la planche à voile.

4. a. À midi.
   b. Je mange des croissants.
   c. Je joue au tennis.

5. a. Elle est professeur.
   b. Il est marié.
   c. Il est professeur.

2   **Qu'est-ce qu'on aime faire?**   Say what these people like to do in their free time. (6 x 3 pts. each = 18 pts.)

1.

2.

3.

4.

5.

6.

1. Elle aime _____.

2. Elle aime _____.

3. Ils aiment _____.

4. Elle aime _____.

5. Ils aiment _____.

6. Ils aiment _____.

Lesson Tests

3 **Combien de fois...?** Complete each sentence with an adverb in French to describe how frequently Océane does each activity. (4 x 2 pts. each = 8 pts.)

> **Modèle**
> faire du ski (50 fois par an) Elle fait *souvent* du ski.

1. jouer aux cartes (0 fois) Elle ne joue _____ aux cartes.

2. bricoler (1 fois par mois) Elle bricole _____.

3. jouer de la guitare (3 fois par mois) Elle joue _____ de la guitare.

4. faire de la gym (5 fois par semaine) Elle fait _____ de la gym.

4 **Que fait...?** Explain what various people are doing using the context and a logical expression with **faire**. (6 x 4 pts. each = 24 pts.)

1. J'adore marcher. Cet après-midi, je _____ dans le parc.

2. Quand ils vont à la mer (*sea*), l'été (*summer*), Gabriel et Aimée _____.

3. Vous avez une belle voiture. Vous _____ le samedi.

4. Christine joue au baseball, au basket, au volley et au tennis. Elle adore

   _____.

5. Nous avons une tente et une lanterne. Xavier et moi, nous _____!

6. Tu as peur de rater le bac. Tu _____ en classe.

5 **Le bon verbe** Complete these sentences with the correct forms of the appropriate irregular -ir verbs: **courir, dormir, partir, sentir, servir,** or **sortir**. (5 x 2 pts. each = 10 pts.)

1. Tu _____ quand pour le Mexique?

2. Qu'est-ce que Lise _____ aux invités?

3. C'est le week-end! Est-ce que vous _____ avec des copains ce soir?

4. Nous faisons attention au prof. Nous ne _____ pas en cours.

5. Mmm! Le café _____ bon!

6 **À vous!** Write at least five complete sentences discussing what you like to do when you have free time. Mention how frequently you do each of the activities and whether you do them on certain days or on weekends. (8 pts. for vocabulary + 8 pts. for grammar + 4 pts. for style and creativity = 20 pts.)

_____

_____

_____

_____

_____

_____

_____

Lesson Tests

Unité 5

Leçon 5B

1 **Une réponse logique** Your French friend Anne-Marie is asking her American friend Richard several questions. Select the most logical response. (5 x 4 pts. each = 20 pts.)

1. a. Il fait bon.
   b. C'est un parapluie.
   c. J'adore le printemps.

2. a. J'ai envie de sortir.
   b. C'est le neuf mai.
   c. Il fait très froid.

3. a. À peu près cinquante.
   b. Peut-être deux cents.
   c. Cinq, je pense.

4. a. Oui, on joue toute l'année.
   b. Oui, il fait trois degrés Celsius.
   c. Oui, en hiver.

5. a. Il est onze heures.
   b. C'est le seize août.
   c. C'est vendredi.

2 **Quel temps fait-il?** Identify the season and write two sentences to describe the weather in each illustration. (4 x 6 pts. each = 24 pts.)

1.

2.

3.

4.

1. _____

_____

2. _____

_____

3. _____

_____

4. _____

_____

3 **Combien font...?** Help Alex resolve these equations. Write out any missing item. (6 x 3 pts. each = 18 pts.)

1. 369 ÷ 10 = _____

2. 493 + 109 _____ 602

3. 87.631 − _____ = 87.431

4. 3.164 _____ 410 = 3.574

5. _____ ÷ 9 = 111

6. 1.000 _____ 3 = 3.000

4 **Très occupés!** Ségolène is trying to organize a get-together, but everyone has something else they are planning to do. Tell what each person is doing by completing the sentence with the correct form of the most logical verb. (6 x 3 pts. each = 18 pts.)

acheter	emmener	espérer
célébrer	envoyer	nettoyer

1. Chantal _____ son appartement.

2. Philippe et Jérôme _____ des e-mails aux copains.

3. Pascal et moi, nous _____ faire une promenade.

4. Caroline, tu _____ ta sœur chez le dentiste, n'est-ce pas?

5. Nicolas _____ la fête de sa copine.

6. Trinh et Anna _____ un nouveau parapluie.

5 **À vous!** Write a paragraph of at least five complete sentences telling what sports or other activities you do and don't do in the different seasons. (8 pts. for vocabulary + 8 pts. for grammar + 4 pts. for style and creativity = 20 pts.)

_____

_____

_____

_____

_____

_____

_____

_____

_____

Lesson Tests

Unité 5

LESSON TEST II

---

1 **Une réponse logique** Your Algerian friend Zaïna is asking her American friend Owen several questions. Select the most logical response. (5 x 4 pts. each = 20 pts.)

1. a. Il fait vingt-neuf degrés Fahrenheit.
   b. Il pleut.
   c. Il fait quatre-vingts degrés Fahrenheit.

2. a. C'est le quatorze juillet.
   b. C'est le neuf mai.
   c. C'est le quatre juillet.

3. a. Il fait froid.
   b. Il fait soleil.
   c. Il neige.

4. a. Toute l'année.
   b. En automne.
   c. Il fait du vent.

5. a. À la montagne.
   b. Quand il fait chaud.
   c. Je n'ai pas de parapluie.

---

2 **Quel temps fait-il?** Identify the season and write two sentences to describe the weather in each illustration. (4 x 6 pts. each = 24 pts.)

1. _____
   _____
   _____

2. _____
   _____
   _____

3. _____
   _____
   _____

4. _____
   _____
   _____

Lesson Tests

Leçon 5B Lesson Test II

3 **Combien font...?** Help Christine resolve these equations. Write out any missing item.
(6 x 3 pts. each = 18 pts.)

1. 437 _____ 802 = 1.239

2. 1.000.000 – _____ = 999.500

3. _____ ÷ 10 = 276

4. 50.628 + 101 = _____

5. 712 – 20 _____ 692

6. 246 _____ 2 = 123

4 **Très occupés!** Didier is planning a party but everyone is busy. Tell what everyone is doing by
completing the sentences with the correct forms of the appropriate verbs. (6 x 3 pts. each = 18 pts.)

célébrer	espérer	préférer
emmener	nettoyer	répéter

1. Anne et moi, nous _____ l'anniversaire de notre mère.

2. Tu _____ tes amis à l'aéroport.

3. Danielle _____ pour le concert.

4. Aurore et Colette _____ leur appartement.

5. Je suis triste. Je _____ rester à la maison.

6. Robert et toi, vous _____ faire du camping.

5 **À vous!** Write a paragraph of at least five complete sentences about the sports or activities you
participate in during different seasons. Also mention those activities that you do not do. (8 pts. for
vocabulary + 8 pts. for grammar + 4 pts. for style and creativity = 20 pts.)

_____

_____

_____

_____

_____

_____

_____

_____

_____

_____

Lesson Tests

Unité 6

Leçon 6A

1

Conversations Listen to these conversations among various people and select the most logical continuation for each. (5 x 5 pts. each = 25 pts.)

1. Josiane et Julien visitent Paris.

   a. Oui, je vais visiter le Louvre.

   b. Non, je n'ai pas encore visité le Louvre.

   c. Non, j'ai pris le métro.

2. Madame Mayet parle à son fils Léopold.

   a. Je vais envoyer un e-mail.

   b. J'ai été reçu à l'examen.

   c. J'ai bavardé avec Majid.

3. Quentin parle à Trinh.

   a. Au centre commercial.

   b. C'est son anniversaire.

   c. Presque cent euros.

4. Théo téléphone à Évelyne.

   a. Oui et ensuite nous avons joué au basket.

   b. Oui, j'ai appris à faire de la planche à voile.

   c. Je n'ai pas eu faim.

5. Achraf parle à Sasha.

   a. J'ai pris ma retraite.

   b. J'ai nettoyé la cuisine.

   c. J'ai fait la fête.

2

Au café You are at a café with your family. Say what each person is having by completing each sentence with the appropriate form of a demonstrative adjective. (5 x 2 pts. each = 10 pts.)

1. Ma mère préfère _____ desserts.

2. Mon frère préfère _____ éclair.

3. Ma sœur préfère _____ boisson gazeuse.

4. Mon père préfère _____ vin.

5. Ma tante préfère _____ glaces.

3 **Des choses à faire!** Your older brother is planning a party and his anxiety is annoying his friends. Everything he asks about has already been done. (6 x 4 pts. each = 24 pts.)

> **Modèle**
>
> Il faut nettoyer le salon.
> Mais j'*ai déjà nettoyé* le salon.

Il faut. . .

1. acheter le gâteau. Mais Fatima _____ le gâteau!

2. envoyer les invitations. Mais Karine _____ les invitations!

3. préparer des glaçons. Mais nous _____ les glaçons!

4. décorer l'appartement. Mais Paul et toi, vous _____ l'appartement!

5. téléphoner à Cécile. Mais Thomas _____ à Cécile!

6. apporter les CD au salon. Mais Gaëlle et Nathalie _____ les CD au salon!

4 **Trop occupé!** Everyone had a busy day today. Say what each person did by filling in the blanks with the **passé composé** of the verbs in parentheses. (7 x 3 pts. each = 21 pts.)

1. Ce matin, vous _____ (faire) les courses au supermarché et ensuite vous

   _____ (préparer) le dîner.

2. Stéphanie _____ (courir) dix kilomètres et ensuite elle _____

   (dormir) pendant deux heures.

3. Nous _____ (avoir) un accident et nous _____ (emmener)

   Jean-Luc à l'hôpital.

4. Moi, j'_____ (boire) trop de café.

5 **À vous!** You organized a party for your father who has just retired. Write a paragraph of at least five sentences telling what you did, made or served at the party—and something you forgot! (8 pts. for vocabulary + 8 pts. for grammar + 4 pts. for style and creativity = 20 pts.)

_____

_____

_____

_____

_____

_____

_____

_____

Lesson Tests

Unité 6

LESSON TEST II

Leçon 6A

---

1   **Conversations**   Listen to these conversations among various people and select the most logical continuation for each. (5 x 4 pts. each = 20 pts.)

1. Marcelle et Adira ont fini le travail et elles ont du temps libre.
   a. Oui, je préfère ces CD.
   b. Non, je n'ai pas encore écouté ce CD.
   c. Non, j'aime bien ce CD.

2. Monsieur Rocher parle à sa fille Marie-France.
   a. Je vais prendre ce morceau de fromage et du pain.
   b. J'ai pris ce morceau de fromage et du pain.
   c. Je n'ai pas faim.

3. Valentin parle à Marina.
   a. Le cadeau, bien sûr!
   b. Les jeunes mariés sont là
   c. Les invités, bien sûr!

4. Gaëlle téléphone à Hamza.
   a. Un cadeau d'anniversaire pour Noah.
   b. Un rendez-vous avec Sylvie.
   c. Un jour férié.

5. Diara parle à Yann.
   a. Parce que j'ai bu du café.
   b. Parce que j'ai pris ma retraite.
   c. Parce que j'ai nettoyé l'appartement.

---

2   **On fait la fête!**   Look at the illustration and describe what you see. Write at least five sentences using the vocabulary and grammar from this lesson. (5 x 4 pts. each = 20 pts.)

_____

_____

_____

_____

_____

Lesson Tests

3 **Ce dessert-ci ou ce dessert-là?** You are having dessert at a café with your friends. Say what each person is having by completing each sentence with the appropriate form of a demonstrative adjective. (4 x 2 pts. each = 8 pts.)

1. Christelle va prendre _____ éclair-ci.

2. Étienne préfère _____ glace-là.

3. Noémie prend _____ biscuits-là.

4. Michel va prendre _____ gâteau-ci.

4 **On a déjà...** You and your cousin are planning a New Year's Eve party, and she wants to know if certain things still need to be done. Everything she asks about has already been done. Express this by using the **passé composé** with **déjà**. (6 x 3 pts. each = 18 pts.)

> **Modèle**
> Faut-il envoyer les invitations? Mais non, j'_____ les invitations.
> Mais non, j'*ai déjà envoyé* les invitations.

1. Faut-il nettoyer l'appartement? Mais non, Karine _____ l'appartement.

2. Faut-il faire les desserts? Mais non, nous _____ les desserts.

3. Faut-il préparer les décorations? Mais non, Béa et toi, vous _____
les décorations.

4. Faut-il téléphoner à Ophélie? Mais non, tu _____ à Ophélie.

5. Faut-il apporter des chaises supplémentaires au salon? Mais non, Gaston et Naïma
_____ des chaises supplémentaires au salon.

6. Faut-il acheter les boissons? Mais non, Alain _____ les boissons.

5 **Trop occupé!** Everyone has been very busy recently. Say what each person has done by filling in the blanks with the **passé composé** of the verbs in parentheses. (7 x 2 pts. each = 14 pts.)

1. Vous _____ (travailler) pendant dix heures.

2. Ahmed et Bruno _____ (faire du camping) ce week-end avec leurs frères cadets.

3. Mardi soir, nous _____ (courir) dans le parc. Après, nous _____
(faire de l'aérobic) au gymnase.

4. J'_____ (nettoyer) la maison parce qu'on _____ (faire) la fête hier.

5. Jean-Jacques _____ (préparer) un dîner pour vingt personnes.

6 **À vous!** You organized a party for your sister. Write a paragraph of at least five complete sentences telling what you did or made in preparation for the party, and what you served. Also mention something that you forgot to do. (8 pts. for vocabulary + 8 pts. for grammar + 4 pts. for style and creativity = 20 pts.)

_____

_____

_____

_____

_____

Lesson Tests

Unité 6

LESSON TEST I

Leçon 6B

1   **Conversations** Listen to these conversations, then select the most logical continuation for each. (4 x 4 pts. each = 16 pts.)

1. a. Non, j'ai perdu.
   b. Oui, j'ai mis un manteau.
   c. Non, j'ai répondu.

2. a. Je sers.
   b. Je souris.
   c. Je sors.

3. a. Je préfère le blanc.
   b. Je fais du 40.
   c. J'aime mieux les vêtements larges.

4. a. Tu as ton anorak?
   b. Tu as ton tailleur?
   c. Tu as ton chemisier?

2   **Les vêtements** Write five complete sentences to describe what the people in the illustration are wearing. Use your imagination to specify the colors of the clothing as well. (5 x 3 pts. each = 15 pts.)

_____

_____

_____

_____

_____

_____

_____

_____

_____

3   **Aujourd'hui et hier** People are doing things today that they did not do yesterday. Express this, following the model. (4 x 4 pts. each = 16 pts.)

> **Modèle**
> (conduire) Aujourd'hui, tu _conduis_ bien, mais hier, tu _n'as pas bien conduit_.

1. (sourire) Aujourd'hui, Claudine _____ beaucoup, mais hier elle

   _____.

2. (traduire) Aujourd'hui, nous _____ du latin, mais hier nous

   _____.

3. (mettre) Aujourd'hui, vous _____ votre imperméable, mais hier vous

   _____.

4. (construire) Aujourd'hui, mon père _____ un mur (*wall*), mais hier il

   _____.

Lesson Tests

4   **Interview**   You are being interviewed as part of a survey at your school. Answer the interviewer's questions with an indirect object pronoun. (5 x 3 pts. each = 15 pts.)

1. Avez-vous envie de parler au président des États-Unis? Oui, _____

_____

2. Envoyez-vous souvent des e-mails à vos amis? Oui, _____

_____

3. Prêtez-vous votre ordinateur à vos amis? Non, _____

_____

4. Avez-vous déjà demandé de l'argent à vos grands-parents? Oui, _____

_____

5. Est-ce que je vous pose trop de questions? Non, _____

_____

5   **Les soldes**   There is a big sale at the mall this weekend and everyone is going. Tell what people are doing by completing each sentence with the correct form of a logical verb from the list.
(6 x 3 pts. each = 18 pts.)

attendre	entendre	rendre	répondre
descendre	perdre	rendre visite	vendre

1. Je/J'_____ ma copine et ensuite on va au centre commercial.

2. Vous _____ l'annonce (*announcement*)? Le bus est en retard!

3. J'adore ces magasins. Ils _____ toutes sortes de choses.

4. Regarde cet homme, là! Il _____ son argent! Je lui _____

son argent.

5. Le téléphone sonne (*is ringing*), tu _____?

6   **À vous!**   You are planning a two-week vacation. Write a paragraph of at least five complete sentences saying where you are going, what you are planning to do, what clothes you bought for certain activities, etc. (8 pts. for vocabulary + 8 pts. for grammar + 4 pts. for style and creativity = 20 pts.)

_____

_____

_____

_____

_____

_____

_____

_____

_____

Unité 6
LESSON TEST II

Leçon 6B

1   **Conversations** Listen to these incomplete conversations, then select the most logical continuation for each. (4 x 4 pts. each = 16 pts.)

1. a. Je te prête ma jupe?
   b. Je vous prête ma jupe?
   c. Je lui prête ma jupe?

2. a. Je vais mettre un anorak et des gants.
   b. Je vais mettre un tee-shirt et un short.
   c. Je vais mettre une chemise à manches longues et un manteau.

3. a. Alors, je vous montre un beau costume bleu.
   b. Alors, je te montre un costume gris très chic.
   c. Alors, je vous montre un tailleur marron formidable.

4. a. Je suis désolée. Je vais t'envoyer une carte.
   b. C'est triste. Je vais vous envoyer une carte.
   c. Je suis vraiment désolée. Je vais lui envoyer une carte.

2   **Les vêtements** Write five complete sentences to describe what the people in the illustration are wearing or doing. Use your imagination to specify the colors of the clothing as well.
(5 x 3 pts. each = 15 pts.)

_____
_____
_____
_____
_____
_____
_____
_____
_____
_____
_____
_____
_____
_____

Lesson Tests

3 **Interview** You are being interviewed for a school newspaper article by another student. Answer the interviewer's questions with indirect object pronouns. (5 x 3 pts. each = 15 pts.)

1. Donnes-tu des cadeaux à tes professeurs? Non, _____.

2. Envoies-tu souvent des lettres à tes grands-parents? Oui, _____.

3. Prêtes-tu tes vêtements à ton/ta meilleur(e) ami(e)? Non, _____.

4. Poses-tu parfois des questions au directeur de l'école? Oui, _____.

5. Est-ce que je te parle de choses ennuyeuses? Non, _____.

4 **Les soldes** There are many sales downtown this weekend and everyone is going. Complete each sentence with the correct form of the most logical verb from the list. (6 x 3 pts. each = 18 pts.)

attendre	mettre	promettre	répondre à
entendre	perdre	rendre visite	vendre

1. J'adore ce magasin. On _____ des vêtements originaux, mais bon marché.

2. Nous _____ devant cette boutique. Elle ouvre (*opens*) dans cinq minutes.

3. Ils ne _____ pas leur temps. Ils vont dépenser beaucoup d'argent!

4. C'est une bonne idée de _____ des gants quand il fait froid.

5. La vendeuse m'aide beaucoup. Elle _____ toutes mes questions.

6. Tu vas me prêter ce sac, n'est-ce pas? Tu me le _____?

5 **Aujourd'hui et hier** People are doing things today that they did not do yesterday. Express this, following the model. (8 x 2 pts. each = 16 pts.)

> **Modèle**
>
> (sourire) Aujourd'hui, tu __souris__, mais hier, tu __n'as pas souri__.

1. (rire) Aujourd'hui, Édouard _____ beaucoup, mais hier il _____.

2. (construire) Aujourd'hui, les hommes _____ une nouvelle maison, mais hier ils _____ de nouvelle maison.

3. (conduire) Aujourd'hui, nous _____ la voiture rouge, mais hier nous _____ la voiture rouge.

4. (mettre) Aujourd'hui, vous _____ un manteau, mais hier vous _____ de manteau.

6 **À vous!** You are leaving on a two-week vacation. Write a paragraph of at least five sentences describing where you are going and what you are planning to do. You should also mention what clothes you will bring for different activities, etc. (8 pts. for vocabulary + 8 pts. for grammar + 4 pts. for style and creativity = 20 pts.)

_____

_____

_____

_____

Unité 7

Leçon 7A

1 Conversations Listen to these incomplete conversations. Select the most logical continuation for each. (5 x 4 pts. each = 20 pts.)

1. Arielle et Stéphanie vont à la gare.
   a. Parce que je n'ai pas encore acheté mon billet.
   b. Parce qu'il fait très froid aujourd'hui.
   c. Parce que j'ai dépensé mon argent.

2. Julien rencontre Pauline à l'aéroport.
   a. Oui, j'adore prendre le train.
   b. Oui, j'adore skier.
   c. Oui, il faut passer par la douane.

3. Danièle téléphone à son copain Grégoire.
   a. J'ai fait un séjour en ville.
   b. J'ai acheté le journal.
   c. Je suis tombé de mon vélo.

4. Claudine rencontre son copain Olivier au café.
   a. À quatre heures dix.
   b. Dans dix minutes.
   c. Ce soir.

5. Pierre et Chantal parlent au café.
   a. Nous avons gagné.
   b. Il a fait beau.
   c. J'ai pris le métro.

2 Voyages Everyone is going somewhere. Based on the illustration and the city, write a sentence saying to what country each person is going and how he or she is getting there. (4 x 3 pts. each = 12 pts.)

Modèle

Philippe / Genève
Philippe va en Suisse en taxi.

1. Heidi / Berlin _____

2. John / Londres _____

3. Jean-Claude / Bruxelles _____

4. Tatsuya / Tokyo _____

Lesson Tests

3 **Fin de semestre** It's Sunday night, the last weekend of the semester, and a lot of things happened—good and bad. Tell what did or did not happen. (4 x 4 pts. each = 16 pts.)

> **Modèle**
>
> (ne pas aller) Philippe _____ au supermarché. Philippe *n'est pas allé* au supermarché.

1. (arriver) Mes parents _____ à l'heure.

2. (naître) Ma sœur a eu un bébé—Colline. Elle _____ samedi soir.

3. (ne pas rester) Frédéric et Mahmoud _____ à l'école.

4. (mourir) Mon grand-père _____ ce matin.

4 **Où?** Say where your friends and family went yesterday and what they did there. (8 x 2 pts. each = 16 pts.)

1. (aller) Mes frères _____ au stade.

   (assister) Ils _____ à un match de tennis.

2. (partir) Mon copain Loïc _____ pour Montréal.

   (rendre) Il _____ visite à son cousin.

3. (sortir) Ma sœur _____ avec sa copine Apolline.

   (rester) Elle _____ chez Apolline toute la nuit.

4. (aller) Mes copines Delphine et Béatrice _____ à l'aéroport.

   (prendre) Elles _____ l'avion pour Québec.

5 **Qu'est-ce que tu fais?** You are discussing vacation plans with your friends. Every time you are asked about doing something, respond that you are doing it, are going to do it, or have done it—or not. Complete your responses with a direct object pronoun. (4 x 4 pts. each = 16 pts.)

1. —Est-ce que tu m'écoutes? —Oui, je _____.

2. —Est-ce que tu vas faire tes valises? —Oui, je _____.

3. —Est-ce que tu as acheté les billets? —Oui, je _____.

4. —Est-ce que tu vas porter tes lunettes de soleil? —Non, je _____.

6 **À vous!** Tell about a recent trip (real or imaginary) in at least five complete sentences. Mention where you went and with whom, how you got there, one or two things you did or did not do, and when you came home. (8 pts. for vocabulary + 8 pts. for grammar + 4 pts. for style and creativity = 20 pts.)

_____

_____

_____

_____

_____

_____

Unité 7

LESSON TEST II

Leçon 7A

---

1 **Conversations** Listen to these incomplete conversations. Select the most logical continuation for each. (5 x 4 pts. each = 20 pts.)

1. Martine et André vont à l'aéroport.
   a. Vite! Prends l'avion!
   b. Vite! Je te conduis chez toi!
   c. Vite! Tu es partie à l'étranger!

2. Lola rencontre sa copine Estelle à la gare routière.
   a. Parce que j'adore prendre le train.
   b. Parce que je préfère prendre le bus.
   c. Parce que je vais prendre le bateau.

3. Raphaël téléphone à son copain Trinh.
   a. Elle est partie en vacances.
   b. Elle a eu un jour de congé.
   c. Elle a perdu son passeport.

4. Monsieur et Madame Leblanc font un séjour en Irlande.
   a. Oui, je les ai achetées.
   b. Oui, je l'ai acheté.
   c. Oui, je lui ai envoyé des cartes postales.

5. Louis et Patricia parlent de leurs vacances.
   a. Moi, j'adore l'Italie aussi!
   b. Moi, j'ai envie d'aller au Japon.
   c. Moi, je suis allé en Suisse.

---

2 **Voyages** Everyone is going somewhere. Based on the illustration and the city, write a sentence saying to what country each person is going and how he or she is getting there. (4 x 2 pts. each = 8 pts.)

Modèle

Carmela / Rome
Carmela va en Italie en taxi.

1. Carlos / Rio de Janeiro _____

2. Lei / Hong Kong _____

3. Enrique / Madrid _____

4. Fiona / Dublin _____

Lesson Tests.

3 **Fin de semestre** It's the last weekend of the semester, and a lot of things have happened—good and bad. Tell what did or did not happen. (4 x 4 pts. each = 16 pts.)

> **Modèle**
>
> (tomber) Joseph _____ amoureux de Juliette. *Joseph est tombé amoureux de Juliette.*

1. (ne pas partir) Marc et vous, vous _____ en vacances.

2. (naître) Des jumeaux (*twins*)! Mon neveu et ma nièce _____ cet après-midi.

3. (mourir) Malheureusement, Madame Gelineau _____ la semaine dernière.

4. (ne pas aller) Nous _____ au cinéma avec nos copains.

4 **Où?** Say where your friends and family went yesterday and what they did there. (8 x 3 pts. each = 24 pts.)

1. (sortir) Mes copains Jean et Laurent _____ en boîte de nuit.

   (danser) Ils _____ avec Murielle et Nadine.

2. (aller) Mohammed _____ en Belgique.

   (visiter) Il _____ la capitale, Bruxelles.

3. (partir) Émilie _____ en vacances en Suisse.

   (faire) Elle _____ du ski.

4. (aller) Mes tantes Florence et Hélène _____ à l'hôpital.

   (rendre) Elles _____ visite à ma cousine qui a eu un bébé.

5 **Qu'est-ce que tu fais?** Alex is getting anxious about his vacation plans. Every time he is asked about doing something, he responds that he is doing it, is going to do it, or has done it—or not. Complete his responses with direct object pronouns. (4 x 3 pts. each = 12 pts.)

1. —Est-ce que tu fais tes valises? —Oui, je _____.

2. —Est-ce que tu prends le plan? —Oui, je _____.

3. —Est-ce que tu vas prendre le train? —Oui, je _____.

4. —Est-ce que tu vas visiter la capitale? —Non, je _____.

6 **À vous!** Write a brief account of a favorite vacation (real or imaginary). In at least five complete sentences, mention where you went and with whom, how you got there, and a few things you did. Also mention what you did not do. (8 pts. for vocabulary + 8 pts. for grammar + 4 pts. for style and creativity = 20 pts.)

_____

_____

_____

_____

_____

_____

Unité 7

Leçon 7B

1 **Conversations** Listen to these conversations among various people and select the most logical continuation for each. (5 x 4 pts. each = 20 pts.)

1. Margot parle à Nicolas.
   a. Donne-moi un verre d'eau, s'il te plaît.
   b. Donne-moi un anorak, s'il te plaît.
   c. Annule la réservation, s'il te plaît.

2. Julie fait ses devoirs. Elle parle à Antoine.
   a. D'accord. Montre-moi ton livre.
   b. Oui, enfin. Tu réfléchis à ce problème?
   c. D'accord. Je vais finir les devoirs.

3. Sophie et Jean-Marc sont à l'hôtel.
   a. Mais non, ce n'était pas le vingt juin!
   b. Parce que je lui ai acheté un cadeau.
   c. C'est vrai. Écrivons la lettre ensemble.

4. Léa et Damien font leurs valises pour partir en vacances.
   a. Non, ne le prends pas.
   b. Oui, j'avais de la patience.
   c. Non, ne sois pas fâchée.

5. Alice a un problème. Elle parle à Vincent.
   a. Alors, tu as acheté une voiture?
   b. Alors, parle à l'hôtelière!
   c. Alors, ne le dépense pas!

2 **En vacances** Using the photos, write four sentences describing what various people are doing. (4 x 3 pts. each = 12 pts.)

1.   2.   3.   4.

1. _____
2. _____
3. _____
4. _____

Lesson Tests

3 **Comment?** How do you and your friends do certain things? Complete each sentence with an adverb formed from the most logical adjective in the list. (6 x 3 pts. each = 18 pts.)

constant	nerveux	poli
élégant	patient	prudent

1. Quand un adulte me pose une question, je réponds _____.

2. Quand Nicole fait du baby-sitting, elle joue _____ avec les enfants.

3. Avec sa nouvelle voiture, Rudy conduit _____.

4. Avec trois chats et un chien, Annick nettoie _____ sa chambre.

5. Cet hôtel est décoré _____ de beaucoup d'antiquités (*antiques*).

6. Geneviève est très timide. Quand elle parle en public, elle parle _____.

4 **Autrefois** Describe what life was like in your childhood by completing the paragraph with the **imparfait**. (10 x 3 pts. each = 30 pts.)

Quand je/j' (1) _____ (être) jeune, ma famille et moi, nous

(2) _____ (habiter) dans une petite ville au bord de la mer. Mes

parents (3) _____ (travailler) dans un hôtel près de la plage. Beaucoup de

touristes (4)_____ (venir) visiter la région pendant les vacances. Il n'y

(5) _____ (avoir) que trente chambres dans cet hôtel, alors il

(6) _____ (falloir) réserver une chambre bien à l'avance. Parfois, mon frère et

moi, nous (7) _____ (aider) notre père dans le restaurant de l'hôtel pour

le petit-déjeuner. L'après-midi, je (8) _____ (nager) et mon frère (9)

_____ (faire) du vélo sur la plage. Je/J' (10) _____ (adorer) la

vie dans cette ville!

5 **À vous!** Write a paragraph of at least five complete sentences about the last time you and your family stayed in a hotel. Mention when you arrived, if you made a reservation, on which floor you stayed, whether you took the elevator to your room, and when you checked out (left). (8 pts. for vocabulary + 8 pts. for grammar + 4 pts. for style and creativity = 20 pts.)

_____

_____

_____

_____

_____

_____

_____

_____

Lesson Tests

Unité 7

LESSON TEST II

---

1 **Conversations** Listen to these conversations among various people and select the most logical continuation for each. (5 x 4 pts. each = 20 pts.)

1. Monsieur Lefèvre parle à sa femme.
   a. Oui, chéri. L'hôtel n'a pas d'ascenseur.
   c. Oui, chéri. La chambre est au onzième étage.
   b. Oui, chéri. La chambre est au rez-de-chaussée.

2. Adjou a participé à une course (*race*) hier. Elle parle à Didier.
   a. Oui, et moi j'ai fini douzième.
   c. Oui, et moi j'ai fini deuxième.
   b. Oui, et moi j'ai fini dixième.

3. Valérie parle à un hôtelier.
   a. Oui, le restaurant est au rez-de-chaussée.
   c. Oui, les clients sont vraiment sympas!
   b. Malheureusement, non. On est complet.

4. Sophie et Julien sont à l'auberge de jeunesse. Ils vont partir.
   a. Alors, tu vas la laisser à la réception?
   c. D'accord, je vais annuler la réservation.
   b. Tu la laisses dans la chambre?

5. Leïla et Ousmane parlent de leur enfance.
   a. Tu nageais bien?
   c. Tu écrivais facilement?
   b. Qu'est-ce que tu lisais?

---

2 **En vacances** For each illustration, write two sentences describing what various people are doing. (2 x 6 pts. each = 12 pts.)

1.

2.

1. _____
   _____
   _____

2. _____
   _____
   _____

3 **Comment?** How do you and your friends do certain activities? Complete the sentences with an adverb formed from one of the adjectives in the box. (6 x 3 pts. each = 18 pts.)

attentif	franc	mauvais
différent	malheureux	seul

1. Tu as cinq frères et une sœur? Moi, j'ai _____ un frère.

2. _____ non, je n'ai pas beaucoup aimé le dîner.

3. _____ je n'ai pas réservé de chambre et l'hôtel est complet maintenant.

4. Lise parle très _____ l'anglais. C'est bizarre, parce qu'elle habitait à Londres quand elle était petite.

5. C'est normal. Tout le monde fait les choses un peu _____.

6. Surtout avant un examen, les élèves écoutent _____ le professeur.

4 **Autrefois...** Your grandfather is talking about how things were different when he was young. Complete his paragraph with the **imparfait**. (10 x 3 pts. each = 30 pts.)

Moi, quand je/j' (1) _____ (avoir) dix-huit ans, tout le monde

(2) _____ (ne pas aller) à l'université. En général, les gens

(3) _____ (finir) leurs études au lycée et après, beaucoup de

jeunes (4) _____ (commencer) à travailler. Nous

(5) _____ (étudier) à la bibliothèque après l'école, mais nous

(6) _____ (ne pas faire) nos devoirs sur ordinateur. Au dîner, nous

(7) _____ (manger) en famille tous les soirs, sans télévision! Nous

(8) _____ (ne pas parler) tout le temps au téléphone comme les jeunes

d'aujourd'hui! On (9) _____ (rendre) visite plus souvent à nos grands-

parents. On (10) _____ (être) plus proches!

5 **À vous!** Write a paragraph of at least five complete sentences about an occasion on which you and your family stayed in a hotel or a hostel. Mention if you or a travel agent made the reservation, if you needed to have your passport with you, which floor you stayed on, a few activities you did while there, and if you wrote postcards (**cartes postales**) to your family and friends. (8 pts. for vocabulary + 8 pts. for grammar + 4 pts. for style and creativity = 20 pts.)

_____

_____

_____

_____

_____

_____

_____

Lesson Tests

Unité 8

Leçon 8A

---

1   **Conversations** Listen to these conversations between various people and select the most logical continuation for each. (5 x 4 pts. each = 20 pts.)

1. Thierry parle à Claire à propos de (*about*) sa chambre.
   a. Non, il y a un tapis et un fauteuil.
   b. Non, j'ai besoin d'une commode.
   c. Non, je n'ai pas rangé la chambre.

2. Salima et Rémy sont au café.
   a. D'habitude, nous mangions à huit heures.
   b. D'habitude, il laissait un pourboire.
   c. D'habitude, il mangeait un sandwich au jambon.

3. Sébastien et Julie parlent de la maison de leurs parents.
   a. C'est dans un très beau quartier.
   b. Il y a un sous-sol.
   c. Il y a seulement trois pièces.

4. La mère de Simon lui parle de son école.
   a. Je dormais.
   b. J'ai eu un examen.
   c. Je jouais souvent aux cartes.

5. Lise décrit son week-end à son petit ami, Maxime.
   a. J'ai loué la maison de Nelly.
   b. Il pleuvait et en plus, j'étais fatiguée.
   c. Nelly a acheté des rideaux et un tapis.

---

2   **Qu'est-ce que c'est?** Complete each sentence logically with words based on the illustration. (6 x 3 pts. each = 18 pts.)

1. La pièce à côté des toilettes s'appelle _____.

2. La femme au téléphone est assise (*sitting*) dans _____ et

   elle a les pieds (*feet*) sur _____.

3. Sur le mur, il y a _____.

4. Si on descend un étage, on arrive _____.

5. Il y a beaucoup de livres sur _____.

---

3 **Les vacances** Emmanuelle just came back from vacation and she is talking about everything she did. Complete her sentences with the **passé composé** or the **imparfait**. (6 x 3 pts. each = 18 pts.)

1. Je _____ (partir) en vacances en Italie.

2. Je/J' _____ (rendre) visite à mon cousin, Giovanni.

3. En général, le matin, je/j' _____ (aller) au marché.

4. Il _____ (pleuvoir) seulement une fois pendant mon séjour.

5. Un jour, nous _____ (faire) un pique-nique à la campagne.

6. Ce/C' _____ (être) vraiment fantastique!

4 **Une mauvaise expérience!** Jean-Luc and his friends rented an apartment for a week in Senegal but it wasn't quite what they expected. Complete the blog entry about his experience with the **passé composé** or the **imparfait**. (8 x 3 pts. each = 24 pts.)

Le mois dernier, mes amis et moi, nous (1) _____ (louer) un appartement à Dakar pendant (*for*) une semaine. D'abord, on (2) _____ (avoir) beaucoup de difficultés à trouver l'adresse et en plus, il (3) _____ (pleuvoir). Finalement, nous (4) _____ (trouver) l'appartement. Il se trouvait (*was located*) au cinquième étage d'un vieil immeuble et il n'y (5) _____ (avoir) pas d'ascenseur! Nous (6) _____ (monter) l'escalier avec toutes nos valises. Et figure-toi que, quand nous (7) _____ (entrer) dans l'appartement, on a réalisé qu'il (8) _____ (ne pas être) meublé (*furnished*)! Quel cauchemar (*nightmare*)!

5 **À vous!** In a paragraph of at least five complete sentences, describe the home you lived in when you were a child. Mention whether it was a house or an apartment, how many rooms there were, and how each was furnished. (8 pts. for vocabulary + 8 pts. for grammar + 4 pts. for style and creativity = 20 pts.)

_____
_____
_____
_____
_____
_____
_____
_____
_____
_____
_____

Unité 8

Leçon 8A

LESSON TEST II

1 **Conversations** Aline and Noah are getting to know each other. Select the most logical response to each conversation. (5 x 4 pts. each = 20 pts.)

1. Aline fait la connaissance de Noah.
   a. Oui, je déménage à Marseille demain.
   b. Oui, je suis suisse.
   c. Non, ma famille et moi, nous avons aussi habité en Suisse.

2. Ils parlent de leurs cours.
   a. Non merci. Il ne faut pas étudier pour le cours de chimie.
   b. C'est vraiment gentil. Tout le monde a besoin d'aide de temps en temps.
   c. En général, je n'aime pas la chimie.

3. Ils continuent à parler.
   a. Absolument!
   b. Seulement!
   c. Franchement!

4. Ils parlent maintenant du professeur d'anglais.
   a. Il roulait trop vite et il n'a pas vu (*see*) l'autre voiture.
   b. Il était au resto U et il a beaucoup mangé.
   c. Il faisait beau et il portait des lunettes de soleil.

5. Enfin ils parlent de leurs appartements.
   a. Il y a sept pièces et même une baignoire.
   b. C'est un tout petit studio et franchement, ce n'est pas un beau quartier.
   c. C'est très grand avec un escalier magnifique et une cave.

2 **Qu'est-ce qu'il y a?** For each photo, write three sentences describing what the rooms are, and what furniture is in each one. (6 x 3 pts. each = 18 pts.)

A   B

A 1. _____

   2. _____

   3. _____

B 4. _____

   5. _____

   6. _____

Lesson Tests

3   **Quel cauchemar!** Muriel and her sister Christine had a lot of bad luck while on vacation. Complete Muriel's sentences with the **passé composé** or the **imparfait**. (6 x 3 pts. each = 18 pts.)

1. Christine _____ (perdre) son passeport à l'aéroport.

2. Nous _____ (arriver) très tard à l'hôtel.

3. On _____ (annuler) notre réservation.

4. L'hôtelier nous _____ (donner) la seule chambre libre au rez-de-chaussée.

5. La chambre _____ (avoir) deux petits lits pas très confortables.

6. La salle de bains _____ (ne pas être) très propre (*clean*).

4   **Une bonne surprise!** Farid is talking about what happened last weekend. Complete his paragraph with the **passé composé** or the **imparfait**. (8 x 3 pts. each = 24 pts.)

Le week-end dernier, il (1) _____ (neiger) et il (2) _____ (faire)

un temps épouvantable. Je (3) _____ (ne pas avoir) envie de sortir. Alors, je

(4) _____ (rester) à la maison toute la journée samedi. Je (5) _____

(lire) un roman quand quelqu'un (6) _____ (frapper) à la porte. Ce/C'

(7) _____ (être) ma meilleure amie, Ayesha! Elle (8) _____ (venir)

de Tunisie pour me rendre visite. Quelle merveilleuse surprise!

5   **À vous!** In a paragraph of at least five complete sentences, describe the home you lived in when you were in elementary school. Mention whether it was a house or an apartment, how many rooms there were, what furniture was in each room, and if there was a yard and/or a garage. (8 pts. for vocabulary + 8 pts. for grammar + 4 pts. for style and creativity = 20 pts.)

_____

_____

_____

_____

_____

_____

_____

_____

_____

_____

_____

_____

_____

Lesson Tests

Unité 8

LESSON TEST I

Leçon 8B

---

1 **Une réponse logique** A group of friends is moving into a house for a year. Select the most logical answer to each person's question(s) or statement. (6 x 4 pts. each = 24 pts.)

1. a. On les met dans le grille-pain.
   b. On les met dans l'aspirateur.
   c. On les met dans le congélateur.

2. a. Oui, ils sont gentils.
   b. Oui, ils sont pénibles.
   c. Oui, ils sont sales.

3. a. Tu essuies la table.
   b. Tu fais la vaisselle.
   c. Tu enlèves la poussière.

4. a. Tu vas faire la vaisselle?
   b. Tu vas sortir la poubelle?
   c. Tu vas faire ton lit?

5. a. Alors, achète une cafetière!
   b. D'accord, je vais les chercher.
   c. Il est où, le lave-linge?

6. a. Il faut mettre la table.
   b. Il faut débarrasser la table.
   c. Il faut faire la lessive.

2 **Qu'est-ce que c'est?** Identify the items in the illustrations. Don't forget to include appropriate articles! (10 x 2 pts. each = 20 pts.)

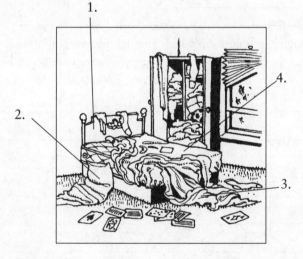

1. _____
2. _____
3. _____
4. _____
5. _____
6. _____
7. _____
8. _____
9. _____
10. _____

3 **Interruptions** Say that something happened while something else was already going on. Use the passé composé and the **imparfait**. (8 x 3 pts. each = 24 pts.)

1. Mon copain Robert _____ (déménager) quand il _____

   (commencer) à pleuvoir.

2. Je _____ (balayer) quand Christine _____ (téléphoner).

3. Mon frère et ma sœur _____ (finir) leurs devoirs quand

   Karine et Alice _____ (sortir).

4. Pascal _____ (faire) la vaisselle quand elle _____ (arriver).

4 **Savez-vous...** A group of students is renting a house for a year. Complete the sentences with the correct forms of either **savoir** or **connaître**. (6 x 2 pts. each = 12 pts.)

1. Tu _____ ce quartier?

2. Non, mais je _____ qu'il y a beaucoup de restaurants.

3. On va partager les tâches ménagères. Claudine et Paul, est-ce que vous

   _____ repasser?

4. Non, mais nous _____ une femme qui adore faire ça.

5. Pierre, toi et ta copine, vous _____ cette femme?

6. Non, mais Claudine et Paul la _____.

5 **À vous!** Write a paragraph of at least five complete sentences in which you describe several household chores you do regularly now at home and several things you used to do when you were younger to help out. (8 pts. for vocabulary + 8 pts. for grammar + 4 pts. for style and creativity = 20 pts.)

_____

_____

_____

_____

_____

_____

_____

_____

_____

_____

_____

Unité 8

LESSON TEST II

1 **Une réponse logique** A group of college friends is renting a house for the upcoming semester, and you are talking about various household tasks. Select the most logical answer to each person's question. (6 x 4 pts. each = 24 pts.)

1. a. Tu balaies la cuisine.
    b. Tu utilises un fer à repasser.
    c. Tu ranges ta chambre.

2. a. Il est dans le frigo.
    b. Il est dans le four.
    c. Il est dans le placard.

3. a. Il faut mettre la table.
    b. Il faut repasser le linge.
    c. Il faut salir la table.

4. a. Dans le grille-pain.
    b. Dans le congélateur.
    c. Dans le lave-vaisselle.

5. a. Presque, mais je n'arrive pas à trouver l'oreiller.
    b. Presque, mais je n'arrive pas à trouver l'évier.
    c. Presque, mais je n'arrive pas à trouver la cuisinière.

6. a. Du lave-vaisselle.
    b. De la cafetière.
    c. Du lave-linge.

2 **Qu'est-ce qu'ils font?** Write two sentences for each image to describe what the person is doing, what room they are in, and what objects you see. (4 x 5 pts. each = 20 pts.)

1. _____

2. _____

3. _____

4. _____

Lesson Tests

3 **Interruptions** Say that something interrupted something else that was already going on. Use the **passé composé** and the **imparfait** to complete these sentences. (8 x 3 pts. each = 24 pts.)

1. Je/J' _____ (aller) sortir quand tu _____

   (téléphoner).

2. Frédéric _____ (passer) l'aspirateur quand nous

   _____ (partir).

3. Vous _____ (écrire) une dissertation (*paper*) quand Sylvie

   _____ (arriver).

4. Monsieur et Madame Rousseau _____ (faire) une promenade quand

   il _____ (commencer) à neiger.

4 **Savez-vous...** A group of friends is renting a house on their college campus this year. Complete the sentences with the correct forms of either **savoir** or **connaître**. (6 x 2 pts. each = 12 pts.)

1. Patrice, tu _____ la femme qui possède (*owns*) cette maison?

2. Non, mais Thierry la _____ .

3. Oui, elle est extraordinairement sympa. Vous _____ qu'elle va faire

   toutes nos tâches ménagères cette année?

4. C'est excellent! Moi, je ne _____ même pas faire la vaisselle.

5. Et nous ne _____ pas repasser le linge. On a vraiment de la chance!

6. Eh, vous deux! Vous me _____ mal! C'est une blague.

5 **À vous!** Write a paragraph of at least five complete sentences in which you compare the household chores you do now with those you used to do when you were younger. (8 pts. for vocabulary + 8 pts. for grammar + 4 pts. for style and creativity = 20 pts.)

_____

_____

_____

_____

_____

_____

_____

_____

_____

_____

_____

Lesson Tests

Unité 1

Leçons A et B

UNIT TEST I

---

1 **Logique ou illogique?** Sometimes, people misunderstand one another. Listen to these conversations. Then decide whether they are logical (**Logique**) or illogical (**Illogique**). (10 x 1 pt. each = 10 pts.)

1. _____
2. _____
3. _____
4. _____
5. _____
6. _____
7. _____
8. _____
9. _____
10. _____

---

2 **Choisissez** Choose the correct word to complete each sentence. (8 x 1 pt. each = 8 pts.)

1. Où est la (livre / calculatrice)?

2. Bonjour! Je me/m' (appelle / présente) Françoise.

3. Ce n'est pas (télévision / difficile).

4. Voilà un (tableau / table).

5. Henri n'est pas (occupé / intelligente).

6. Êtes-vous canadiens ou (*or*) (français / américain)?

7. C'est le (problème / différence)!

8. Au revoir et (bonjour / bonne journée).

---

3 **Les chiffres** Write each number in digits. (10 x 1 pt. each = 10 pts.)

1. vingt-six _____
2. quarante et un _____
3. dix-huit _____
4. trente-sept _____
5. cinquante-deux _____
6. quatorze _____
7. vingt-trois _____
8. trente-neuf _____
9. soixante _____
10. quinze _____

Unit Tests

4 **Au lycée** Complete these sentences with the correct articles. (8 x 1 pt. each = 8 pts.)

1. (Le / La / L' / Les) _____ bureau du prof est là-bas.
2. Attention! Il y a (un / une / des) _____ problème.
3. Je vous présente Marie, (un / une / des) _____ élève.
4. Voici (le / la / l' / les) _____ carte de la France.
5. Ce sont (un / une / des) _____ instruments importants.
6. (Le / La / L' / Les) _____ objet est amusant.
7. Voilà (un / une / des) _____ calculatrices.
8. Où sont (le / la / l' / les) _____ résultats des examens?

5 **Ça va?** Guillaume is very nervous on the first day of class and can't stop talking. Complete each sentence with the correct form of **être**. (8 x 1 pt. each = 8 pts.)

1. Franck et moi, on _____ amis.
2. Saïd aussi, c' _____ un copain.
3. Les examens _____ difficiles.
4. Mais (*But*), je _____ optimiste.
5. Dans (*In*) la classe, nous _____ brillants!
6. Et toi, tu _____ d'ici?
7. Dans (*In*) la classe de français, vous _____ combien?
8. Toi, tu _____ sympa!

6 **Transformez** Transform these sentences. (8 x 2 pts. each = 16 pts.)

A. Change the singular elements in these sentences to their plural form.

1. Comment t'appelles-tu? _____
2. Il y a un lycée là-bas. _____
3. Pardon, excuse-moi. _____
4. Voilà une librairie. _____

B. Change the masculine elements in these sentences to their feminine forms.

5. L'acteur est élégant. _____
6. Tu es un ami sincère! _____
7. Le garçon de Mme Martin est réservé. _____
8. Ici, les étudiants sont sénégalais. _____

7 **Qui ou quoi?** Write two sentences to describe what you see in each picture. Use **c'est/ce sont**, **voici/voilà**, and **il y a**. (4 x 2 pts. each = 8 pts.)

 1.    2.    3.   4.

1. _____
   _____

2. _____
   _____

3. _____
   _____

4. _____
   _____

8 **Merci!** You are helping orient visitors at your school. Complete this conversation, writing out any numbers. (6 x 2 pts. each = 12 pts.)

Bibliothèque d'anglais	Bâtiment C Salle 11
Bureau de Mme Girard	Bâtiment A Salle 35
Bureau de M. Brachet	Bâtiment J Salle 42
Café	Bâtiment H Salle 59
Littérature française	Bâtiment B Salle 46
Examen de littérature	Bâtiment E Salle 24
Examen de sociologie	Bâtiment E Salle 17
Salle de télévision	Bâtiment F Salle 33
Salle des ordinateurs	Bâtiment D Salle 40

1. —Pardon, le examen de sociologie, c'est salle 24?
   —_____

2. —Le bureau de M. Brachet, c'est bien la salle quarante-quatre?
   —_____

3. —Et les ordinateurs?
   —_____

4. —La littérature française, c'est salle 59?
   —_____

5. —Le bureau de Mme Girard est à la bibliothèque?
   —_____

6. —Merci beaucoup!
   —_____

Unité 1 Unit Test I   **163**

9 **À vous!** Write a series of small paragraphs in which a traveler introduces himself or herself. The travelers should say hello, give their names, say where they are from, and describe how they are. (7 pts. for vocabulary + 7 pts. for grammar + 6 pts. for style and creativity = 20 pts.)

_____
_____
_____
_____
_____
_____
_____
_____
_____
_____
_____
_____
_____
_____
_____
_____
_____
_____
_____
_____
_____
_____
_____
_____
_____

Unit Tests

Unité 1

Leçons A et B

UNIT TEST II

---

1 **Logique ou illogique?** Sometimes, people misunderstand one another. Listen to these conversations. Then decide whether they are logical (**Logique**) or illogical (**Illogique**). (10 x 1 pt. each = 10 pts.)

1. _____   6. _____

2. _____   7. _____

3. _____   8. _____

4. _____   9. _____

5. _____   10. _____

---

2 **En contexte** Complete the sentences with words from this list. There are extra words in the list. (8 x 1 pt. each = 8 pts.)

bibliothèque	élèves	homme	objet
chanteur	enchanté	horloge	personne
classe	feuille	littérature	problème

1. J'adore la _____ anglaise.

2. Ça va, ce n'est pas un _____.

3. Tom Cruise n'est pas un _____.

4. Ils sont _____ au lycée St-François.

5. La _____ est réservée aux étudiants.

6. Voici une _____ et un crayon.

7. La _____ de français est intéressante.

8. Ah zut! Il n'y a pas d'_____ ici.

---

3 **Les chiffres** What numbers are these? Write each one out. (10 x 1 pt. each = 10 pts.)

1. 51 _____

2. 16 _____

3. 28 _____

4. 44 _____

5. 9 _____

6. 35 _____

7. 18 _____

8. 11 _____

9. 22 _____

10. 60 _____

Unit Tests

4 **Ça va?** Sarah is very nervous on the first day of class and can't stop asking questions. Complete each sentence with the correct form of **être**. (8 x 1 pt. each = 8 pts.)

1. Nous _____ camarades de classe, alors (*then*)?

2. Tu _____ occupé?

3. Cyril Saudo et toi, vous _____ amis?

4. Combien ils _____ en classe de sociologie?

5. Mme Laurent, elle _____ sympa?

6. Je _____ impatiente, et toi?

7. C' _____ la bibliothèque, ici?

8. Ce _____ des livres ou des dictionnaires?

5 **Au singulier** Change the masculine and singular elements in these sentences to their feminine and plural forms. (4 x 2 pts. each = 8 pts.)

1. C'est un chanteur charmant. _____

   _____

2. Voilà un copain sympa! _____

   _____

3. Il y a un garçon français dans (*in*) la classe. _____

   _____

4. Il est poli et brillant. _____

   _____

6 **Opinions** Finish these sentences based on your personal experience. (6 x 1 pt. each = 6 pts.)

1. Le lycée, c'est... _____

   _____

2. Dans (*In*) la classe, il y a... _____

   _____

3. Être professeur, c'est... _____

   _____

4. Le français, c'est... _____

   _____

5. Les ordinateurs sont... _____

   _____

6. La télévision, c'est... _____

   _____

Unit Tests

7   **Questions** Answer these questions with complete sentences. Write out any numbers. (5 x 2 pts. each = 10 pts.)

1. Es-tu américain(e)? _____

   _____

2. Dans votre (*In your*) sac, il y a quoi? (Un ordinateur? Des cahiers? ...) _____

   _____

3. Comment es-tu? (Timide? Sociable? ...) _____

   _____

4. Comment est le prof de français? _____

   _____

5. Combien il y a d'élèves de français dans la classe? _____

   _____

8   **Combien de... ?** Write a paragraph to describe how many objects or persons you see in this picture. Make your list as accurate and complete as possible. Write out any numbers.
(8 pts. for vocabulary + 8 pts. for grammar + 4 pts. for accuracy and creativity = 20 pts.)

_____

_____

_____

_____

_____

_____

_____

Unité 1 Unit Test II   **167**

9 **À vous!** Write two conversations between a French and an American public figure. They should introduce themselves, say what they do, and pay each other a small but direct compliment. (8 pts. for vocabulary + 8 pts. for grammar + 4 pts. for style and creativity = 20 pts.)

Personnalités francophones
François Hollande
Audrey Tatou
Céline Dion
Gérard Depardieu
Autre (*Other*)

Personnalités américaines
Barack Obama
Beyoncé
Jennifer Lawrence
Tom Hanks
Autre (*Other*)

_____
_____
_____
_____
_____
_____
_____
_____
_____
_____
_____
_____
_____
_____
_____
_____
_____
_____
_____
_____
_____
_____
_____

Unit Tests

Unité 2

Leçons A et B

UNIT TEST I

1 **N'est-ce pas?** A schoolmate, Gilles, is asking you lots of questions. Select the most logical response to each question. (8 x 1 pt. each = 8 pts.)

1. a. Oui, j'aime bien le français.
   b. Oui, en géographie.
   c. Non, je n'ai pas de livre.

2. a. Si, tu as raison.
   b. D'accord.
   c. Moi non plus.

3. a. Oui, ce mois-ci.
   b. Non, il n'y a pas de cours.
   c. J'aime mieux la sociologie.

4. a. Midi.
   b. Aujourd'hui.
   c. Le 24.

5. a. Oui, la semaine prochaine.
   b. Oui, je travaille bien.
   c. Oui, M. Roquat donne un cours
      le mardi.

6. a. Bien sûr, pas de problème.
   b. Si, c'est désagréable.
   c. Surtout pas le dimanche.

7. a. Non, pas tellement.
   b. Peut-être au gymnase.
   c. Il travaille à la maison.

8. a. Pas du tout.
   b. Mais non, ça va.
   c. Parce que c'est comme ça.

2 **Antonymes et synonymes** Write the words or expressions as indicated. (8 x 1 pt. each = 8 pts.)

A. Write the antonyms (words and expressions with the opposite meaning) of these words.

1. adorer _____

2. utile _____

3. facile _____

4. journée _____

B. Write the synonyms (words and expressions with similar meaning) of these words.

5. soir _____

6. rencontrer _____

7. enseigner _____

8. téléphoner _____

Unit Tests

3 **Ils ont l'air de...** Write a caption for each image using expressions with avoir. (5 x 2 pts. each = 10 pts.)

 1.  2.  3.  4.  5.

1. _____

2. _____

3. _____

4. _____

5. _____

4 **Quelle heure?** Use a different phrase to express the same time. (7 x 2 pts. each = 14 pts.)

1. Onze heures moins le quart du matin _____

2. Huit heures du soir _____

3. Onze heures du soir _____

4. Trois heures et quart de l'après-midi _____

5. Six heures cinquante _____

6. Treize heures trente _____

7. Dix-huit heures quinze _____

5 **Est-ce que...** Ask about other people or things by transforming these statements into questions.
(5 x 2 pts. each = 10 pts.)

> **Modèle**
>
> Martin et François sont en retard. (nous)
> *Est-ce que nous sommes en retard?*

1. J'ai un crayon. (tu)

   _____

2. J'aime bien le stylisme. (vous)

   _____

3. Je cherche la salle 25. (ils)

   _____

4. Les langues étrangères sont difficiles. (la psychologie)

   _____

5. Tu oublies l'heure. (Martine et Leïla)

Unit Tests

6 **En classe** Complete each sentence with the correct form of the verb. (10 x 1 pt. each = 10 pts.)

1. Écoute! Le cours de biologie _____ (commencer).

2. Ce matin, on _____ (passer) un examen en géographie.

3. Benjamin _____ (préparer) ses (*his*) devoirs pour ce soir.

4. Vous _____ (assister) le prof en chimie.

5. En maths, Cécilia et moi, nous _____ (partager) une calculatrice.

6. Le prof d'anglais _____ (expliquer) une leçon difficile.

7. Tu _____ (trouver) la solution d'un problème de physique.

8. Vous n' _____ (être) pas en retard.

9. Jean-Noël et Éric _____ (dessiner) dans leur (*in their*) cahier.

10. Les élèves _____ (avoir) sommeil vers midi.

7 **Et toi?** It is the first day of class, and you are discussing your schedule with your friend Kim. Complete this conversation, writing out any numbers. (6 x 2 pts. each = 12 pts.)

Les cours	Jours et heures
Allemand	mardi, jeudi; 14h00-15h30
Biologie II	mardi, jeudi; 9h00-10h30
Chimie générale	lundi, mercredi; 11h00-12h30
Espagnol	lundi, mercredi; 11h00-12h30
Gestion	mercredi; 13h00-14h30
Histoire des États-Unis	jeudi; 12h15-14h15
Initiation à la physique	lundi, mercredi; 12h00-13h30
Initiation aux maths	mardi, jeudi; 14h00-15h30
Italien	lundi, mercredi; 12h00-13h30
Japonais	mardi, jeudi; 9h00-10h30
Les philosophes grecs	lundi; 15h15-16h45
Littérature moderne	mardi; 10h15-11h15

—Le cours de maths, c'est bien aujourd'hui, n'est-ce pas?

—Non, c'est (1) _____

—J'ai peur des maths!

—Pas moi. (2) _____!

—Le lundi et le mercredi matin à onze heures, j'ai espagnol. Et toi?

—Moi, (3) _____

—Le cours de littérature moderne commence à quelle heure demain?

—Il (4) _____.

—Pourquoi tu n'as pas cours de japonais le jeudi?

—(5) _____ d'allemand.

—Et tu es occupé(e) le vendredi?

—(6) _____!

Unit Tests

8 **Au lycée** Annie is talking about her school schedule. Complete her description with the correct forms of these verbs. (8 x 1 pt. each = 8 pts.)

adorer	dessiner
aimer mieux	écouter
assister	enseigner
commencer	étudier

Je/J' (1) _____ les cours à mon (*my*) lycée! La journée (2) _____ à huit heures le matin. Avec M. Blandin, nous (3) _____ l'histoire et la géographie le lundi et le jeudi, et les sciences, le mardi et le vendredi. M. Pauvert et Mme Alexander (4) _____ le cours d'éducation physique au gymnase le mercredi. L'après-midi, on (5) _____ dans le cours d'art de M. François, ou on (6) _____ de la musique avec Mlle Berger. Il y a aussi des cours de langues. Moi, je/j' (7) _____ au cours d'espagnol, mais ma copine Andrée, elle (8) _____ l'italien.

9 **À vous!** What do you do at school during the week? Describe your schedule and mention which classes you like most and which you like least. (8 pts. for vocabulary + 8 pts. for grammar + 4 pts. for style and creativity = 20 pts.)

_____

_____

_____

_____

_____

_____

_____

_____

_____

_____

_____

_____

_____

_____

_____

_____

_____

Unité 2

UNIT TEST II

Leçons A et B

---

1 **N'est-ce pas?** A schoolmate, Benoît, is asking you lots of questions. Select the most logical response to each question. (8 x 1 pt. each = 8 pts.)

1. a. Si, tu as raison.
   b. Non, il est à la bibliothèque.
   c. Oui, j'ai honte.

2. a. Non, c'est difficile.
   b. Oui, M. Boussaoui donne les notes.
   c. C'est la salle 3A.

3. a. Peut-être...
   b. D'accord!
   c. Moi non plus.

4. a. Je déteste.
   b. Parce que c'est comme ça.
   c. Oui. Après le cours.

5. a. Oui, il est moins dix.
   b. Non, il est en retard.
   c. Oui, il est minuit.

6. a. Oui, elle explique très bien.
   b. Non, elle arrive demain.
   c. Non, elle n'a pas trente ans.

7. a. D'accord, j'ai de la chance.
   b. D'accord, vers dix heures.
   c. D'accord, le mois prochain.

8. a. Moi non plus.
   b. Tu as tort, c'est facile.
   c. Fantastique! Moi aussi.

---

2 **Opinions** Noah is always complaining about school. Finish his sentences with words from the list. Make any necessary changes. (6 x 1 pt. each = 6 pts.)

détester	inutile
devoir	préparer
étudier	voyager

1. Travailler, c'est _____.

2. Le week-end, je n'ai pas envie de/d' _____.

3. J'oublie souvent mes (*my*) _____ à la maison.

4. Je _____ les cours de Mme Carron.

5. Je ne _____ pas les examens.

6. _____, c'est plus important qu'avoir des diplômes.

3 **On a l'air de...** Write a sentence to describe each picture using an expression with **avoir** or **être**. Half of the sentences should be affirmative, and half should be negative. (4 x 2 pts. each = 8 pts.)

 1.    2.    3.    4.

1. _____

2. _____

3. _____

4. _____

4 **Des solutions** Use the expressions in the list to give commands to the people who made these statements. (8 x 1 pt. each = 8 pts.)

demander une bourse	rentrer à la maison
être optimiste	téléphoner
étudier ce soir	trouver un autre (*other*) cours
manger à la maison	voyager

1. Je déteste le restaurant universitaire. _____

_____

2. Toi et moi, nous passons un examen demain. _____

_____

3. Sylvie et moi, nous avons besoin de parler à Julien. _____

_____

4. Cette année, je n'ai pas d'argent (*money*). _____

_____

5. Cette année, Marie-Pierre et moi, nous avons deux mois de vacances (*vacation*). _____

_____

6. Il est presque minuit. Toi et moi, nous avons sommeil. _____

_____

7. Sébastien et moi, on pense que la gestion, c'est trop (*too*) difficile. _____

_____

8. Je n'ai pas envie d'échouer. _____

_____

Unit Tests

5 **Quelle heure est-il?** Answer each question with an appropriate time. Write out any numbers.
(4 x 2 pts. each = 8 pts.)

1. —Il est presque quatre heures de l'après midi?

   —Oui, il est _____.

2. —Il est neuf heures du soir déjà (*already*)?

   —Oui, il est _____.

3. —Il est minuit?

   —Non, presque, il est _____.

4. —Il est bientôt huit heures vingt?

   —Oui, il est _____.

6 **Écriture** Write sentences according to the instructions. (8 x 2 pts. each = 16 pts.)

A. Write sentences that have an opposite meaning.

1. J'adore l'architecture. _____

2. Étudier le soir, c'est facile. _____

3. Vous êtes reçue à l'examen. _____

4. Mais non, je n'ai pas froid. _____

B. Write sentences that have a close meaning.

5. Tu n'as pas sommeil? _____

6. Vous n'aimez pas tellement travailler. _____

7. L'économie, c'est utile. _____

8. Oui, d'accord. _____

7 **Questions** Answer the questions with complete sentences. (5 x 2 pts. each = 10 pts.)

1. Qu'est-ce que tu étudies à l'école? _____

   _____

2. Qu'est-ce que tu n'étudies pas, mais aimes bien? _____

   _____

3. Tu aimes passer des examens et avoir des diplômes? _____

   _____

4. Le soir, tu as sommeil vers quelle heure? _____

   _____

5. Est-ce que tu rentres tard parfois (*sometimes*) le soir? Pourquoi? _____

   _____

8   **Une conversation** These new friends are talking about their school schedules and discovering that they have different tastes. Write a conversation between them. (6 pts. for vocabulary + 6 pts. for grammar + 4 pts. for style and creativity = 16 pts.)

_____

_____

_____

_____

_____

_____

_____

_____

_____

9   **À vous** What do you do at school during a typical day? Mention what you like doing best and what you enjoy less. (8 pts. for vocabulary + 8 pts. for grammar + 4 pts. for style and creativity = 20 pts.)

_____

_____

_____

_____

_____

_____

_____

_____

_____

_____

_____

_____

_____

Unit Tests

Unité 3

UNIT TEST I

Leçons A et B

1 **Cousines et copines** Listen to Nathalie describe her family. Then, choose the letter that corresponds to each description. (8 x 1 pt. each = 8 pts.)

_____ 1. sœur aînée

_____ 2. quatorze ans

_____ 3. habite avec sa grand-mère

_____ 4. musicien

_____ 5. méchante

_____ 6. homme d'affaires

_____ 7. frère aîné

_____ 8. quarante-cinq ans

a. Caroline

b. Henri

c. Julie et Véronique

d. la mère de Nathalie

e. oncle Robert

f. le père de Nathalie

g. tante Jacqueline

h. Nathalie

2 **C'est à qui?** A group of friends is cleaning up after a study session and several items were left behind. Complete each sentence with a possessive adjective to identify each item's owner. (8 x 1 pt. each = 8 pts.)

1. (à moi) Ah! C'est _____ stylo.

2. (à Sylvain et Astrid) Ce sont _____ feuilles de papier?

3. (à toi) C'est _____ carte?

4. (à elle) Ce sont _____ calculatrices.

5. (à vous) Ce sont _____ livres?

6. (à Philippe) C'est _____ sac à dos?

7. (à moi) C'est _____ chaise.

8. (à vous) C'est _____ dictionnaire.

3 **Les chiffres** What numbers are these? Write each one in digits. (10 x 1 pt. each = 10 pts.)

1. quatre-vingt-douze _____

2. soixante-trois _____

3. quatre-vingt-cinq _____

4. soixante et onze _____

5. quatre-vingt-dix-huit _____

6. cent _____

7. soixante et un _____

8. quatre-vingt-seize _____

9. quatre-vingt-sept _____

10. soixante-dix-neuf _____

4   **De quoi parles-tu?** Complete these sentences with a logical noun or adjective. Don't forget to include an article or possessive adjective when necessary. (10 x 1 pt. each = 10 pts.)

1. La sœur de mon père est _____.

2. Le petit-fils de ma grand-mère est _____.

3. Mon voisin est divorcé. Il n'a pas de/d' _____ maintenant.

4. Le père de ma nièce est _____.

5. Le nouveau mari de ma mère est _____.

6. La fille de mon oncle est _____.

7. La mère de ma tante est _____.

8. J'ai seize ans et mon frère Paul a douze ans. C'est mon frère _____.

9. L'époux de ma grand-mère est _____.

10. La fille de ma belle-mère est _____.

5   **Où?** Describe this scene by completing the statements with prepositions of location. Use each preposition only once. (6 x 2 pts. each = 12 pts.)

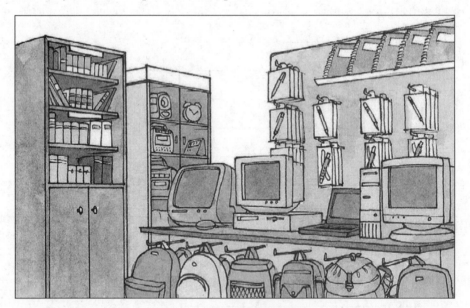

1. Les livres sont _____ la radio.

2. Les stylos sont _____ des cahiers.

3. L'horloge est _____ la radio.

4. Les ordinateurs sont _____ la table.

5. Les sacs à dos sont _____ les ordinateurs.

6. Les stylos et les crayons sont _____ des dictionnaires.

6 **Les contraires** Say that these siblings are *not* like each other by using an adjective that means nearly the opposite. (10 x 1.5 pts. each = 15 pts.)

> **Modèle**
>
> Bernard est blond, mais Sabine est *brune*.

1. Robert et Arnaud sont malheureux, mais Stéphanie est _____.

2. Julie est réservée, mais Charles et Daniel sont _____.

3. Carole est intéressante, mais Gérard est _____.

4. Laurent est pessimiste, mais Valérie et Anne sont _____.

5. Sophie est rapide, mais Albert est _____.

6. Michèle est active, mais Jacques et François sont _____.

7. Aïcha est jeune, mais Jacques et Gisèle sont _____.

8. Abdel et Thomas sont sérieux, mais Véronique et Myriam sont _____.

9. Frédéric est patient, mais Joséphine est _____.

10. Nicolas est poli, mais Béatrice et Isabelle sont _____.

7 **Tu as tort** Reply to these questions in a sentence with the correct form of the adjectives in parentheses. (4 x 2 pts. each = 8 pts.)

> **Modèle**
>
> Ton cousin est petit et brun? (grand / blond)
> *Mais non, j'ai un grand cousin blond.*

1. Ta calculatrice est mauvaise et jaune? (bon / bleu) _____

2. Ton sac à dos est nouveau et utile? (vieux / inutile) _____

3. Ta demi-sœur est vieille et drôle? (jeune / ennuyeux) _____

4. Tes voisines sont laides et brunes? (beau / roux) _____

8 **À vous!** Write five complete sentences in which you describe yourself. Mention your age, nationality, physical appearance, personality, and what you like and dislike. (5 x 3 pts. each = 15 pts.)

1. _____
2. _____
3. _____
4. _____
5. _____

Unit Tests

9   **À vous!** Write a paragraph about your family. Mention everyone's name and age. Provide details about their physical characteristics and personalities, and say what everyone likes to do in their free time. (5 pts. for vocabulary + 5 pts. for grammar + 4 pts. for style and creativity = 14 pts.)

_____

_____

_____

_____

_____

_____

_____

_____

_____

_____

_____

_____

_____

_____

_____

_____

_____

_____

_____

_____

_____

_____

_____

_____

Unité 3

UNIT TEST II

Leçons A et B

---

1 **Ma famille** Listen to Guy describe his family portrait. Then, choose the letter that corresponds to each description. (8 x 1 pt. each = 8 pts.)

_____ 1. Philippe

_____ 2. Théo

_____ 3. Violette

_____ 4. demi-frère

_____ 5. grands-parents

_____ 6. Tante Céline

_____ 7. Diana

_____ 8. Il est fou!

a. Simon

b. travaille à Paris

c. beau-père

d. habitent près de chez Guy

e. Marco

f. 30 ans

g. une vraie princesse

h. athlète

---

2 **C'est à qui?** A few mothers are chatting in the park. Complete each sentence with a possessive adjective to identify each person or animal. (8 x 1 pt. each = 8 pts.)

1. (à vous) C'est _____ neveu?

2. (à Brigitte) Ce sont _____ petites-filles?

3. (à toi) C'est _____ frère?

4. (à Frédéric) Ce sont _____ enfants?

5. (à vous) Ce sont _____ chiens.

6. (à Françoise et Rémi) C'est _____ cousine?

7. (à nous) C'est _____ fils.

8. (à moi) C'est _____ fille.

---

3 **Les nombres** What numbers are these? Write each one out using letters. (10 x 1 pt. each = 10 pts.)

1. 94 _____

2. 65 _____

3. 80 _____

4. 78 _____

5. 97 _____

6. 61 _____

7. 66 _____

8. 90 _____

9. 89 _____

10. 72 _____

Unit Tests

4   **De quoi parles-tu?**   Complete the sentences with a logical noun or adjective. Do not forget to include an article or possessive adjective when necessary. (10 x 1 pt. each = 10 pts.)

     1. Mon voisin n'est pas marié. Il est _____.

     2. Le père de ma nièce est divorcé de _____.

     3. Mon beau-père est marié à _____ maintenant.

     4. L'épouse de mon oncle est _____.

     5. La mère de ma tante est _____ de mon frère.

     6. J'ai seize ans et mon frère Vincent a vingt et un ans. Je suis _____.

     7. Mon grand-père est décédé (_deceased_). Ma grand-mère est _____ maintenant.

     8. Mon demi-frère est _____ de ma belle-mère.

     9. La sœur de mon père est mariée à _____.

     10. Le petit-fils de ma grand-mère n'est pas _____.

5   **Où?**   Your sister Charlotte is looking for things. Help her find them using the pictures as cues. (5 x 2 pts. each = 10 pts.)

     1.   2.   3.   4.   5.

     1. Est-ce que mon sac est près de la porte? _____

     _____

     2. Où est mon livre de français? _____

     _____

     3. Est-ce que mon cahier est avec mes livres? _____

     _____

     4. Est-ce que tu as le dictionnaire près de toi? _____

     _____

     5. J'ai besoin de la montre de papa. _____

     _____

Unit Tests

6 **Ils sont bons** Write a sentence to explain why these people are good at what they do. Except for **bon**, do not use the same adjective twice. (6 x 2.5 pts. each = 15 pts.)

1. Pierre-Alain

2. Arielle

3. Valérie

4. Thierry et Sabine

5. Jean

6. Amandine et sa sœur

Modèle

Armelle et Maria
Armelle et Maria sont de bonnes avocates parce qu'elles sont courageuses.

1. _____
2. _____
3. _____
4. _____
5. _____
6. _____

7 **Tu as tort** Answer these questions with a complete sentence using the correct form of the adjectives of your choice. (5 x 2 pts. each = 10 pts.)

Modèle

Ton sac est blanc et noir?
Mais non, j'ai un gros sac bleu.

1. Tes livres sont vieux et intéressants? _____

_____

2. Ton petit frère est pénible et désagréable? _____

_____

3. Ton chien est frisé et fou? _____

_____

4. Tes devoirs sont longs et difficiles? _____

_____

5. Ton cousin est petit et rapide? _____

_____

Unit Tests

8 **Un bon ami** Write seven complete sentences in which you describe your best friend. Mention his or her age, nationality, physical appearance, personality, and what he or she likes and dislikes. (7 x 2 pts. each = 14 pts.)

1. _____
2. _____
3. _____
4. _____
5. _____
6. _____
7. _____

9 **À vous!** Write a paragraph about a family that is entirely different from yours. Mention everyone's name and age. Provide details about their physical characteristics and personalities. Explain how this family is different from your own. (5 pts. for vocabulary + 5 pts. for grammar + 5 pts. for style and creativity = 15 pts.)

_____
_____
_____
_____
_____
_____
_____
_____
_____
_____
_____
_____
_____
_____
_____
_____
_____

Unité 4

Leçons A et B

UNIT TEST I

---

1   **Conversations de café** Select the most logical response to each question you hear.
(6 x 1.5 pts. each = 9 pts.)

1.   a. L'addition, s'il vous plaît.
   b. Très bien, et vous?
   c. Un café et un verre d'eau, s'il vous plaît.

2.   a. Peut-être une soupe.
   b. Peut-être une eau minérale.
   c. Du sucre, s'il vous plaît.

3.   a. Non, nous allons à la piscine.
   b. Non, nous prenons une bouteille d'eau minérale.
   c. Oui, presque tous les jours.

4.   a. Oui, j'ai soif.
   b. Non merci, ça va.
   c. Oui, mais je n'ai pas faim.

5.   a. Je vais prendre une soupe.
   b. Je ne mange pas de pain.
   c. Un morceau, s'il te plaît.

6.   a. Ils sont pour moi et ma copine.
   b. Au jambon.
   c. Il n'y a pas de beurre.

---

2   **Associez** Match the words in Column B to the clues in Column A.
(8 x 1.5 pts. each = 12 pts.)

A	B
_____ 1. Boisson chaude	a. boire
_____ 2. Un thé	b. chocolat
_____ 3. Combien ça coûte?	c. gymnase
_____ 4. Pour faire du sport	d. hôpital
_____ 5. Un jus	e. musée
_____ 6. Quand on ne va pas bien	f. pomme
_____ 7. De l'eau, par exemple	g. prix
_____ 8. Pour le café	h. glacé
	i. tasse

Unit Tests

3 **Il y a** Look at the picture and answer these questions with complete sentences. When something is present, say how many of it there are. (6 x 2 pts. each = 12 pts.)

1. Est-ce qu'il y a des boissons froides? _____

_____

2. Y a t-il des croissants? _____

_____

3. Combien est-ce qu'il y a de sandwichs? _____

_____

4. Est-ce qu'il y a quelque chose d'autre à manger? _____

_____

5. Il y a du lait? _____

_____

6. Qu'est-ce qu'il n'y a pas d'autre? _____

_____

4 **Au café** Complete each sentence with the correct form of the verb in parentheses. (10 x 1.5 pts. each = 15 pts.)

1. Monsieur? _____ (apporter) l'addition, s'il vous plaît.

2. Tu _____ (prendre) le jambon-fromage et moi, le jambon-beurre.

3. On _____ (déjeuner) ici? Il est presque midi et j'ai faim.

4. Non merci, je ne _____ (boire) pas de café.

5. Combien _____ (coûter) les croissants?

6. Ne sois pas égoïste. _____ (laisser) un bon pourboire.

7. Toi et moi, nous ne _____ (bavarder) pas assez souvent.

8. Martin _____ (dépenser) trop d'argent.

9. Tu _____ (nager) à la piscine cet après-midi?

10. Vous _____ (patiner)? Moi, j'ai trop froid!

5 **À compléter** Complete each sentence with the correct form of an **-ir** verb. Do not use the same verb twice. (8 x 1 pt. each = 8 pts.)

1. Incroyable, mais vrai! Quand je mange de la salade, je _____!

2. Tu ne _____ pas ton sandwich? J'ai faim.

3. Les enfants _____ trop vite (*fast*)!

4. Quand Olivier a honte, il _____.

5. Nous avons besoin de _____. Allons au gymnase.

6. Tous les jours, on _____ un peu plus.

7. On va au cinéma ce soir. Vous _____ le film.

8. Nous _____ à votre problème.

6 **Aujourd'hui** You and your friends are planning the day. Say what everyone is going to do once they get to these places. (6 x 2 pts. each = 12 pts.)

> **Modèle**
>
> David, la bibliothèque:
> *David va étudier pour son examen de biologie.*

1. Sylvie, la piscine:

   _____

   _____

2. Moi, le café:

   _____

   _____

3. Hugo et Labib, la banque:

   _____

   _____

4. Vous, le restaurant:

   _____

   _____

5. Toi, centre-ville:

   _____

   _____

6. Nous, la boîte de nuit:

   _____

   _____

7 **Questions personnelles** Answer the questions with complete sentences. (6 x 2 pts. each = 12 pts.)

1. Aimez-vous mieux aller au parc, au gymnase ou au musée? _____

_____

2. Quand vous allez au café, que prenez-vous le plus (*most*) souvent? _____

_____

3. Laissez-vous de bons pourboires? _____

_____

4. Habitez-vous au centre-ville ou en banlieue? _____

_____

5. Où allez-vous au lycée? _____

_____

6. Aimez-vous les terrasses de café? _____

_____

8 **À vous** You are at a café with your best friend. Write a conversation in which you both order something and ask the waiter how much your order is. Your friend keeps changing his or her mind because he or she does not have enough money. (8 pts. for vocabulary + 8 pts. for grammar + 4 pts. for style and creativity = 20 pts.)

_____

_____

_____

_____

_____

_____

_____

_____

_____

_____

_____

_____

_____

_____

Unité 4

UNIT TEST II

Leçons A et B

---

1   **Conversations en ville** Select the most logical response to each question you hear.
(6 x 1 pt. each = 6 pts.)

1.   a. Si, c'est amusant.
   b. C'est à côté de l'église.
   c. Ah! Je vais passer en ville.

2.   a. Assez bien, oui.
   b. Le musée Paul Mahet.
   c. C'est très agréable.

3.   a. J'aime bien le cinéma.
   b. D'accord, mais quoi?
   c. Pourquoi pas?

4.   a. Elles nagent le mardi.
   b. Avec les parents d'Émilie.
   c. Elles n'ont pas école aujourd'hui.

5.   a. Il est quatre heures.
   b. Vers cinq heures.
   c. Demain.

6.   a. Il est en face.
   b. Le parc Monceau est très bien.
   c. Il y a trois parcs.

---

2   **Associez** Match the words in Column B to the clues in Column A. (8 x 1 pt. each = 8 pts.)

       A   B

_____ 1. Dans les sandwichs   a. baguette

_____ 2. Apporte tout à votre table   b. beurre

_____ 3. Boisson chaude   c. éclair

_____ 4. Visiter   d. endroit

_____ 5. Lieu   e. explorer

_____ 6. Au café ou au chocolat   f. limonade

_____ 7. Du pain   g. peu

_____ 8. Pas beaucoup   h. serveur

                         i. thé

3   **Au café près du lycée** Complete each sentence with the correct form of the verb in parentheses. (8 x 1 pt. each = 8 pts.)

1. On _____ (aller) à la bibliothèque plus tard?

2. Violette et Camil _____ (passer) chez moi ce soir.

3. Je ne _____ (comprendre) pas ce mot.

4. Vous _____ (apprendre) quoi en math?

5. C'est quoi, la réponse? _____ (réfléchir) un peu!

6. Les sandwichs _____ (coûter) trop cher et ne sont pas bons.

7. Nous _____ (boire) de la limonade.

8. Érika ne _____ (prendre) pas de sucre.

4   **Des questions** Ask a question about each picture. Use all of the question words from the list. (5 x 2 pts. each = 10 pts.)

À quelle heure?   Avec qui?   Où?   Pourquoi?   Quand?

1.   2.   3.   4.   5.

1. _____

2. _____

3. _____

4. _____

5. _____

5   **Une journée** You and your friends are planning the day. Say where everyone is going to go or what they are going to do. (6 x 2 pts. each = 12 pts.)

—J'ai besoin d'argent.

—Tu _____.

—Nous, nous n'avons plus (*anymore*) de feuilles.

—Vous _____.

—Tu appelles Idris pour le restaurant à midi?

—Oui, je _____.

—Stéphane et Hao nagent tous les après-midis.

—Ils _____.

—Le film au cinéma est à 16h20.

—On _____ vers 16h00.

—Andrée a besoin d'un nouveau sac.

—Elle _____.

6   **Quand...** Finish these sentences. Be logical! (8 x 1 pt. each = 8 pts.)

1. Quand vous avez froid, vous _____.

2. Quand j'ai chaud et très soif, je _____.

3. Quand nous avons besoin de maigrir, nous ne _____.

4. Quand tu arrives au restaurant, tu _____.

5. Quand des amis sont au café, ils _____.

6. Quand il n'y a pas de croissant, on _____.

7. Quand on mange trop de sucre, on _____.

8. Quand Zora a du temps, elle _____.

7   **Questions personnelles** Answer the questions with complete sentences. (6 x 2 pts. each = 12 pts.)

1. Est-ce que tu aimes danser? _____
_____

2. Invites-tu tes amis à la maison? _____
_____

3. Est-ce que tu dépenses trop d'argent parfois (*sometimes*)? _____
_____

4. Aimes-tu passer chez tes copains ou copines? Quand? _____
_____

5. Où vas-tu le samedi avec tes copains et copines? _____
_____

6. Quel est ton endroit favori en ville? Pourquoi? _____
_____

8   **Attention!** Laurent loves rich foods. His friend Joëlle wants him to make better food choices. Write Joëlle's e-mail to Laurent with recommendations about what to order at a café.
(6 pts. for vocabulary + 6 pts. for grammar + 4 pts. for style and creativity = 16 pts.)

_____

_____

_____

_____

_____

_____

_____

_____

_____

Unit Tests

9 **À vous** You are at Cybercafé Le Connecté with your family. Write a conversation in which everyone orders something to eat and drink, one of you asks the server how much your order costs, and one of you asks for the check. (8 pts. for vocabulary + 8 pts. for grammar + 4 pts. for style and creativity = 20 pts.)

Cybercafé Le connecté

MENU

PETIT-DÉJEUNER FRANÇAIS   12,00€
Café, thé, chocolat chaud ou lait
Pain, beurre et confiture
Orange pressée

VIENNOISERIES   3,00€
Croissant, pain au chocolat,
brioche, pain aux raisins

SANDWICHS ET SALADES
Sandwich (jambon ou   7,50€
    fromage; baguette ou pain
    de campagne)
Croque-monsieur   7,80€
Salade verte   6,20€

BOISSONS CHAUDES
Café/Déca   3,80€
Grand crème   5,50€
Chocolat chaud   5,80€
Thé   5,50€
Lait chaud   4,80€

Propriétaires: Bernard et
Marie-Claude Fouchier

PETIT-DÉJEUNER ANGLAIS   15,00€
Café, thé, chocolat chaud
ou lait
Œufs (au plat ou brouillés),
bacon, toasts
Orange pressée

DESSERTS
Tarte aux fruits   7,50€
Banana split   6,40€

AUTRES SÉLECTIONS CHAUDES
Frites   4,30€
Soupe à l'oignon   6,40€
Omelette au fromage   8,50€
Omelette au jambon   8,50€

BOISSONS FROIDES
Eau minérale non gazeuse   3,00€
Eau minérale gazeuse   3,50€
Jus de fruits (orange...)   5,80€
Soda, limonade   5,50€
Café, thé glacé   5,20€

_____

_____

_____

_____

_____

_____

_____

_____

_____

_____

Unité 5

UNIT TEST I

---

1   **Souvent ou pas?** Listen to these statements. Then, say how often things have happened or are happening. (8 x 1 pt. each = 8 pts.)

1. ○ rarement   ○ souvent   5. ○ rarement   ○ souvent

2. ○ rarement   ○ souvent   6. ○ rarement   ○ souvent

3. ○ rarement   ○ souvent   7. ○ rarement   ○ souvent

4. ○ rarement   ○ souvent   8. ○ rarement   ○ souvent

---

2   **En contexte** Match each word or expression in the column on the right with the corresponding context from the column on the left. (10 x 1 pt. each = 10 pts.)

_____ 1. Il fait chaud et soleil tous les jours.   a. printemps

_____ 2. Bon anniversaire! Tu as seize ans aujourd'hui.   b. parapluie

_____ 3. Non, non, laissez, l'addition est pour nous.   c. payer

_____ 4. Mélissa aime mieux le vert.   d. hiver

_____ 5. Il fait un temps épouvantable.   e. préférer

_____ 6. On est en mai.   f. espérer

_____ 7. Je pratique tous les lundis.   g. été

_____ 8. Il pleut. Ne sors pas comme ça.   h. célébrer

_____ 9. Tout va bien, je pense.   i. amener

_____10. Ils arrivent avec Florian.   j. une fois par semaine

---

3   **Les nombres** Write each number in digits. (10 x 1 pt. each = 10 pts.)

1. Huit cent quatre-vingt-deux _____

2. Neuf cent un _____

3. Cinq cent dix-sept _____

4. Mille deux _____

5. Deux mille neuf cent douze _____

6. Onze mille cent onze _____

7. Soixante-quatre mille huit cents _____

8. Trente et un millions _____

9. Quatre cent mille soixante-sept _____

10. Six cent mille cent seize _____

Unit Tests

4 **Grandes dates** Write these dates without using digits. (5 x 2 pts. each = 10 pts.)

> **Modèle**
>
> 28.06.1914
> *C'est le vingt-huit juin, mille neuf cent quatorze.*

1. 14.07.1789

_____

_____

2. 06.06.1944

_____

_____

3. 12.10.1492

_____

_____

4. 04.07.1776

_____

_____

5. 11.11.1918

_____

_____

5 **Le sport** Complete the sentences with the correct forms of the irregular -ir verbs in parentheses. (10 x 1 pt. each = 10 pts.)

1. La soupe _____ (sentir) bon, n'est-ce pas?

2. On _____ (servir) de bons sandwichs dans ce café.

3. Tous les samedis, Élisabeth _____ (partir) faire du golf à Chanvin.

4. Après un long match, je _____ (dormir) toujours très bien.

5. Ces joueurs _____ (courir) mieux que l'équipe adverse.

6. Les joueurs ne _____ (sortir) pas le soir avant (*before*) un gros match.

7. Francine _____ (servir) des boissons froides aux joueuses.

8. L'équipe _____ (sentir) qu'elle va gagner.

9. Allez. Vous _____ (courir) trois fois autour (*around*) du stade maintenant.

10. Quand nous ne gagnons pas le match, nous _____ (dormir) mal.

6 **Que font-ils?** Write a sentence to describe what people are doing in each image. Use each verb from the list only once. (4 x 3 pts. each = 12 pts.)

acheter   essayer   nettoyer   payer

1.   2.   3.   4.

1. _____

2. _____

3. _____

4. _____

7 **Ils font...** Write six sentences to describe what these people are doing at the park. Use only the verbs **faire** and **jouer**. (6 x 2 pts. each = 12 pts.)

1. _____

2. _____

3. _____

4. _____

5. _____

6. _____

Unit Tests

8 **Des questions** You are making small talk with your friend Sabine while waiting for the bus. Ask the questions that elicit her answers. (4 x 2 pts. each = 8 pts.)

1. _____

—On est le 2.

2. _____

—Mon anniversaire est le 21 mars.

3. _____

—Il fait du vent, mais il fait bon.

4. _____

—Il fait presque 20 degrés Celsius.

9 **À vous** Write a paragraph about your favorite sport. Say how and where you watch the games, when they usually take place, who your favorite player is, and whether his or her team wins often. If you do not have a favorite sport, write about the one that someone you know likes best. (8 pts. for vocabulary + 8 pts. for grammar + 4 pts. for style and creativity = 20 pts.)

_____

_____

_____

_____

_____

_____

_____

_____

_____

_____

_____

_____

_____

_____

_____

Unit Tests

Unité 5

UNIT TEST II

Leçons A et B

---

1 **Souvent ou pas?** Listen to these statements. Then, say how often things have happened or are happening. (8 x 1 pt. each = 8 pts.)

1. ○ rarement   ○ souvent   5. ○ rarement   ○ souvent

2. ○ rarement   ○ souvent   6. ○ rarement   ○ souvent

3. ○ rarement   ○ souvent   7. ○ rarement   ○ souvent

4. ○ rarement   ○ souvent   8. ○ rarement   ○ souvent

---

2 **Définitions** Match each word from Column B with a related context from Column A. Then use the words in a complete sentence. (10 x 1 pt. each = 10 pts.)

A. Match each word with a related context.

A	B
_____ 1. Un sport de montagne	a. sortir
_____ 2. Le 23 février, par exemple	b. rarement
_____ 3. Aller au restaurant ou au cinéma	c. skier
_____ 4. Ne pas marcher	d. date
_____ 5. Pas du tout souvent	e. courir

B. Now, use each word from Column B in a complete sentence.

1. _____

_____

2. _____

_____

3. _____

_____

4. _____

_____

5. _____

_____

Unit Tests

---

3 **Les nombres** What numbers are these? Write each one out in letters. (10 x 1 pt. each = 10 pts.)

1. 216 _____

2. 250.001 _____

3. 17.000 _____

4. 900 _____

5. 458 _____

6. 3.000.000 _____

7. 777 _____

8. 5.393 _____

9. 1.088 _____

10. 99.002 _____

4 **Que font-ils?** Write a complete sentence to describe what people are doing in each image. Use only spelling-change -er verbs. (6 x 2 pts. each = 12 pts.)

1. elle

2. il

3. nous

4. je

5. tu

6. vous

1. _____

2. _____

3. _____

4. _____

5. _____

6. _____

Unit Tests

5 **Nos week-ends** Rémi is describing his family's weekend activities. Complete his description with the correct forms of the verbs in parentheses. (10 x 1 pt. each = 10 pts.)

Dans ma famille, on a des passe-temps très différents le week-end. Papi et Mamie (1) _____ (aller) souvent à la pêche. Quand il (2) _____ (pleuvoir), ils (3) _____ (jouer) aux cartes. Papa (4) _____ (faire) du golf les samedi et dimanche après-midis. Maman (5) _____ (préférer) aller au cinéma, mais parfois ils (6) _____ (faire) aussi du tennis ensemble (*together*). Mes frères Jean-Christophe et Patrick (7) _____ (skier) beaucoup en hiver. En été, ils (8) _____ (marcher) en montagne et (9) _____ (bricoler) leurs voitures (*cars*). Et moi? Je (10) _____ (pratiquer) le football et le basket.

6 **À compléter** Complete the sentences with the correct forms of irregular -**ir** verbs. Do not use the same verb twice. (6 x 1 pt. each = 6 pts.)

1. Vous ne _____ pas en boîte ce soir. Demain, il y a un match.

2. Les enfants _____ dans le parc.

3. Mmm! Du café! Ça _____ bon.

4. Le dimanche après un match, nous _____ souvent jusqu'à (*until*) dix heures.

5. Je ne _____ pas de thé à Ludovic, il n'aime pas ça.

6. Demain, je _____ à la pêche vers 10h00.

7 **Au stade** Write six complete sentences to describe this picture. Be creative and talk about everything you see (the weather, the players, the game, the teams, etc.) and how you like this sport. (6 x 2 pts. each = 12 pts.)

1. _____

2. _____

3. _____

4. _____

5. _____

6. _____

8 **Questions personnelles** Answer the questions with complete sentences. (6 x 2 pts. each = 12 pts.)

1. Quel temps fait-il aujourd'hui? _____
   _____

2. Quelles sont les températures maximum et minimum pour la journée? _____
   _____

3. Est-ce que c'est ta saison préférée? _____
   _____

4. Est-ce que tu aimes la pluie, le froid ou la neige? _____
   _____

5. Dans combien de mois ou de semaines est ton anniversaire? _____
   _____

6. Est-ce que tu vas faire quelque chose de spécial cette année pour ton anniversaire? _____
   _____

9 **À vous** Write a paragraph about the sport(s) and/or game(s) that you play with your family. For each sport or game, say when, where, with whom, and how often you play. (8 pts. for vocabulary + 8 pts. for grammar + 4 pts. for style and creativity = 20 pts.)

_____
_____
_____
_____
_____
_____
_____
_____
_____
_____
_____
_____
_____
_____
_____
_____
_____

Unit Tests

Unité 6

Leçons A et B

UNIT TEST I

---

1 **Pour la fête** Listen to each statement. Then, choose the pronoun that matches the information that you hear. (8 x 1 pt. each = 8 pts.)

1. À qui est-ce que M. Teilhard a envoyé les invitations?

   a. à lui   b. à moi   c. à elle

2. Pour qui est-ce que Philippe a acheté des bonbons?

   a. pour vous   b. pour elles   c. pour eux

3. À qui est-ce que tu as parlé?

   a. à eux   b. à nous   c. à moi

4. À qui avez-vous téléphoné vendredi soir?

   a. à elle   b. à nous   c. à lui

5. Pour qui est-ce que j'ai préparé de la musique?

   a. pour lui   b. pour elles   c. pour vous

6. À qui Mlle Ogier a-t-elle oublié d'apporter un cadeau?

   a. à lui   b. à elles   c. à moi

7. À qui est-ce qu'on a prêté une table et des chaises?

   a. à toi   b. à moi   c. à elle

8. À qui avons-nous donné l'adresse?

   a. à eux   b. à nous   c. à vous

---

2 **Définitions** Match each word or expression from Column B with its definition from Column A, then complete the sentences. (10 x 1 pt. each = 10 pts.)

A. Match each word or expression with its definition.

A	B
_____ 1. Avant l'âge adulte, mais après l'enfance	a. adolescence
_____ 2. À porter quand on fait du ski	b. cravate
_____ 3. Va avec un costume	c. jour férié
_____ 4. Beaucoup trop petit	d. anorak
_____ 5. Le 4 juillet, par exemple	e. serré

B. Complete the sentences with the words from Column B. Make any necessary changes.

6. Ma _____ est rouge aujourd'hui.

7. Demain, c'est un _____.

8. À l' _____, tout change.

9. Yannick a besoin d'un nouvel _____.

10. Cette chemise est beaucoup trop _____.

---

3 **Que portent-ils?** Describe what these people are wearing. Use all of the words from the list.
(6 x 2 pts. each = 12 pts.)

ceinture	pantalon
chemise	robe à manches longues
costume	robe longue
cravate	sac à main
lunettes	tailleur

M. Duval   M. Berthet
Catherine et Jeanne   Georges et Denise   Mme Malbon

1. M. Duval _____

2. Catherine et Jeanne _____

3. M. Berthet _____

4. Georges _____

5. Denise _____

6. Mme Malbon _____

4 **Désagréable!** A group of friends put together a party for Huguette, but she is ungrateful and criticizes all of their choices. Complete each sentence with an appropriate demonstrative adjective. (10 x 1 pt. each = 10 pts.)

1. Je n'aime pas _____ boisson.

2. _____ cadeau-_____, il est bien, mais je n'ai pas besoin de

   _____ cadeaux-_____.

3. _____ invité n'est pas mon ami.

4. _____ bonbons sont trop vieux.

5. Je déteste _____ glaces.

6. Mais pourquoi est-ce que vous avez pris _____ champagne-_____?

5 **Nous-mêmes** At this wedding, people want to do everything themselves. Express this by using the pronoun that corresponds to the indirect object in parentheses. (8 x 1 pt. each = 8 pts.)

1. Alice et toi, vous _____ faites le gâteau. (à mon fiancé et à moi)

2. Je _____ prépare des invitations. (à toi)

3. Qui _____ a choisi une église? (à toi et à moi)

4. Ses parents _____ achètent sa robe. (à la fiancée)

5. Ses sœurs _____ organisent une fête. (aux deux fiancés)

6. Les invités _____ apportent les cadeaux. (à ton fiancé et à toi)

7. Tu _____ sers du champagne. (à moi)

8. Nous _____ avons mis de la musique pour danser. (aux invités)

6 **Pour la fête** You and your friends are throwing a party. Transform the sentences by using indirect object pronouns. (6 x 2 pts. each = 12 pts.)

> **Modèle**
>
> Vous téléphonez pour les boissons. (à Anouar)
> *Vous lui téléphonez pour les boissons.*

1. Tu demandes la liste des invités. (à Sabine)_____
   _____

2. Quentin envoie des invitations. (à tous les invités) _____
   _____

3. Vous donnez l'adresse de la fête. (à moi) _____
   _____

4. Ambre a prêté son chemisier. (à toi) _____
   _____

5. On a donné de l'argent pour les boissons. (à Naguy et à toi) _____
   _____

6. Vous avez donné des CD. (à Laurence et à moi) _____
   _____

7 **À compléter** Complete the sentences with the correct forms of the verbs in parentheses. (10 x 1 pt. each = 10 pts.)

1. Qu'est-ce que tu _____ (construire) ici?

2. J' _____ (entendre) les enfants arriver.

3. Il pleut. Tu _____ (mettre) ton imperméable pour sortir.

4. Ils _____ (attendre) leurs copains devant le cinéma.

5. Travaillez bien et ne _____ (perdre) pas votre temps.

6. Louis _____ (promettre) de faire ses devoirs à temps.

7. Nous _____ (rendre) souvent visite à nos grands-parents le dimanche.

8. Vous ne _____ (répondre) jamais à votre téléphone!

9. Ce magasin _____ (vendre) des vêtements chers.

10. Jérôme, tu _____ (traduire) cette phrase pour la classe, s'il te plaît?

8 **L'anniversaire** Ten-year-old Damien is describing his grandfather's birthday party. Complete his description with the **passé composé** of the verbs in parentheses. (10 x 1 pt. each = 10 pts.)

Dimanche dernier, ma famille et moi, nous (1) _____ (fêter) les 81 ans de mon grand-père.

J' (2) _____ (porter) mon beau costume et mes nouvelles chaussures. Nous

(3) _____ (faire) la fête chez ma tante Romane. Papi (4) _____ (adorer) tous

ses cadeaux. Puis, on (5) _____ (manger) du gâteau et les adultes (6) _____

(boire) du champagne. Ensuite, papi et mamie (7) _____ (danser) ensemble. Moi,

j' (8) _____ (jouer) tout l'après-midi avec mes cousins et cousines. On

(9) _____ (courir) dans le jardin (*yard*), puis j' (10) _____ (construire) un

super vaisseau spatial (*spaceship*) avec Samuel.

9 **À vous** Describe a holiday party sponsored by your school. Say when and where the party took place, what you wore, who brought what, and other details about the party. (8 pts. for vocabulary + 8 pts. for grammar + 4 pts. for style and creativity = 20 pts.)

_____

_____

_____

_____

_____

_____

_____

_____

_____

_____

_____

_____

_____

_____

_____

_____

_____

Unit Tests

Unité 6

UNIT TEST II

Leçons A et B

---

1   **Pour la fête**   Listen to each statement. Then, choose the pronoun that matches the information that you hear. (8 x 1 pt. each = 8 pts.)

1. À qui est-ce que nous avons envoyé des cadeaux?

    a. à elles   b. à lui   c. à toi

2. À qui avez-vous prêté la salle?

    a. à elles   b. à lui   c. à nous

3. À qui est-ce qu'on a promis une soirée fantastique?

    a. à toi   b. à vous   c. à nous

4. À qui est-ce que Marina a demandé d'amener ses enfants?

    a. à nous   b. à moi   c. à elle

5. À qui est-ce que Gérard a téléphoné?

    a. à moi   b. à eux   c. à elle

6. À qui est-ce que nous avons donné le gâteau?

    a. à vous   b. à nous   c. à elles

7. Pour qui est-ce que Corentin a préparé les boissons?

    a. pour eux   b. pour lui   c. pour moi

8. À qui avons-nous fait une bonne surprise?

    a. à nous   b. à lui   c. à elles

---

2   **Que portent-ils?**   Describe what these people are wearing. List as many different items of clothing as you can. (6 x 2 pts. each = 12 pts.)

M. Hubert   Mme Hubert   M. Moreau   Mme Moreau   M. Durand   Mme Durand

1. M. Hubert _____

_____

2. Mme Hubert _____

_____

3. M. Durand _____

_____

4. Mme Durand _____

_____

5. M. Moreau _____

_____

6. Mme Moreau _____

_____

3 **Désagréable!** A group of friends put together a party for Charles, but he is ungrateful and criticizes all of their choices. Complete his sentences with an appropriate demonstrative adjective. (10 x 1 pt. each = 10 pts.)

1. _____ fête n'est pas une bonne surprise du tout.

2. _____ cadeau est inutile. _____ cadeaux-_____ ne sont pas beaux.

3. Pourquoi est-ce que vous avez choisi _____ gâteau-_____?

4. _____ glaces sont très mauvaises.

5. Je ne prends jamais _____ soda, et mes amis Nagui et Gilles détestent _____ boisson.

6. Pour qui sont _____ biscuits? Pas pour moi, j'espère!

4 **Vous-mêmes** Nour asks that everyone contribute to her wedding. Express this by using the pronoun that corresponds to the indirect object in parentheses. (8 x 1 pt. each = 8 pts.)

1. Mamie, tu _____ fais une robe. (à moi)

2. Élise, Margaux et Nasser vont _____ préparer le gâteau. (à mon fiancé et à moi)

3. Je vais _____ trouver une belle église. (à toi)

4. M. et Mme Assouline vont _____ donner l'adresse. (à toi et à ta famille)

5. Marthe va _____ acheter du champagne. (aux invités)

6. Tu vas _____ choisir un costume. (à Léo)

7. Mes copines vont _____ organiser une grande fête. (à toi et à tes frères et sœurs)

8. Je vais _____ porter (*give*) un toast. (à tes parents)

5 **Des conseils** Your mother has plenty of advice for you and your siblings. Complete the sentences with the correct forms of the verbs in the list. (10 x 1 pt. each = 10 pts.)

attendre	détruire	perdre	promettre	répondre
conduire	mettre	permettre	rendre	sourire

1. Mathieu, tu ne _____ pas ton temps quand tu fais tes devoirs.

2. Gabriel, tu ne _____ pas tes livres, s'il te plaît!

3. Vous _____ une écharpe et des gants pour sortir quand il fait froid.

4. Mathieu, tu _____ son livre à ton copain Loïc demain, s'il te plaît.

5. Les garçons, vous _____ poliment (*politely*) quand on vous pose une question.

6. Vous _____ tous pour la photo, d'accord?

7. Anne, tu ne _____ pas trop vite quand tu emmènes (*take*) tes frères à l'école.

8. Mathieu, tu _____ ton petit frère après les cours!

9. Vous trois, vous me _____ de bien travailler cette année!

10. Je vous _____ d'aller au cinéma avec vos copains samedi après-midi.

6 **Hier soir** These colleagues attended a work party last night. Complete each sentence with the **passé composé** of the verb in parentheses. (10 x 1 pt. each = 10 pts.)

1. M. Yakout _____ (aimer) le gâteau.

2. Mme Éberlé et Mlle Chapuis _____ (ne pas boire) de champagne.

3. M. Saada _____ (mettre) de la musique.

4. M. Flèche et Mme Dupont _____ (faire) une surprise à M. Vacher.

5. Mlle Rosselet _____ (ne pas chanter).

6. Nous _____ (rire) ensemble.

7. M. Ulliac, vous _____ (oublier) votre manteau.

8. Zoé, tu _____ (nettoyer) après la fête.

9. J' _____ (amener) mon mari.

10. On _____ (promettre) de refaire une fête chaque année.

7 **À la fête** Write six complete sentences to describe what some of these people did at the party yesterday. Use all of the verbs from the list and the **passé composé**. (6 x 2 pts. each = 12 pts.)

chanter	porter
danser	prendre
essayer	répondre

1. _____

2. _____

3. _____

4. _____

5. _____

6. _____

Unit Tests

8 **Questions personnelles** Answer the questions with complete sentences. (5 x 2 pts. each = 10 pts.)

1. Fais-tu les soldes parfois? _____

_____

2. Que portes-tu le plus (*most*) souvent à l'école? _____

_____

3. Y a-t-il un type de vêtement que tu ne portes jamais? _____

_____

4. Quelles couleurs te vont bien? _____

_____

5. Que fais-tu de tes vieux vêtements? _____

9 **À vous** You went to a neighborhood party with your entire family last Sunday. Say what everyone in your family wore and brought to the party. Say what you did there, and mention one thing that you forgot to do or bring. (8 pts. for vocabulary + 8 pts. for grammar + 4 pts. for style and creativity = 20 pts.)

_____

_____

_____

_____

_____

_____

_____

_____

_____

_____

_____

_____

_____

_____

_____

_____

_____

_____

Unit Tests

Unité 7

Leçons A et B

1 **Conversations** Listen to each statement or question, then choose the most logical response. (6 x 1 pt. each = 6 pts.)

1. Mme Clavel parle à son agent de voyage.
   a. Il est petit, brun et en costume.
   b. Il est au centre-ville, et il est très charmant.
   c. Il est au premier étage.
2. L'hôtelier parle à un client.
   a. J'ai réservé une chambre pas chère.
   b. J'ai réservé avant-hier.
   c. Cette chambre va très bien.
3. La réception téléphone à un client.
   a. Ah, très bien, je pars demain.
   b. Merci, je descends.
   c. C'est pour une chambre, s'il vous plaît.
4. Dans le train:
   a. Les voilà.
   b. J'annule ma réservation.
   c. Où sommes-nous?
5. À l'arrêt de bus, Marie-Françoise demande à un habitué:
   a. Il ne va pas au musée.
   b. Il passe le samedi.
   c. Il va arriver dans 5 minutes.
6. Thomas parle à sa fiancée.
   a. Tu vas faire un séjour?
   b. J'ai acheté mon billet.
   c. Super! On va à la mer!

2 **Adverbes** Transform the adjectives into adverbs, then complete the sentences. (12 x 1 pt. each = 12 pts.)

A. Transform these adjectives into adverbs.

1. courant _____
2. évident _____
3. franc _____
4. absolu _____
5. heureux _____
6. vrai _____

B. Now, use these adverbs to complete the sentences.

7. _____, je ne suis pas encore mort!
8. Nous n'aimons pas trop aller en Irlande l'hiver, _____.
9. _____, nous sommes arrivés à l'aéroport à temps pour prendre notre avion!
10. Comment? Tu as _____ fini tous tes devoirs en cinq minutes?
11. Nos enfants sont bilingues, ils parlent _____ français et espagnol.
12. Je ne vais _____ jamais changer d'opinion, c'est tout.

Unit Tests

3 **Identifiez** Underline both the direct object pronouns and the nouns they are replacing in the sentences. (6 x 2 pts. each = 12 pts.)

1. J'ai déjà acheté un ticket de métro hier soir, mais je l'ai laissé sur mon bureau.

2 Ce livre est super intéressant. Tu l'as déjà lu?

3. Alexis et Maxime rentrent demain. On va les chercher à la gare.

4. Quand nous partons en vacances, nous laissons les clés à nos voisins. Comme ça, ils les utilisent en cas de problème.

5. Cette année, je vais 15 jours à la mer. Je vais les passer à dormir et à bronzer sur la plage.

6. Le Brésil est un pays fascinant. Il faut absolument le visiter un jour.

4 **En Italie** Tariq is describing his last vacation in Italy. Complete the sentences with the **imparfait** of the verbs in parentheses. (10 x 1 pt. each = 10 pts.)

1. L'hôtel _____ (être) ancien, mais très confortable.

2. Le matin, nous _____ (descendre) prendre le petit-déjeuner au rez-de-chaussée.

3. À midi et le soir, on _____ (aller) toujours dans des restaurants différents.

4. Je _____ (visiter) des musées et des monuments tous les jours.

5. Roxane _____ (faire) un peu de shopping.

6. Le soir, nous _____ (rester) rarement à l'hôtel.

7. Nous _____ (sortir) plutôt (*rather*) au spectacle.

8. On _____ (réserver) les billets avec l'aide du concierge.

9. On ne _____ (lire) pas les journaux.

10. On n' _____ (utiliser) pas nos ordinateurs. Quel séjour relaxant!

5 **Les amies** Magalie is describing how she became Caroline's friend. Complete her story with the **passé composé** of the verbs in parentheses. (10 x 1 pt. each = 10 pts.)

Je (1) _____ (partir) en vacances à la mer avec ma famille. Mais le premier jour à l'hôtel, je (2) _____ (tomber) sur Caroline, de l'école. Nous (3) _____ (passer) la semaine ensemble. Surtout, nous (4) _____ (faire) du shopping et nous (5) _____ (bronzer) à la plage. Caroline est très sympa, mais aussi un peu folle. Un jour, elle (6) _____ (lire) absolument tous les journaux. Puis, elle m' _____ (7) (décrire) en détail tous les problèmes des stars. Un autre jour, elle (8) _____ (aller) au cinéma avec ses lunettes de soleil, et un matin, nous (9) _____ (retourner) de la plage sans son petit frère. Mais une belle amitié (10) _____ (naître) entre nous!

6 **Hier** Write a sentence to describe what each of these people did yesterday. Use each verb from the list and the **passé composé**. (4 x 2 pts. each = 8 pts.)

> aller   partir
> arriver   rentrer

 1.  2.  3.  4.

1. _____

2. _____

3. _____

4. _____

7 **Avez-vous...** Answer the questions by using a pronoun to replace the underlined words. Make sure that the past participle agrees with the direct object. (6 x 2 pts. each = 12 pts.)

> **Modèle**
>
> Avez-vous choisi <u>votre destination</u>?
> _Oui, je l'ai choisie._

1. Tu as réservé <u>la chambre</u>?

   Non, je _____.

2. Vous avez déjà pris <u>ces vols</u>?

   Oui, nous _____.

3. Ont-ils bien aimé <u>leurs vacances</u>?

   Oui, ils _____.

4. Est-ce qu'Abraham a annulé <u>sa réservation</u>?

   Oui, il _____.

5. As-tu fait <u>tes valises</u>?

   Non, je _____.

6. Est-ce que tu as décrit <u>les chambres</u>?

   Oui, je _____.

Unit Tests

8 **En vacances** Write a sentence to describe what these people did on a regular basis last summer. Use the verbs from the list and the **imparfait** to say how often they did these things. (6 x 2 pts. each = 12 pts.)

| bronzer | écouter des CD | explorer la mer |
| dormir sur la plage | écrire | jouer |

1. _____

2. _____

3. _____

4. _____

5. _____

6. _____

9 **À vous** Write a paragraph to describe the last time you took a trip by plane, bus, or train. Mention where you were going, how you bought your ticket, how long you waited at the station or airport, and what you did while you were waiting there. (7 pts. for vocabulary + 7 pts. for grammar + 4 pts. for style and creativity = 18 pts.)

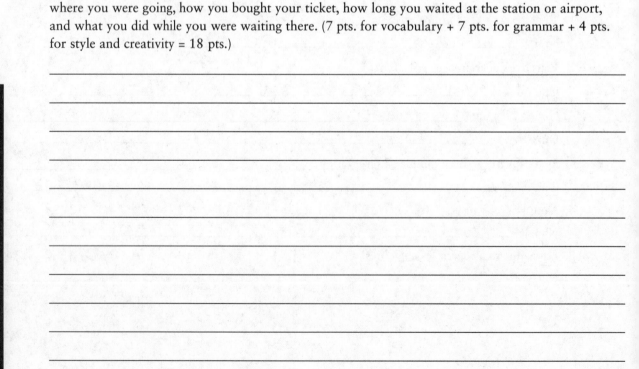

Unit Tests

Unité 7

Leçons A et B

1 **Conversations** Listen to each statement or question, then choose the most logical response.
(6 x 1 pt. each = 6 pts.)

1. Mme Demaya pose une question à sa fille.
   a. Je vais partir à Londres.
   b. Mon avion part à 6h00.
   c. Je vais prendre un taxi.
2. Lucas discute avec son copain.
   a. L'Allemagne, peut-être Berlin.
   b. Je n'aime pas rouler en voiture trop longtemps.
   c. Je vais réserver une chambre.
3. À l'auberge de jeunesse:
   a. Non, une chambre pour quatre.
   b. Non, nous sommes fatigués.
   c. Vous avez de l'eau chaude?

4. Dans l'ascenseur de l'hôtel:
   a. Je n'ai pas de valise.
   b. Je vais au rez-de-chaussée.
   c. J'ai réservé une chambre.
5. David pose une question à sa femme.
   a. J'ai encore une semaine. Pourquoi?
   b. Je pense aller à Madrid cet été.
   c. On passe nos vacances ensemble.
6. Un touriste pose une question à la réception de l'hôtel.
   a. Oui monsieur, il y a des taxis.
   b. Oui monsieur, c'est une très belle plage.
   c. Oui monsieur, prenez le 34, en face de l'hôtel.

2 **Adverbes** Transform the adjectives into adverbs, then use each adverb in a sentence. (12 x 1 pt.
each = 12 pts.)

A. Transform these adjectives into adverbs.

1. gentil _____
2. constant _____
3. bon _____
4. malheureux _____
5. mauvais _____
6. poli _____

B. Now, use each adverb in a sentence.

1. _____
2. _____
3. _____
4. _____
5. _____
6. _____

Unit Tests

3 **Lundi dernier** Write a sentence to describe what each of these people did last Monday. Use only verbs that take **être** in the **passé composé**, and use a different one each time. (5 x 2 pts. each = 10 pts.)

1.  2.   3.  4.  5.

1. _____

2. _____

3. _____

4. _____

5. _____

4 **Avant** Things have changed a lot. Express this by completing the sentences with the **imparfait** of the verbs in parentheses. (8 x 1 pt. each = 8 pts.)

1. Avant, on _____ (bronzer) beaucoup.

2. Les gens _____ (prendre) rarement l'avion.

3. Nous _____ (avoir) moins de (*fewer*) jours de congés.

4. Les trains _____ (arriver) toujours à l'heure.

5. On _____ (mourir) d'ennui (*boredom*) à la campagne.

6. Peu de gens _____ (rouler) en voiture.

7. Nous _____ (faire) moins de séjours à l'étranger.

8. On _____ (utiliser) une clé pour entrer dans sa chambre d'hôtel.

5 **Tout va mal** Mme Aunale's last trip went badly. Complete her description with the **passé composé** of the verbs in parentheses. (8 x 1 pt. each = 8 pts.)

1. Quand nous _____ (partir) en taxi à l'aéroport avec mon mari, ma valise _____ (rester) à la maison!

2. Nous _____ (retourner) la prendre.

3. À l'aéroport, je _____ (sortir) du taxi, et je _____ (tomber).

4. Notre avion _____ (arriver) très en retard.

5. Jean-Paul et moi, nous _____ (monter) dans l'avion les derniers.

6. Puis, nous _____ (redescendre) tout de suite. Le vol était annulé!

6 **On est prêt?** Your family is getting ready to leave on a trip. Rewrite these replies using a direct object pronoun to avoid repetition. (8 x 2 pts. each = 16 pts.)

1. —Où as-tu mis les valises?
   —J'ai descendu les valises au rez-de-chaussée.
   _____
   _____

2. —J'ai appelé un taxi pour aller à l'aéroport.
   —On va attendre le taxi devant la maison.
   _____
   _____

3. —J'ai mis les billets dans ton sac, n'est-ce pas?
   —Oui, j'ai les billets avec moi.
   _____
   _____

4. —Est-ce que les enfants sont prêts à partir?
   —Je vais appeler les enfants dans une minute.
   _____
   _____

5. —Tu n'as pas oublié nos passeports, j'espère?
   —Tu as préparé les passeports toi-même.
   _____
   _____

6. —On va aussi avoir besoin du plan.
   —Malheureusement, je n'ai pas retrouvé le plan.
   _____
   _____

7. —Est-ce que tu as les clés de la maison?
   —Non, tu as mis les clés dans ton blouson.
   _____
   _____

8. —L'adresse de l'hôtel était sur une feuille, non?
   —J'ai écrit l'adresse ici.
   _____
   _____

7 **En vacances** Write a sentence to describe what each of these people was doing during his or her vacation. Use all of the verbs from the list. (5 x 2 pts. each = 10 pts.)

| descendre | maigrir | monter | partir | rester |

1. 2. 3. 4. 5.

1. _____
2. _____
3. _____
4. _____
5. _____

Unit Tests

8 **Questions personnelles** Answer the questions with complete sentences. (5 x 2 pts. each = 10 pts.)

1. Est-ce que tu aimes voyager ou est-ce que tu préfères rester chez toi?

_____

2. Est-ce que tu es déjà parti(e) tout(e) seul(e)?

_____

3. Plus tard, est-ce que tu vas voyager dans des pays étrangers? Lesquels?

_____

4. Est-ce que tu as déjà été triste de partir quelque part (*somewhere*)?

_____

5. Un proverbe français dit: «Partir, c'est mourir un peu». Est-ce que tu es d'accord?

_____

9 **À vous** Write a paragraph about the last trip you and your family took. Mention how you found information about your destination, how you booked your tickets and/or your trip, and how you stayed in touch with friends while away. (7 pts. for vocabulary + 7 pts. for grammar + 6 pts. for style and creativity = 20 pts.)

_____

_____

_____

_____

_____

_____

_____

_____

_____

_____

_____

_____

_____

_____

Unit Tests

Unité 8

Leçons A et B

1 **Dans le passé** Listen to these statements. Then decide whether these events happened at a specific moment in the past (**Événement unique**) or if they happened repeatedly (**Habitude**). (8 x 1 pt. each = 8 pts.)

1. ○ Événement unique   ○ Habitude   5. ○ Événement unique   ○ Habitude

2. ○ Événement unique   ○ Habitude   6. ○ Événement unique   ○ Habitude

3. ○ Événement unique   ○ Habitude   7. ○ Événement unique   ○ Habitude

4. ○ Événement unique   ○ Habitude   8. ○ Événement unique   ○ Habitude

2 **Quel appareil?** Say which appliance you need to do these things. Do not forget to use the corresponding definite articles. (10 x 1 pt. each = 10 pts.)

1. Pour faire le café: _____

2. Pour repasser les vêtements: _____

3. Pour faire cuire (*bake*) un gâteau: _____

4. Pour garder le lait frais (*fresh*): _____

5. Pour réchauffer (*reheat*) une boisson: _____

6. Pour faire des toasts: _____

7. Pour nettoyer la vaisselle: _____

8. Pour sécher les vêtements: _____

9. Pour laver les draps: _____

10. Pour garder les aliments congelés (*frozen*): _____

3 **Dans le passé** These events happened in the past. Choose the most logical tense for the verbs in parentheses and write the corresponding form. (8 x 1 pt. each = 8 pts.)

1. Soudain, l'aspirateur _____ (tomber).

2. D'habitude, je _____ (balayer) ma chambre moi-même.

3. Les voisins _____ (déménager) tout à coup.

4. Mme Lacroix _____ (louer) tous les étés le même appartement.

5. Un jour, toi et tes frères, vous _____ (faire) toutes les tâches ménagères dans la maison.

6. À la campagne, nous _____ (salir) souvent nos chaussures.

7. Est-ce que tu _____ (nettoyer) ta chambre parfois le week-end?

8. Céline _____ (descendre) une fois au sous-sol.

4 **Savoir et connaître** Complete each sentence with the correct form and tense of **savoir**, **connaître**, or **reconnaître**. (10 x 1 pt. each = 10 pts.)

1. Je _____ faire la cuisine chez moi, je _____ bien ma cuisinière. Mais chez les autres, c'est plus difficile.

2. Vraiment, tu _____ ranger ta chambre? Prouve-le!

3. Nous allons déménager, mais nous ne _____ pas encore où.

4. Est-ce que tu _____ les propriétaires de cet immeuble? Ils habitent près d'ici?

5. Avant, ils _____ bien ce quartier, mais maintenant, tout a changé. C'est presque impossible de le _____.

6. On _____ que la cuisine est à droite, et le salon à gauche. Mais où sont les chambres?

7. Vous _____ cette lampe et ce tapis? Je les ai achetés dans votre magasin préféré.

8. Nous _____ mal les gens de l'appartement 32. Ils ont emménagé hier soir.

5 **Avant** Compare what used to happen before with what has happened since. Use the **passé composé** or the **imparfait** of the verbs in parentheses. (12 x 1 pt. each = 12 pts.)

1. Avant, je ne _____ (savoir) pas faire le linge. Depuis (*Since then*),
   j' _____ (apprendre).

2. Avant, nous ne _____ (connaître) pas Guillaume. Depuis, nous l' _____ (rencontrer).

3. Avant, vous ne _____ (savoir) pas passer l'aspirateur. Depuis, vous _____ (essayer) une fois.

4. Avant, ils _____ (connaître) leurs voisins de gauche. Depuis, ces voisins _____ (déménager).

5. Avant, M. Vasseur _____ (savoir) repasser. Depuis il _____ (oublier).

6. Avant, tu _____ (connaître) bien ton placard. Depuis, tu _____ (acheter) trop de vêtements et de chaussures.

6 **On a nettoyé** You and a couple of friends cleaned your house. Say in what state everything was and what you did. Use the correct forms of the verbs in parentheses. (12 x 1 pt. each = 12 pts.)

1. La vaisselle _____ (être) sale, donc je l' _____ (laver).

2. Il y _____ (avoir) de la poussière partout, donc nous _____ (essuyer) les meubles.

3. Les tapis n' _____ (être) pas propres, donc Samantha et Frédéric _____ (passer) l'aspirateur.

4. Il y _____ (avoir) du désordre (*mess*) partout, donc on _____ (ranger) la maison.

5. C' _____ (être) le jour des poubelles, donc nous les _____ (sortir).

6. Il _____ (falloir) laver les vêtements, et après, j' _____ (repasser) les chemises.

7   **Chez moi** Djamel is talking about where he has lived. Complete his story by using the correct **passé composé**, **imparfait**, or present-tense forms of the verbs in parentheses. (10 x 1 pt. each = 10 pts.)

Quand j' (1) _____ (être) encore lycéen, j' (2) _____ (habiter) avec mes

parents. C' (3) _____ (être) pratique et confortable. Maman (4) _____ (faire)

ma lessive et (5) _____ (nettoyer) aussi parfois ma chambre. Puis, je/j' (6) _____

(déménager) pour aller à l'université. Je/J' (7) _____ (louer) un petit studio et

je/j' (8) _____ (habiter) seul pour la première fois. Évidemment, j' (9) _____

(apprendre) très vite à faire toutes les tâches ménagères. Maintenant, je/j' (10) _____ (savoir)

même faire la cuisine!

8   **Au même moment** Write a sentence to describe what these people were doing when something else happened. Use the **imparfait** for what they were doing and the **passé composé** for the action that interrupted them. (5 x 2 pts. each = 10 pts.)

1.   2.   3.

4.   5.

1. _____

_____

2. _____

_____

3. _____

_____

4. _____

_____

5. _____

_____

9 **À vous** Write a paragraph to describe the chores you know how to do and which one(s) you do not. (8 pts. for vocabulary + 8 pts. for grammar + 4 pts. for style and creativity = 20 pts.)

_____

_____

_____

_____

_____

_____

_____

_____

_____

_____

_____

_____

_____

_____

_____

_____

_____

_____

_____

_____

_____

_____

_____

_____

_____

_____

_____

Unit Tests

Unité 8

Leçons A et B

---

1 **Une histoire** Listen to each statement and decide whether it narrates facts in a story (**Action**) or describes the setting (**Cadre**). (8 x 1 pt. each = 8 pts.)

1. ○ Action ○ Cadre 5. ○ Action ○ Cadre

2. ○ Action ○ Cadre 6. ○ Action ○ Cadre

3. ○ Action ○ Cadre 7. ○ Action ○ Cadre

4. ○ Action ○ Cadre 8. ○ Action ○ Cadre

---

2 **Quel appareil?** Say how or for what you use these appliances. (5 x 2 pts. each = 10 pts.)

Modèle

le grille-pain: *pour préparer des sandwichs*

1. le lave-linge: _____

2. la cafetière: _____

3. l'aspirateur: _____

4. le fer à repasser: _____

5. le lave-vaisselle: _____

---

3 **Avant** Compare what used to happen before with what has happened since. Use the **passé composé** or the **imparfait** of the verbs in parentheses. (10 x 1 pt. each = 10 pts.)

1. Avant, je/j' _____ (habiter) avec ma mère. Depuis (*Since then*),

   j' _____ (emménager) avec mon père.

2. Avant, tu _____ (faire) du bon café. Depuis, ta cafetière _____ (mourir).

3. Avant, nous _____ (reconnaître) tous nos voisins. Depuis, le quartier

   _____ (changer).

4. Avant, vous _____ (louer) votre maison. Depuis, vous l' _____ (acheter).

5. Avant, Aude et sa sœur _____ (vivre) en résidence universitaire. Depuis, elles

   _____ (prendre) un appartement.

Unit Tests

4 **Le ménage** You and a few friends cleaned your house. Say what you did by completing the sentences. Do not use the same expression more than once. (5 x 2 pts. each = 10 pts.)

1. La vaisselle était propre, donc tu _____.

2. Les draps et les vêtements étaient sales, alors Khaled et Théo _____.

3. Le lavabo n'était pas propre, donc je _____.

4. Les poubelles sentaient mauvais, donc Brigitte _____.

5. Le sol (*floor*) de la cuisine était sale, alors nous _____.

5 **Notre appartement** Amadou and his best friend found an apartment for rent. Complete their story by using the correct **passé composé** or **imparfait** forms of the verbs in parentheses. (8 x 1 pt. each = 8 pts.)

Nous (1) _____ (passer) tout samedi dernier à visiter des appartements. Le premier

(2) _____ (être) en plein centre-ville et assez grand, mais il n' (3) _____

(avoir) pas de salle de bain! Les autres n' (4) _____ (avoir) pas de jardin, mais nous

(5) _____ (finir) par louer le cinquième. Dimanche, Jean-Michel et moi, on

(6) _____ (commencer) à emménager. Il (7) _____ (mettre) son canapé

dans le salon et j' (8) _____ (passer) l'aspirateur dans ma chambre.

6 **On sait...** Finish each of these sentences by using an appropriate present-tense form of **savoir** or **connaître**. Use the statements provided as cues. (6 x 2 pts. each = 12 pts.)

> **Modèle**
>
> Chérifa et moi, on va à l'école ensemble le matin.
> Je *connais bien Chérifa.*

1. Justin fait son lit tous les matins.

   Il _____

2. Ma propriétaire n'a jamais rencontré mes parents.

   Elle _____

3. Mes amis ne sont jamais venus dans mon immeuble.

   Ils _____

4. Hervé et son frère sont incapables de faire leur lessive.

   Ils _____

5. Vous allez au musée du Louvre quand vous êtes à Paris.

   Vous _____

6. Je cuisine tout le temps.

   Je _____

7 **Quel désordre!** Élisa came back from vacation and realized that she forgot to clean up before she left. Use the **passé composé** and the **imparfait** to write four complete sentences and say what she did not do. (4 x 3 pts. each = 12 pts.)

> *Modèle*
>
> *La boîte à pizza était vide (empty), mais Élisa ne l'a pas mise à la poubelle.*

1. _____

   _____

2. _____

   _____

3. _____

   _____

4. _____

   _____

8 **Questions personnelles** Answer the questions with complete sentences. (5 x 2 pts. each = 10 pts.)

1. Est-ce que tu as déjà déménagé? Combien de fois et quand? _____

   _____

2. Quels meubles est-ce que tu as choisis pour ta chambre? _____

   _____

3. Est-ce que tu as mis des affiches au mur? De quoi? _____

   _____

4. Est-ce que tu as déjà fait la poussière dans ta chambre? _____

   _____

5. Est-ce que tu as déjà partagé la même chambre avec un de tes frères ou sœurs? _____

   _____

9 **À vous** Write a paragraph to describe what you did the last time you helped clean up around the house. Also mention a few things that you did not do because you do not know how. (8 pts. for vocabulary + 8 pts. for grammar + 4 pts. for style and creativity = 20 pts.)

_____

_____

_____

_____

_____

_____

_____

_____

_____

_____

_____

_____

_____

_____

_____

_____

_____

_____

_____

_____

_____

_____

_____

Unités 1–4

Leçons 1A–4B

EXAM I

1 **À l'écoute** Look at the four photos. You will hear various people make comments or ask questions. Select the scene that most logically goes with each comment or question. (10 × 1 pt. each = 10 pts.)

A.

B.

C.

D.

1. A B C D		6. A B C D
2. A B C D		7. A B C D
3. A B C D		8. A B C D
4. A B C D		9. A B C D
5. A B C D		10. A B C D

2 **Complétez** Say what these people are doing by completing each sentence with the correct form of the logical verb. (8 × 1 pt. each = 8 pts.)

1. Le week-end, mon père _____ à la maison. (travailler / bavarder)

2. Ma sœur et moi, nous _____ dans une chorale. (chanter / chercher)

3. Je/J' _____ la psychologie. (manger / étudier)

4. Tu _____ à la cantine, n'est-ce pas? (déjeuner / dépenser)

5. Florence et Nicole _____ au parc. (passer / patiner)

6. Moi, je _____ au Québec l'été (*summer*). (donner / voyager)

7. Mon colocataire et moi, nous _____ un grand appartement. (partager / oublier)

8. Vous _____ à votre examen de physique. (enseigner / échouer)

3   **Comment?** You have a cold and your ears are blocked up. You keep asking people to repeat what they said. Complete each question with the correct interrogative word or expression.
(6 × 1 pt. each = 6 pts.)

1. —Je prends trois croissants.

    —_____ croissants prenez-vous?

2. —Ma copine Cécile danse bien.

    —_____ danse-t-elle?

3. —Mon prof de maths habite près du cinéma.

    —_____ est-ce qu'il habite?

4. —Je téléphone à Bruno.

    —_____ téléphones-tu?

5. —Mes parents sont en vacances en février.

    —_____ est-ce qu'ils sont en vacances?

6. —Il est tard. Il faut partir (*leave*).

    —_____ heure est-il?

4   **Quelle heure est-il?** It is six hours later in Paris than it is in New York. Write out the correct Paris time (in numbers) based on the time given for New York. Use the 12-hour clock. (6 × 2 pts. each = 12 pts.)

> **Modèle**
>
> À New York, il est une heure dix de l'après-midi.
> À Paris, il est 7h10 *du soir.*

1. À New York, il est trois heures et quart du matin.

    À Paris, il est _____

2. À New York, il est midi et demie.

    À Paris, il est _____

3. À New York, il est quatre heures vingt de l'après-midi.

    À Paris, il est _____

4. À New York, il est dix heures moins le quart du matin.

    À Paris, il est _____

5. À New York, il est deux heures trente-cinq de l'après-midi.

    À Paris, il est _____

6. À New York, il est huit heures quarante du soir.

    À Paris, il est _____

5 **Expressions idiomatiques** Complete each of these conversations with the correct form of **être** or **avoir**. (6 × 1 pt. each = 6 pts.)

1. —Mon frère est très jeune.

   —Ah bon? Il _____ quel âge?

2. —Nous _____ à Paris.

   —Vous aimez voyager?

3. —Où va Zaïd?

   —Il n'_____ pas avec toi?

4. —Est-ce qu'Alix et Mattéo parlent français?

   —Oui, ils _____ belges.

5. —Lilou et toi, vous gagnez (*earn*) beaucoup d'argent?

   —Oui, nous _____ de la chance.

6. —Il fait froid (*It's cold*). Je n'ai pas envie d'aller au parc.

   —Tu _____ raison. Moi non plus.

6 **Les contraires** Say that these brothers and sisters are not like each other by using an adjective that means nearly the opposite. (6 × 1 pt. each = 6 pts.)

> **Modèle**
>
> Marc est grand, mais Martine est *petite*.

1. Caroline est travailleuse, mais Léo est _____.

2. Thomas est agréable, mais Sophie et Anne sont _____.

3. Aïcha est réservée, mais Xavier est _____.

4. Abdul et Mahmoud sont ennuyeux, mais Christine et Lydia sont _____.

5. Aziz est heureux, mais Chloé est _____.

6. Karine est optimiste, mais Mélanie et Laurent sont _____.

7 **Où va-t-on?** Based on what these people say they feel like doing or need to do, use a form of the verb **aller** to say where they are going. (5 × 2 pts. each = 10 pts.)

1. J'ai envie de regarder un film. Je _____.

2. Nous avons envie de danser. Nous _____.

3. Tu es très malade. Tu _____.

4. Vous avez envie de nager. Vous _____.

5. Nathalie a besoin de sucre et de beurre. Elle _____.

8 **Une bonne vie** These people are trying to improve their lives. Complete the sentences with the correct forms of the verbs in the list. (5 x 1 pt. each = 5 pts.)

choisir	obéir
finir	réfléchir
grossir	réussir

1. Nous _____ de lire (*read*) ce livre.

2. Tu _____ beaucoup plus à tes problèmes.

3. Ma sœur _____ à mes parents.

4. Vous _____ à regarder moins de (*less*) télé.

5. Mes camarades _____ de l'eau, pas des boissons gazeuses.

9 **Où est-ce?** Complete each sentence with a preposition of location based on the photo. (6 × 1 pt. each = 6 pts.)

1. Où sont les affiches? Elles sont _____ le mur (*wall*).

2. Où est l'examen du fils? Il est _____ les mains (*hands*) de sa mère.

3. Où est le fils? Il est _____ sa mère.

4. Où sont les tables? Elles sont _____ la mère.

5. Où est l'affiche (*poster*) du chat noir? Elle est _____ la mère.

6. Où est l'affiche du chapeau (*hat*)? Elle est _____ l'affiche du chat noir.

10   **C'est à qui?** Claire and Aurélie are cleaning up after an exam study party and several items were left behind. Complete each sentence with a possessive adjective in order to identify the owner of each item. (6 × 1 pt. each = 6 pts.)

1. (à toi) C'est _____ cahier?

2. (à Justin) C'est _____ livre d'histoire?

3. (à Franck et Corinne) C'est _____ calculatrice?

4. (à moi) Ah! C'est _____ montre.

5. (à nous) C'est _____ corbeille à papier?

6. (à ton frère et toi) Ce sont _____ crayons?

11   **On va où?** Say where various people are going by completing each sentence with the correct form of à. (3 × 1 pt. each = 3 pts.)

1. Maman va _____ bureau le matin.

2. Le dimanche, tu vas _____ église?

3. Sandra va nager _____ piscine.

12   **Au café** Say what the friends are having at a café. Use the appropriate form of **prendre** or **boire**. (6 × 1 pt. each = 6 pts.)

—Qu'est-ce que tu vas (1) _____?

—Moi, j'ai faim. Je (2) _____ une pizza.

—Et comme boisson?

—Je (3) _____ toujours de l'eau minérale. Et vous deux?

—Nous (4) _____ du café.

—Qu'est-ce que vous (5) _____ à manger?

—Nous (6) _____ des sandwichs au jambon.

13   **Au café** You and a friend are at a café. Write a short conversation to say what each is having. Include six different partitive and indefinite articles. (6 × 1 pt. each = 6 pts.)

_____

_____

_____

_____

_____

_____

14 **À vous!** You are writing to a French pen pal. In a paragraph, describe yourself, your family, neighbors, and pet(s) if you have any. Mention how many brothers and sisters you have, their names and ages, what your parents do for work, what courses you are taking, your overall appearance, and what your personality is like. (4 pts. for vocabulary + 4 pts. for grammar + 2 pts. for style and creativity = 10 pts.)

_____

_____

_____

_____

_____

_____

_____

_____

_____

_____

_____

_____

_____

_____

_____

_____

_____

_____

_____

_____

_____

_____

_____

_____

_____

_____

_____

_____

_____

_____

Unités 1–4
Leçons 1A–4B

EXAM II

1 **À l'écoute** Look at the four photos. You will hear various people make comments or ask questions. Select the scene that most logically goes with each comment or question. (10 × 1 pt. each = 10 pts.)

A.

B.

C.

D.

1. A	B	C	D	6. A	B	C	D
2. A	B	C	D	7. A	B	C	D
3. A	B	C	D	8. A	B	C	D
4. A	B	C	D	9. A	B	C	D
5. A	B	C	D	10. A	B	C	D

2 **Complétez** Say what these people are doing by completing each sentence with the correct form of the most logical verb. (8 × 1 pt. each = 8 pts.)

1. Est-ce que vous _____ l'addition? (assister / apporter)

2. Mademoiselle Beauchemin _____ souvent ses amis au café. (regarder / retrouver)

3. Tu _____ un pourboire au serveur? (ne pas voyager / ne pas laisser)

4. Le week-end, je _____ tard le soir. (rencontrer / rentrer)

5. Mon frère et moi, nous _____ parce que nous adorons l'art. (désirer / dessiner)

6. En général, Flora et Gabriel _____ l'appartement à 9h00. (donner / quitter)

7. Mes copains et moi, nous _____ un grand appartement. (partager / oublier)

8. Tristan _____ sa fiancée ce week-end. (épouser / expliquer)

3 **Comment?** You have a cold and your ears are blocked up. You keep asking people to repeat what they said. Complete each question with the correct interrogative word or expression.
(6 × 1 pt. each = 6 pts.)

1. —Je téléphone à Martine.

   —_____ est-ce que tu téléphones?

2. —Mes camarades dansent bien.

   —_____ dansent-ils?

3. —Bilal a trois frères.

   —_____ de frères a-t-il?

4. —Alban et Brahim adorent leur ordinateur.

   —_____ est-ce qu'ils adorent?

5. —Ma mère travaille à l'Université de Genève

   —_____ travaille-t-elle?

6. —Chut! J'écoute le prof.

   —_____ est-ce que tu écoutes?

4 **Quelle heure est-il?** It is five hours later in Abidjan than it is in Montreal. Write out the correct Abidjan time (in numbers) based on the time given for Montreal. Use the 12-hour system.
(6 × 2 pts. each = 12 pts.)

> **Modèle**
>
> À Montréal, il est deux heures vingt de l'après-midi.
> À Abidjan, il est *7h20 du soir.*

1. À Montréal, il est cinq heures moins le quart du matin.

   À Abidjan, il est _____

2. À Montréal, il est minuit.

   À Abidjan, il est _____

3. À Montréal, il est trois heures et quart de l'après-midi.

   À Abidjan, il est _____

4. À Montréal, il est sept heures et demie du matin.

   À Abidjan, il est _____

5. À Montréal, il est neuf heures dix du soir.

   À Abidjan, il est _____

6. À Montréal, il est midi.

   À Abidjan, il est _____

5 **Avoir ou être?** Complete each of these conversations with the correct form of **être** or **avoir**. (6 × 1 pt. each = 6 pts.)

1. —Je prends un sandwich, des frites et de la soupe.

   —Tu _____ vraiment faim!

2. —Nous _____ professeurs.

   —Vous aimez enseigner?

3. —Mon frère dit que (*says that*) Québec est la capitale du Canada.

   —Il _____ tort. C'est Ottawa.

4. —Ça ne va pas.

   —C'est évident, vous _____ l'air triste.

5. —Mario et Gianna parlent italien?

   —Oui, ils _____ italiens.

6. —Il fait froid (*It's cold*). Je n'ai pas envie d'aller au parc.

   —Moi, je/j' _____ trop fatigué pour aller au parc.

6 **Les contraires** Say that these brothers and sisters are not like each other by using an adjective that means nearly the opposite. (6 × 1 pt. each = 6 pts.)

> **Modèle**
> Nicolas est brun, mais Juliette est *blonde*.

1. Bruno est patient, mais Claire et Béa sont _____.

2. Lise et Stéphanie sont polies, mais Frédéric est _____.

3. Ali et Latif sont sérieux, mais Aïcha et Leïla sont _____.

4. Isabelle est jeune, mais Matthieu et Christophe sont _____.

5. Cécile et Nathalie sont actives, mais Hugo est _____.

6. Jérôme est rapide, mais Anne-Marie est _____.

7 **Où va-t-on?** Based on what these people say they feel like doing or need to do, use a form of the verb **aller** to say where they are going. (5 × 2 pts. each = 10 pts.)

1. Tu es très malade. Tu _____.

2. Vous avez envie de nager. Vous _____.

3. Nathalie a besoin de sucre et de beurre. Elle _____.

4. J'ai envie de regarder un film. Je _____.

5. Nous avons envie de danser. Nous _____.

8 **C'est sympa comme ça!** These people are trying to improve their lives. Complete the sentences with the correct forms of the verbs in the list. (5 x 1 pt. each = 5 pts.)

> choisir   obéir
> finir   réfléchir
> maigrir   réussir

1. Les filles _____ des cours intéressants.

2. Nous allons au gymnase et nous _____ un peu.

3. Tu _____ à comprendre la leçon de chimie, n'est-ce pas?

4. Vous _____ de lire (*read*) ce livre.

5. Je _____ beaucoup plus à mes problèmes.

9 **Où est-ce?** Complete each sentence with a preposition of location based on the photo. (6 × 1 pt. each = 6 pts.)

1. Où sont les deux personnes? Ils sont _____ un café.

2. Où sont les tableaux? Ils sont _____ le garçon et la fille.

3. Où est le sandwich du garçon? Il est _____ ses mains (*hands*).

4. Où est le sandwich de la fille? Il est _____ elle.

5. Où est la bouteille d'eau? Elle est _____ la table.

6. Où est la fille? Elle est _____ son copain.

10 **C'est à qui?** André and Simon are cleaning up after an exam study party and several items were left behind. Complete each sentence with a possessive adjective to identify the owner of each item. (6 × 1 pt. each = 6 pts.)

1. (à moi) Ah! C'est _____ téléphone.

2. (à Yves et Sylvie) Ce sont _____ feuilles de papier?

3. (à Élise et toi) C'est _____ carte?

4. (à nous) Ce sont _____ cahiers.

5. (à toi) Ce sont _____ livres?

6. (à Enzo) C'est _____ calculatrice?

11 **On va où?** Say where various people are going by completing each sentence with the correct form of **à**. (4 × 1 pt. each = 4 pts.)

1. Manon va _____ hôpital pour voir (see) sa grand-mère.

2. Vous allez _____ piscine.

3. Tu vas _____ marché avec moi cet après-midi?

4. J'adore aller _____ grands magasins.

12 **Au café** Say what people are having at a café. Use the appropriate form of **prendre** or **boire**. (5 × 1 pt. each = 5 pts.)

1. Élodie, tu aimes _____ quoi quand tu as soif?

2. Mon frère _____ une salade au déjeuner.

3. Est-ce que vous _____ de l'eau minérale?

4. Pour le dîner, nous _____ de la pizza.

5. Combien de tasses de café est-ce que Grégory _____ par jour?

13 **Au café** You and a friend are at a café. Write a short conversation to say what each one of you is having. Include six different partitive and indefinite articles. (6 × 1 pt. each = 6 pts.)

_____
_____
_____
_____
_____
_____
_____
_____

14 **À vous!** You are writing to a French pen pal. In a paragraph, describe yourself, your family, neighbors, and your pet(s) if you have any. Be sure to mention everyone's name and age. Be thorough when describing physical characteristics and personalities. (4 pts. for vocabulary + 4 pts. for grammar + 2 pts. for style and creativity = 10 pts.)

_____

_____

_____

_____

_____

_____

_____

_____

_____

_____

_____

_____

_____

_____

_____

_____

_____

_____

_____

_____

_____

_____

_____

_____

_____

_____

Exams

Unités 5–8

EXAM I

Leçons 5A–8B

Exams

1 **Questions et réponses** In a typical day, various people ask you different questions. Listen to the questions, then choose the most logical response. (10 × 1 pt. each = 10 pts.)

1. a. Il est dix heures. b. Nous sommes jeudi. c. C'est le seize août.
2. a. Oui, elle te va très bien. b. Non, elle est blanche. c. Oui, tu as de la chance.
3. a. Parce que j'ai soif. b. Parce qu'il coûte cher. c. Parce que j'adore cette équipe.
4. a. Je joue aux échecs. b. Je suis vendeur. c. J'ai un rendez-vous.
5. a. Il est bon marché. b. Il est serré. c. Il est marron.
6. a. Je préfère bricoler. b. J'adore le volley-ball. c. Je vais au stade.
7. a. Je fais une randonnée. b. Je fais de la planche à voile. c. Je fais de l'aérobic.
8. a. Oui et il va faire 30°C. b. Oui et il va aussi faire très chaud. c. Oui et il va aussi faire très froid.
9. a. Oui, il a soixante-six ans. b. Oui, c'est un jour férié. c. Oui, c'est le divorce.
10. a. Cette casquette grise. b. Ces chaussures noires. c. Ce maillot de bain blanc.

2 **Que font-ils?** Everyone keeps in shape doing different activities. For each of the photos below, write two sentences. In the first sentence, say what sport or activity they are doing. In the second, make a statement about the weather or the season. Do *not* use the same sport, activity, or weather-related expression twice. (4 × 1 pt. each = 4 pts.)

 1.
 2.
 3.
 4.

1. _____
2. _____
3. _____
4. _____

3 **Le ménage** For each photo write two sentences, one indicating what the person is doing, the other telling where the person is or what appliance he is using. (4 × 1 pt. each = 4 pts.)

1.   2.   3.   4.

1. _____   3. _____

_____   _____

_____   _____

2. _____   4. _____

_____   _____

_____   _____

4 **Il faut célébrer** Several friends are celebrating birthdays or **fêtes** around the same time, so they are planning a party. Explain what is happening by completing each sentence with the appropriate present-tense form of the most logical verb in the list. (8 × 0.5 pt. each = 4 pts.)

acheter	célébrer	essayer	posséder
amener	espérer	nettoyer	préférer

—Demain, on (1) _____ plusieurs anniversaires.

—Oui! Tu (2) _____ quelque chose pour tout le monde?

—Bien sûr! Et Jeanne (3) _____ de faire un grand gâteau.

—Alors, qu'est-ce qu'on fait maintenant? Je (4) _____ le salon?

—Oui, parce que Lise et Jamel (5) _____ danser.

—Mais Abdul et moi, nous (6) _____ manger.

—Et Ludovic (7) _____ sa copine Fatou, n'est-ce pas?

—Oui. Eh, Corinne! Ta colocataire et toi, vous (8) _____ une belle collection de CD, n'est-ce pas?

—Oui, on va apporter nos CD préférés!

5 **Complétez** Complete each sentence with the correct present-tense form of the verb in parentheses. (7 × 1 pt. each = 7 pts.)

1. Daniel _____ (sortir) tous les week-ends avec ses amis.

2. Salim et Floriane _____ (promettre) de bien travailler.

3. J'_____ (apprendre) à faire la cuisine.

4. Caroline et toi, vous _____ (partir) pour l'Asie.

5. Je _____ (courir) un kilomètre par jour.

6. Mes voisins _____ (construire) des maisons pour les pauvres.

7. On _____ (dormir) huit heures par nuit.

6 **Hier** Say what various people did yesterday by completing the sentences with the **passé composé** of the verb in parentheses. (8 × 1 pt. each = 8 pts.)

1. Hier, Caroline _____ (faire) du shopping. Elle _____ (acheter) un nouveau jean.

2. Hier, Rémi et moi, nous _____ (fêter) l'anniversaire de notre colocataire.

3. Hier, je/j'_____ (prendre) quelques aspirines.

4. Hier, ma sœur _____ (obéir) à mes parents et elle _____ (nettoyer) sa chambre.

5. Hier, Mahmoud et Jean-Luc _____ (courir) dix kilomètres.

6. Hier, Emma, tu _____ (préparer) ton examen de physique, n'est-ce pas?

7 **Un super week-end** Agnès is writing a letter to Gilles describing her relaxing weekend in Paris. Complete her story in the **passé composé**. (10 × 0.5 pt. each = 5 pts.)

Cher Gilles,

Quel week-end génial à Paris chez ma cousine Nathalie. Je (1) _____ (arriver) à la gare de Lyon vendredi soir. Nathalie et son copain Pascal (2) _____ (passer) me chercher. Nous (3) _____ (aller) chez Nathalie, ensuite Pascal (4) _____ (rentrer) chez lui. Samedi matin, Nathalie et moi (5) _____ (prendre) le petit-déjeuner et nous (6) _____ (sortir). Nous (7) _____ (passer) trois heures au Louvre et ensuite nous (8) _____ (prendre) le métro pour aller au quartier Latin. Nous déjeunions tranquillement en terrasse quand Pascal, qui passait dans le quartier, nous (9) _____ (entendre)! Nous (10) _____ (rentrer) chez Nathalie ensemble. (À suivre... [To be continued...])

8 **Toujours des questions!** Your parents are on your case to get things done. Express this by completing the sentences with an indirect object pronoun. Pay attention to the verb tenses. (5 × 1 pt. each = 5 pts.)

Modèle

Est-ce que tu vas téléphoner à ta tante Vivienne?
Oui, je vais lui *téléphoner*.

1. Est-ce que tu as acheté un cadeau à Karine? Oui, je _____ un cadeau.

2. Est-ce que tu parles souvent avec tes copains? Oui, je _____ souvent au téléphone.

3. Est-ce que tu as envoyé des e-mails à Annick et Laure? Oui, je _____ des e-mails.

4. Est-ce que tu m'as posé une question? Non, je _____ de question.

5. Est-ce que tu vas nous prêter ton ordinateur? Oui, je _____ mon ordinateur.

9 **Les tâches** You and your roommate are cleaning your apartment to throw a surprise party for Martine. You keep asking each other about various tasks. Answer each question using object pronouns. Use the underlined phrases as cues. (4 × 1 pt. each = 4 pts.)

—Tu as mis la table?

—Oui, je (1) _____.

—Tu as fait les lits?

—Oui, je (2) _____.

—Tu as nettoyé la cuisine?

—Non, mais je vais (3) _____.

—Tu as passé l'aspirateur?

—Je (4) _____ tout de suite.

10 **Un super week-end** Agnès continues her letter to Gilles. Fill in the blanks in her story with the verbs in the **imparfait**. (10 × 0.5 pt. each = 5 pts.)

Samedi soir chez Nathalie, nous (1) _____ (réfléchir) à la journée de dimanche quand oncle Henri et tante Michelle, les parents de Nathalie, sont arrivés. Nous avons commencé à discuter. Nous (2) _____ (espérer) passer la journée ensemble. Le dimanche matin, oncle Henri (3) _____ (aimer) aller au marché. Il (4) _____ (passer) toujours par la boucherie (butcher's shop) parce qu'il (5) _____ (connaître) bien le propriétaire. Tante Michelle, elle, (6) _____ (essayer) souvent de trouver des fleurs pour la maison. Pendant ce temps, Nathalie (7) _____ (faire) du shopping. Moi, je (8) _____ (partir) prendre des photos. Nous (9) _____ (penser) donc tous aller au marché le matin, puis chez grand-mère l'après-midi, car oncle Henri et tante Michelle (10) _____ (avoir) des chocolats pour elle. Notre dimanche organisé, nous avons commencé à dîner. (À suivre...)

11 **Expliquez** Various people explain what happened. Express this by completing the sentences with the correct form of the verbs in parentheses. Use the **imparfait** and the **passé composé**. (6 x 1 pt. each = 6 pts.)

1. Comme il _____ (faire) bon, David et moi _____ (partir) bronzer à la plage.

2. Rachida _____ (préférer) un sandwich sans mayonnaise et une bouteille d'eau parce qu'elle _____ (être) au régime (diet).

3. Tu _____ (avoir) un peu de temps libre ce matin, alors tu _____ (réussir) à ranger ta chambre?

4. Comme vous _____ (ne pas savoir) utiliser la cuisinière, vous _____ (préparer) un repas froid.

5. Je _____ (ne pas aller) bien du tout. Je _____ (rentrer) chez moi.

6. Ils _____ (désirer) passer du temps ensemble, alors ils _____ (louer) une maison à la campagne pour deux semaines.

12 **Exactement** Give more details about these situations. Form an adverb with the adjective in parentheses or use the adverb in parentheses and add it to the sentence. (6 × 1 pt. each = 6 pts.)

> **Modèle**
> Vous avez nettoyé la chambre. (poli)
> *Vous avez poliment nettoyé la chambre.*

1. Noah reconnaît sa cousine sur la photo. (facile)

   _____

2. Je balaie souvent, mais je ne passe pas l'aspirateur. (constant)

   _____

3. Pour ne pas réveiller les enfants, descendons au salon. (doux)

   _____

4. Il pleuvait quand ils sont sortis du métro. (fort)

   _____

5. Tu vas donner la grande chambre à ton frère? (gentil)

   _____

6. Ils sont arrivés! (bon)

   _____

13 **Un super week-end** Agnès finishes her letter to Gilles. Complete her story using the **imparfait** or the **passé composé**. (12 × 1 pt. each = 12 pts.)

Dimanche matin, nous (1) _____ (aller) tous ensemble au marché. Autrefois, ce/c' (2) _____ (être) vraiment quelque chose que je (3) _____ (détester) faire, mais avec Nathalie, je/j' (4) _____ (bien aimer). Je/J' (5) _____ (prendre) beaucoup de photos. L'après-midi, nous (6) _____ (rendre) visite à grand-mère. Nous (7) _____ (rester) chez elle quelques heures. On (8) _____ (parler) de ce que (what) tous les petits-enfants (9) _____ (faire) quand ils (10) _____ (arriver) chez elle. Elle (11) _____ (connaître) aussi beaucoup d'histoires drôles. Je/J' (12) _____ (passer) une excellente journée et un week-end tout à fait relax.

Amitiés,
Agnès

14 **À vous!** An exchange student is coming to visit for a year. Write him or her a letter of at least five complete sentences to say what you and your friends typically do in your free time. Also say what the weather is like during different times of the year so that he or she knows what to pack. (4 pts. for vocabulary + 4 pts. for grammar + 2 pts. for style and creativity = 10 pts.)

_____

_____

_____

_____

_____

_____

_____

_____

_____

_____

_____

_____

_____

_____

_____

_____

15 **À vous!** In a paragraph of at least five sentences, talk about a trip you have taken. Mention where you went, how you got there, what your hotel room was like, where you ate, etc. (4 pts. for vocabulary + 4 pts. for grammar + 2 pts. for style and creativity = 10 pts.)

_____

_____

_____

_____

_____

_____

_____

_____

_____

_____

_____

Exams

Unités 5–8

Leçons 5A–8B

EXAM II

---

1 **Questions et réponses** A few friends are discussing their likes and dislikes about vacations. Listen to the questions, and then choose the most logical response for each. (10 × 1 pt. each = 10 pts.)

1. Jeanine parle des vacances d'été avec Antoine.
   a. La Chine est un pays intéressant.
   b. Je vais passer deux semaines là-bas.
   c. Il me faut un passeport.

2. Jeanine continue à poser des questions.
   a. Il faut acheter un billet aller-retour.
   b. Je vais prendre l'avion, bien sûr!
   c. J'ai déjà fait mes valises.

3. Elle a une dernière question.
   a. Non, je ne parle pas anglais.
   b. Oui, je voyage en bateau.
   c. Oui, j'ai visité Berlin l'année dernière.

4. Maintenant, Antoine lui pose une question.
   a. Je préfère aller à la campagne.
   b. Je vais faire un séjour en station de ski.
   c. Oui, mais les auberges coûtent moins cher.

5. Jean-Michel parle de vacances.
   a. J'ai visité la Belgique l'année dernière.
   b. J'ai envie de visiter le Canada.
   c. J'ai vraiment envie d'aller en Irlande.

6. Jean-Michel a une question pour Antoine.
   a. Oui, parce que les gares sont souvent au centre-ville.
   b. Oui, c'est pratique de rouler en voiture.
   c. Oui, c'est bien pour les congés.

7. Samuel parle des vacances d'été avec Dorothée.
   a. Je suis canadienne.
   b. Je suis arrivée il y a une semaine.
   c. J'ai toujours aimé l'Espagne.

8. Samuel continue à poser des questions.
   a. Oui, j'adore les aéroports.
   b. Non, je n'aime pas rouler en voiture.
   c. Oui, j'ai déjà acheté mon billet de train.

9. Il a une dernière question.
   a. Oui, j'adore la capitale, Barcelone.
   b. Oui et j'ai pratiqué mon espagnol.
   c. Non, je ne sais pas parler italien.

10. Dorothée et Vincent lui posent une question.
    a. Pas du tout! J'aime bronzer à la plage.
    b. Bien sûr! Je vais souvent en Floride.
    c. Non, je préfère aller au ski.

---

2 **Que font-ils?** For each illustration, write one sentence to say what sport or activity the people are doing and one to make a statement about the weather or the season. Do *not* use the same expression twice. (4 × 1 pt. each = 4 pts.)

1. 2. 3. 4.

1. _____
   _____

2. _____
   _____

3. _____

4. _____

Unités 5–8 Exam II

3 **Le ménage** For each photo, write two sentences, one indicating what the person is doing, the other telling where the person is, or what item or appliance he or she is using (if applicable). (4 × 1 pt. each = 4 pts.)

 1.    2.    3.    4.

1. _____   3. _____

  _____   _____

2. _____   4. _____

  _____   _____

4 **Quel verbe?** Complete each sentence with the appropriate present-tense form of the most logical verb from the list. (8 × 0.5 pt. each = 4 pts.)

célébrer	emmener	envoyer	protéger
considérer	employer	payer	répéter

1. Pour pratiquer mon français, je _____ souvent des phrases à voix haute.

2. Tu _____ ta copine au restaurant ce week-end pour fêter son anniversaire?

3. Ce soir, on _____ le mariage de Marguerite et Ahmed.

4. Xavier et moi, nous _____ Richard comme un ami de la famille.

5. Bien sûr, les parents _____ leurs enfants de tout danger possible.

6. Le restaurant _____ beaucoup d'étudiants pendant l'été.

7. Combien est-ce que vous _____ pour ce voyage?

8. Pauline _____ des cadeaux à sa famille à toutes les grandes occasions.

5 **Complétez** Complete the sentences with the correct present-tense form of the verb in parentheses. (7 × 1 pt. each = 7 pts.)

1. Tu _____ (sourire) plus aux gens (*people*).

2. Je _____ (répondre) poliment (*politely*) à mes parents.

3. Christian _____ (ne pas perdre) tout son temps au café.

4. Nous _____ (mettre) des fleurs sur la table pour le dîner.

5. Guillaume et Jacques _____ (dormir) plus.

6. Marc et toi, vous _____ (rendre) visite à ta grand-mère à l'hôpital.

7. Les restaurants de la ville _____ (servir) de la cuisine plus saine (*healthy*).

6 **Hier** Say what various people did yesterday by completing the sentences with the **passé composé** of the verb in parentheses. (8 × 1 pt. each = 8 pts.)

1. Hier, Frédéric et Raphaël _____ (faire) une surprise à leur mère.

2. Hier, Élise _____ (commencer) ses devoirs pour le cours de français.

3. Hier, tu _____ (réussir) à comprendre la leçon de chimie, n'est-ce pas?

4. Hier, Robert et moi, nous _____ (boire) du champagne pour célébrer notre mariage.

5. Hier, vous _____ (regarder) une série à la télévision parce qu'il _____ (pleuvoir) toute la journée.

6. Hier, je/j'_____ (avoir) très sommeil. Je/J'_____ (dormir) tout l'après-midi.

7 **Le week-end dernier** Magali is writing an e-mail to Delphine talking about the weekend she spent at her cousin's in Lyon. Complete her story in the **passé composé**. (10 × 0.5 pt. each = 5 pts.)

Salut Delphine,

Ça va? Moi, ça va plutôt bien. Le week-end dernier, je (1) _____ (aller) à Lyon où je (2) _____ (rester) chez ma cousine, Lucie. Nous (3) _____ (passer) chez son nouveau petit ami, Ahmed. Il est super sympa. Tu sais où il (4) _____ (naître)? Au Maroc. Il (5) _____ (arriver) en France après la mort de sa mère. Malheureusement, elle (6) _____ (mourir) assez jeune. Elle avait cinquante-cinq ans. C'est triste. Mais il aime bien la France. Lucie (7) _____ (faire) sa connaissance à Paris. Ils (8) _____ (monter) dans le même (same) train. Puis, Ahmed (9) _____ (descendre) la valise de Lucie. Gentil, n'est-ce pas? Après ça, ils (10) _____ (tomber) amoureux l'un de l'autre (each other). C'est romantique, n'est-ce pas? (À suivre...)

8 **Toujours des questions** Your parents are making sure you've done everything you're supposed to do. Reassure them in your responses using indirect object pronouns. Pay attention to verb tenses. (5 × 1 pt. each = 5 pts.)

> **Modèle**
>
> Est-ce que tu vas prêter ton ordinateur à ton frère?
> Oui, je vais lui prêter mon ordinateur.

1. Est-ce que tu as parlé à tes professeurs? Oui, je _____.

2. Est-ce que tu vas envoyer un message à ta tante? Oui, je _____ un message.

3. Est-ce que tu as donné le cadeau à tes grands-parents? Oui, je _____ le cadeau.

4. Est-ce que tu achètes des livres à tes sœurs? Oui, je _____ des livres.

5. Est-ce que tu as montré les photos à Madame Dupont? Non, je _____ les photos.

Exams

9   **Du travail** You and your roommate are getting ready for a surprise party for Olivier. You keep asking each other about various tasks. Answer each question using object pronouns. Use the underlined phrases as cues. (4 × 1 pt. each = 4 pts.)

—Tu as rangé le salon?

—Non, mais je vais (1) _____ .

—Tu as sorti les poubelles?

—Oui, je (2) _____ .

—Tu as essuyé la table?

—Je (3) _____ tout de suite.

—Tu as fait la lessive?

—Oui, je (4) _____ .

10   **Le week-end dernier** Magali continues her letter to Delphine. Complete her story in the **imparfait**. (8 × 0.5 pt. each = 4 pts.)

Samedi matin chez Lucie, nous avons fait des projets pour la journée. Je lui ai dit que j' (1) _____ (avoir) envie de faire du shopping dans la rue Mazarin et de manger quelque chose dans le petit restaurant lyonnais, Chez Josette et Pierre-Yves. Nous (2) _____ (aller) partir à midi et demie. Ahmed (3) _____ (être) là, lui aussi, mais il (4) _____ (préférer) rester chez Lucie parce qu'il (5) _____ (préparer) un examen de philosophie important. Ma cousine et moi, nous (6) _____ (ne pas savoir) quoi faire: attendre Ahmed ou partir sans lui? Finalement, comme je (7) _____ (commencer) à avoir très faim, nous sommes parties à midi pendant qu'Ahmed, étudiant brillant et sérieux, (8) _____ (finir) ses devoirs.

(À suivre...)

11   **Causes et conséquences** Various people explain what happened. Express this by completing the sentences with the correct form of the verbs in parentheses. Use the **imparfait** and the **passé composé**. (6 × 1 pt. each = 6 pts.)

1. Comme elle _____ (dîner) chez vous, vous _____ (faire) des steaks.

2. Le garage _____ (être) très sale, alors il l' _____ (nettoyer).

3. L'ascenseur _____ (ne pas marcher), alors les clients _____ (prendre) l'escalier pour monter au cinquième étage.

4. Comme tu _____ (connaître) bien le quartier, tu _____ (faire) une description détaillée.

5. Elle _____ (ne pas savoir) utiliser son plan, alors elle _____ (demander) de l'aide à un commerçant.

6. Nous _____ (dire) au revoir à Patrick parce que son train _____ (arriver) en gare.

12 **Des détails** Give more details about these situations. Form an adverb with the adjective in parentheses and add it to the sentence. (6 x 1 pt. each = 6 pts.)

> **Modèle**
> Ces pêches ont l'air délicieuses! (absolu)
> *Ces pêches ont l'air absolument délicieuses!*

1. Tout le monde va bien! (heureux)

   _____

2. Ce menu est original. (vrai)

   _____

3. Vous attendez dans la gare. (patient)

   _____

4. Tu as rangé l'appartement pour la visite de mes parents? (complet)

   _____

5. Cette librairie est trop chère. (franc)

   _____

6. Ce week-end, à la plage, nous avons bronzé. (rapide)

   _____

13 **Le week-end dernier** Magali finishes her letter to Delphine. Complete her story using the **imparfait** or the **passé composé**. (12 × 1 pt. each = 12 pts.)

Il (1) _____ (pleuvoir) quand on (2) _____ (quitter) l'appartement. Alors, nous (3) _____ (prendre) un taxi pour aller au restaurant. Nous (4) _____ (avoir) très faim toutes les deux. Nous (5) _____ (vite choisir) ce que (what) nous (6) _____ (aller) prendre. La serveuse (7) _____ (arriver) tout de suite et nous (8) _____ (prendre) deux plats du jour (daily specials) et deux bouteilles d'eau minérale. On (9) _____ (manger) déjà quand Ahmed (10) _____ (arriver). Ses devoirs finis, il (11) _____ (avoir) le temps de manger avec nous! C' (12) _____ (être) vraiment un week-end agréable!

Bisous,
Magali

14 **Chez nous** You and your family are hosting an exchange student this year. Write him or her a letter of at least five complete sentences to describe holidays, parties, or celebrations you usually have during the year. Also mention what the weather is like throughout the year so he or she has a better idea of what types of clothing to bring. (4 pts. for vocabulary + 4 pts. for grammar + 2 pts. for style and creativity = 10 pts.)

_____

_____

_____

_____

_____

_____

_____

_____

_____

_____

_____

_____

15 **À vous!** In a paragraph of at least five sentences, write about a "dream" weekend off that you had. Imagine that money was no limit. Did you go abroad? Where? How did you get there? What did you do while there? (5 pts. for vocabulary + 4 pts. for grammar + 2 pts. for style and creativity = 11 pts.)

_____

_____

_____

_____

_____

_____

_____

_____

Unités 1–8

Leçons 1A–8B

EXAM I

1 **À l'écoute** Look at the four photos. You will hear various people make comments or ask questions. Select the scene that most logically goes with each comment or question. (10 × 1 pt. each = 10 pts.)

A.

B.

C.

D.

1. A B C D
2. A B C D
3. A B C D
4. A B C D
5. A B C D

6. A B C D
7. A B C D
8. A B C D
9. A B C D
10. A B C D

2 **Au café** Delphine and Valentine are at a café. Complete their conversation with the correct definite, indefinite, or partitive article. (8 × 0.5 pt. each = 4 pts.)

VALENTINE Alors, qu'est-ce que tu prends, Delphine, (1) _____ chocolat ou

(2) _____ café?

DELPHINE Je préfère (3) _____ chocolat aujourd'hui. Et toi?

VALENTINE Je n'ai pas très soif, mais j'ai un peu faim. Je prends (4) _____ frites.

DELPHINE C'est tout? Tu n'as pas envie (5) _____ soupe?

VALENTINE Non, je n'aime pas tellement (6) _____ soupe. Mais je vais peut-être prendre

(7) _____ croissant avec (8) _____ beurre.

3   **On est occupé** Everyone is busy today. Express this by completing each sentence with the appropriate form of the most logical verb. (8 × 1 pt. each = 8 pts.)

1. François _____ sa copine après les cours. (attendre / entendre)

2. Nous _____ à l'examen. (perdre / penser)

3. Paul et Thomas _____ l'anniversaire de Marie ce soir. (fêter / grossir)

4. Moi, je _____ visite à ma tante Béatrice. (rendre / réussir)

5. Tu _____ l'après-midi au centre commercial. (tomber / passer)

6. Jean-Luc _____ ses devoirs. (finir / rencontrer)

7. Nous _____ à nos e-mails tous les soirs. (maigrir / répondre)

8. Anna et Frédéric _____ leurs cours pour le semestre prochain. (choisir / penser)

4   **Toujours tort** Raphaël always gets information wrong. Reply to each of his questions in a sentence with the correct form of the adjectives in parentheses. (4 × 1 pt. each = 4 pts.)

Modèle

Ta maison est petite et blanche? (grand / gris) Mais non, j'ai une grande maison grise.

1. Ton ordinateur est nouveau et noir? (vieux / bleu) _____

2. Tes sœurs sont paresseuses et méchantes? (travailleur / gentil) _____

3. Ta voisine est sympathique et intéressante? (pénible / ennuyeux) _____

4. Ses cheveux sont longs et châtains? (court / blond) _____

5   **Comment décrit-on...?** Look at the two photos. Then describe the scenes by completing each sentence with c'est, il est, or elle est. (6 × 1 pt. each = 6 pts.)

1. _____ actif.

2. _____ un nouveau vélo.

3. _____ un vélo anglais.

4. _____ serveuse.

5. _____ française.

6. _____ jeune et travailleuse.

6 Complétez Complete each of these sentences with the correct form of être, avoir, faire, or aller. (6 × 1 pt. each = 6 pts.)

1. Ton colocataire _____ l'air triste aujourd'hui.

2. Mais non, il _____ très bien.

3. Tes frères _____ quinze ans maintenant?

4. Quel jour _____-nous?

5. Vous _____ la cuisine ce soir?

6. Comment _____-vous, monsieur?

7 Toujours occupé Say what various people are busy doing tonight. Use the correct form of the verb in parentheses. (6 × 1 pt. each = 6 pts.)

1. Élisa _____ (promettre) de faire ses devoirs.

2. Fahrid et Olivier _____ (sortir) en boîte.

3. J' _____ (acheter) un nouveau manteau.

4. Votre séjour à la montagne _____ (finir) sous la pluie.

5. Vous _____ (essayer) de faire une réservation pour cet hôtel.

6. Nathan _____ (partir) visiter son frère à Paris.

8 Il a tort There was a road race yesterday. Later, the first place winner was disqualified. Adjust everyone's results by moving them up one place and writing the correct ordinal number in the space. (3 x 1 pt. each = 3 pts.)

1. Daniel est arrivé douzième? Non, il est arrivé _____

2. Mehdi est arrivé sixième? Non, il est arrivé _____

3. Bernard est arrivé deuxième? Non, il est arrivé _____

9 Descriptions Complete these descriptions with ce, cet, cette, or ces. (5 × 1 pt. each = 5 pts.)

1. Est-ce que vous aimez _____ gâteau?

2. _____ chaussures sont nouvelles.

3. _____ homme a soixante ans.

4. Qui t'a acheté _____ cadeaux?

5. _____ montre est vieille.

Unités 1–8 Exam I   **251**

10 **Le week-end dernier** Say what various people did last weekend. Use the **passé composé** of the verbs in parentheses. (8 x 1 pt. each = 8 pts.)

1. Hélène et Nicole _____ (aller) à Paris.

2. Elle _____ (finir) de visiter le musée.

3. Toi, Romain, tu _____ (rendre) visite à Anne-Marie?

4. Malika _____ (sortir) avec André.

5. Je/J' _____ (avoir) un problème avec mon ordinateur.

6. Nous _____ (emmener) les enfants à la plage.

7. Nouredine _____ (tomber) de son vélo.

8. Vous _____ (ne pas essayer) le nouveau restaurant.

11 **Déjà fait** Complete the responses to each of these questions using a direct or indirect object pronoun. (8 x 1 pt. each = 8 pts.)

1. —Tu écris des e-mails à tes parents?

   —Oui, je _____ écris des e-mails.

2. —Tu vas lire ce livre?

   —Oui, je vais _____ lire.

3. —Tu as entendu la nouvelle?

   —Non, je ne _____ ai pas entendue.

4. —Tu as rendu visite à Alice?

   —Oui, je _____ ai rendu visite.

5. —Tu nous écoutes, Pierre?

   —Oui, je _____ écoute.

6. —Tu as appelé ta tante?

   —Non, je ne _____ ai pas appelée.

7. —Tu m'achètes un cadeau?

   —Oui, je _____ achète un cadeau.

8. —Tu va retrouver tes copains au café?

   —Non, je vais _____ retrouver à la bibliothèque.

Exams

12 **Les soldes d'hiver**   Pilar is remembering how she loved to go shopping with her friends at the winter sales in Paris. Complete her story in the **imparfait**. (8 x 1 pt. each = 8 pts.)

Quand j' (1) _____ (habiter) à Paris, j'(2) _____ (aller) chaque

année faire les soldes d'hiver avec mes copines Sabine et Manou. Nos magasins préférés

(3) _____ (vendre) alors des vêtements fabuleux à bon marché. En général, nous

(4) _____ (acheter) des cadeaux pour toute la famille, une cravate pour papa, des

gants pour mamie, un pull pour le grand frère... Souvent, nous (5) _____ (faire) une

pause chez Philippe et Candy. Ils nous (6) _____ (servir) un bon chocolat chaud et

hop, nous (7) _____ (repartir) avec énergie. On (8) _____ (finir)

la journée super fatiguées, mais contentes!

13 **Des pronoms**   Rewrite the sentences replacing the nouns underlined with pronouns.
(3 x 2 pts. each = 6 pts.)

1. <u>Mes parents</u> sont fiers de <u>mon frère</u>.

   _____

2. <u>Caroline</u> travaille pour <u>Monsieur et Madame Lévesque</u>.

   _____

3. <u>Paul</u> va chez <u>Carine</u>.

   _____

14 **Parce que...**   Write a logical explanation for each statement. Use **savoir** or **connaître** in each response.
(8 x 1 pt. each = 8 pts.)

1. Mon frère ne dîne jamais chez lui.

   _____

2. Mes parents n'aiment pas aller au parc.

   _____

3. Bernard rend visite à ses beaux-parents et il s'inquiète.

   _____

4. Les touristes sont perdus.

   _____

5. Michèle patine pour la première fois. Elle tombe souvent.

   _____

6. Gwen Stefani va sortir avec mon oncle.

   _____

7. Personne n'a parlé aux nouveaux élèves.

   _____

8. Nous regardons la carte de l'Europe.

   _____

15 **Chez vous** Which household chores were you expected to do when you were younger? Which ones were your siblings responsible for? Write a description of who in your family did what. Include an example of something funny or upsetting that happened to someone one day while working around the house. Use the **passé composé** and the **imparfait** at least three times each in your description. (4 pts. for grammar + 3 pts. for vocabulary + 3 pts. for style and creativity = 10 pts.)

_____

_____

_____

_____

_____

_____

_____

_____

_____

_____

_____

_____

_____

_____

_____

_____

_____

_____

_____

_____

_____

_____

_____

_____

Unités 1–8

Leçons 1A–8B

EXAM II

1   **À l'écoute** Look at the four photos. You will hear various people make comments or ask questions. Select the scene that most logically goes with each comment or question. (10 × 1 pt. each = 10 pts.)

A.

B.

C.

D.

1. A	B	C	D		
2. A	B	C	D		
3. A	B	C	D		
4. A	B	C	D		
5. A	B	C	D		

6. A	B	C	D
7. A	B	C	D
8. A	B	C	D
9. A	B	C	D
10. A	B	C	D

2   **Au café** Joseph and Ahmadou are at a café. Complete their conversation with the correct definite, indefinite, or partitive article. (8 × 0.5 pt. each = 4 pts.)

JOSEPH Alors, tu prends quoi, Ahmadou, (1) _____ thé ou (2) _____ limonade?

AHMADOU Je préfère (3) _____ limonade aujourd'hui. Et toi?

JOSEPH Moi, je n'ai pas très soif, mais j'ai très faim. Je prends (4) _____ soupe et

(5) _____ sandwich au jambon.

AHMADOU Tu ne prends pas (6) _____ frites avec le sandwich?

JOSEPH Non, je n'aime pas tellement (7) _____ frites.

AHMADOU Bon. Où est (8) _____ serveur?

3 **On est occupé** Everyone is busy today. Express this by completing each sentence with the appropriate form of the most logical verb. (8 × 1 pt. each = 8 pts.)

1. Vous _____ le train pour aller en Allemagne. (prendre / sourire)

2. Moi, je _____ de vacances demain. (rentrer / conduire)

3. Le matin, nous _____ le café de maman. (dormir / sentir)

4. Juliette _____ de la salade et des pommes de terre. (partir / servir)

5. Jean-François est tombé amoureux d'Isabelle. Il la/l' _____. (épouser / divorcer)

6. Tu _____ ta copine à la fête jeudi soir? (emmener / apporter)

7. Les filles _____ quand il fait chaud. (patiner / nager)

8. Daniel _____ sa voiture à son frère. (prêter / permettre)

4 **Toujours tort** Emma always gets information wrong. Reply to each of her questions in a sentence with the correct form of the adjectives in parentheses. (4 × 1 pt. each = 4 pts.)

> **Modèle**
>
> Ton chien est grand et noir? (petit / brun) **Mais non, j'ai un petit chien brun.**

1. Ta tante est grande et blonde? (petit / roux) _____

   _____

2. Tes livres sont nouveaux et utiles? (vieux / inutile) _____

   _____

3. Ton appartement est laid et cher? (beau / bon marché) _____

   _____

4. Tes cousines sont drôles et vieilles? (sérieux / jeune) _____

   _____

5 **Comment décrit-on...?** Look at the two photos. Then describe the scenes by completing each sentence with **c'est**, **il est**, or **elle est**. (6 × 1 pt. each = 6 pts.)

1. _____ un vélo cher.

2. _____ rapide.

3. _____ sportif.

4. _____ française.

5. _____ une athlète.

6. _____ sympa et sérieuse.

Exams

6 **Complétez** Complete each sentence with the correct form of **être**, **avoir**, **faire**, or **aller**. (6 × 1 pt. each = 6 pts.)

1. Je _____ de l'aérobic le samedi.

2. Vous _____ dentiste, n'est-ce pas?

3. Et toi, _____-tu en ville cet après-midi?

4. Nous _____ faim et soif.

5. Est-ce que vous _____ des frères et sœurs?

6. Aymeric et moi, nous _____ de la planche à voile cet été.

7 **Toujours occupé** Say what various people are busy doing tonight. Use the correct form of the verb in parentheses. (6 × 1 pt. each = 6 pts.)

1. Tu _____ (répéter) constamment pour le récital.

2. Moi, je _____ (partir) en vacances demain.

3. Adèle et moi, nous _____ (réfléchir) à nos projets de vacances.

4. Monsieur Ducharme _____ (ne pas sourire).

5. Est-ce que vous _____ (vendre) votre maison?

6. Ils _____ (envoyer) leurs enfants faire un séjour en Angleterre.

8 **Elle a tort** There was a road race yesterday. Later, the first place winner was disqualified. Adjust everyone's results by moving them up one place and writing the correct ordinal number in the space. (3 × 1 pt. each = 3 pts.)

1. Nora est arrivée troisième? Non, elle est arrivée _____.

2. Aurélie est arrivée cinquième? Non, elle est arrivée _____.

3. Asta est arrivée neuvième? Non, elle est arrivée _____.

9 **Descriptions** Complete these descriptions with **ce**, **cet**, **cette**, or **ces**. (5 x 1 pt. each = 5 pts.)

1. Est-ce qu'ils vont aimer _____ surprise?

2. _____ lunettes sont jolies.

3. _____ hôtel est bon marché.

4. Qui t'a donné _____ chien?

5. _____ robe est trop chère.

10 **Samedi dernier** Say what various people did last Saturday. Use the **passé composé** of the verbs in parentheses. (8 × 1 pt. each = 8 pts.)

1. Je/J' _____ (partir) skier avec des copains.

2. Zaïna _____ (réussir) à marcher 15 kilomètres.

3. Vous _____ (aller) au cinéma avec votre mari, Madame Duquesne?

4. Nous _____ (écrire) une lettre à nos grands-parents.

5. Ahmed _____ (ne pas acheter) de CD.

6. Vous _____ (prendre) le train de dix heures.

7. Est-ce que tu _____ (dormir) tard?

8. Robert et Michelle _____ (choisir) un hôtel pour leur séjour à Londres.

11 **Déjà fait** Complete the responses to each of these questions using a direct or indirect object pronoun. (8 × 1 pt. each = 8 pts.)

1. —Tu as fait les valises?

   —Oui, je _____ ai faites.

2. —Tu nous as entendus?

   —Oui, je _____ ai entendus.

3. —Tu parles à ta mère?

   —Non, je ne _____ parle pas.

4. —Tu vas envoyer des e-mails à Sylvie et à Christophe?

   —Oui, je vais _____ envoyer des e-mails.

5. —Tu me téléphones ce soir?

   —Non, je _____ téléphone demain.

6. —Tu as emmené Charlotte au cinéma?

   —Oui, je _____ ai emmenée au cinéma.

7. —Tu vas prêter ta voiture à tes cousins?

   —Non, je ne vais pas _____ prêter ma voiture.

8. —Tu apportes le champagne à la fête?

   —Oui, je _____ apporte à la fête.

Exams

12 **Chez tante Yvonne** Léonard is remembering how he and his sister Romane used to spend time at their aunt's house in the mountains. Complete his story in the **imparfait**. (8 x 1 pt. each = 8 pts.)

Quand on (1) _____ (avoir) envie d'aller aux sports d'hiver, nous

(2) _____ (partir) visiter tante Yvonne dans les Alpes. Elle nous

(3) _____ (recevoir) toujours avec plaisir. Toi et moi, nous (4) _____

(faire) beaucoup de ski là-bas! Souvent le matin, je (5) _____ (conduire) prudemment

jusqu'au (*to the*) village et j' (6) _____ (acheter) les croissants. Le soir, tante Yvonne et

toi, vous (7) _____ (jouer) aux cartes, mais elle (8) _____ (gagner)

presque à chaque fois!

13 **Des pronoms** Rewrite the sentences replacing the nouns underlined with pronouns.
(3 × 2 pts. each = 6 pts.)

1. Virginie et Émilie vont chez Matthieu ce soir.

    _____

2. Nicolas est près de ses cousins.

    _____

3. Les professeurs sont devant les étudiantes.

    _____

14 **Parce que...** Write a logical explanation for each statement. Use **savoir** or **connaître** in each response.
(8 x 1 pt. each = 8 pts.)

1. Henri rend visite à ses cousins suisses et il s'inquiète.

    _____

2. Les touristes sont complètement perdus.

    _____

3. Mes parents ne mangent jamais chez eux.

    _____

4. Mes grands-parents n'aiment pas aller au centre-ville.

    _____

5. Viviane n'a pas parlé au nouvel élève.

    _____

6. Nous regardons la carte de la France.

    _____

7. Gérard fait du ski pour la première fois. Il vient de tomber.

    _____

8. Ta tante va sortir avec Tom Hanks.

    _____

15 **Une fois** Write a paragraph describing a funny or upsetting situation that happened to you or someone in your family one day while working around the house. Provide as many details as possible to set the scene. Use the **passé composé** and the **imparfait** at least three times each in your paragraph. (4 pts. for grammar + 3 pts. for vocabulary + 3 pts. for style and creativity = 10 pts.)

_____

_____

_____

_____

_____

_____

_____

_____

_____

_____

_____

_____

_____

_____

_____

_____

_____

_____

_____

_____

_____

_____

_____

_____

_____

Unité 1
Leçon 1A
LESSON TEST I
1. Comment t'appelles-tu?
   Je m'appelle Isabelle.
2. Merci, Madame.
   Je vous en prie.
3. Au revoir. À demain.
   Oui, à demain.
4. Merci, Mademoiselle.
   Il n'y a pas de quoi, Monsieur.
5. Bonjour, Madame. Je vous présente Pierre Dupin.
   Enchantée.
6. Bonne journée.
   Merci. À bientôt.

LESSON TEST II
1. Ça va, Marie?
   Oui, ça va très bien, merci.
2. Merci, Ousmane.
   De rien, Véronique.
3. Bonjour, Monsieur. Je vous présente Léa Deschênes.
   Enchantée.
4. À plus tard, Mélanie!
   À tout à l'heure, Jérôme!
5. Comment allez-vous?
   Bien, merci.
6. Comment vous appelez-vous?
   Je m'appelle Virginie. Et vous?

Leçon 1B

LESSON TEST I
1. Qui est-ce?
2. Qu'est-ce que c'est?
3. Comment allez-vous?
4. Comment t'appelles-tu?
5. Il y a combien de filles dans la classe?
6. Tu es suisse?

LESSON TEST II
1. Comment est-il?
2. Tu es de quelle origine?
3. Vous êtes canadien?
4. Henri est sympa?
5. Qu'est-ce que c'est?
6. Qui est-ce?

Unité 2
Leçon 2A
LESSON TEST I
1. FRANÇOISE Aimes-tu travailler?
   JULIEN Non, je n'aime pas tellement travailler.
2. JULIEN Qu'est-ce que tu cherches?
   FRANÇOISE Je cherche ma calculatrice.
3. FRANÇOISE Est-ce que tu aimes parler français?
   JULIEN Oui, mais j'aime mieux parler anglais.
4. FRANÇOISE Qu'est-ce que tu aimes étudier, Julien?
   JULIEN J'adore l'informatique. Et toi?
   FRANÇOISE Moi, j'aime mieux la chimie et la physique.
5. JULIEN Françoise, où est Caroline?
   FRANÇOISE Elle est à la bibliothèque.
   JULIEN Elle étudie?
   FRANÇOISE Non, elle retrouve un copain.

LESSON TEST II
1. ALINE Matthieu, tu aimes les mathématiques, n'est-ce pas?
   MATTHIEU Non, je n'aime pas tellement les mathématiques.
2. ALINE Qu'est-ce que tu aimes mieux étudier?
   MATTHIEU J'adore les langues étrangères. Et toi?
   ALINE Moi, j'aime mieux l'histoire et la géographie.
3. ALINE Est-ce que tu penses que c'est facile d'être reçu à l'examen de psychologie?
   MATTHIEU Oui, je pense que c'est très facile.
4. ALINE Où est Olivier?
   MATTHIEU Il est au resto U.
   ALINE Il mange?
   MATTHIEU Non, il retrouve Aya. Ils étudient pour l'examen d'anglais.
5. MATTHIEU Aimes-tu manger au resto U?
   ALINE Non, pas tellement. J'aime mieux manger au café. Et toi?
   MATTHIEU Moi, j'adore manger au resto U. C'est délicieux!

Leçon 2B
LESSON TEST I
1. ANNE-LAURE À quelle heure est le film, Patrick?
   PATRICK À seize heures quarante-cinq.
2. ANNE-LAURE Eh Christine, tu as ton examen aujourd'hui?
   CHRISTINE Non, j'ai mon examen mercredi.
3. ANNE-LAURE Dis Étienne, quel jour sommes-nous?

Listening Scripts

ÉTIENNE C'est vendredi. Pourquoi?
ANNE-LAURE Super! Demain c'est samedi—
et c'est le week-end!

4. ANNE-LAURE Imad, tu étudies avec moi ce soir?
IMAD À quelle heure?
ANNE-LAURE À 7h30.
IMAD Pas aujourd'hui. J'ai rendez-vous avec
Abdul. Demain?
ANNE-LAURE D'accord pour demain.

5. ANNE-LAURE Vivienne, tu travailles ce
week-end?
VIVIENNE Oui, malheureusement.
ANNE-LAURE Pourquoi malheureusement?
VIVIENNE Parce que j'ai envie de retrouver
mes copains au parc.

LESSON TEST II

1. CHRISTOPHE Quel jour sommes-nous,
Faustin?
FAUSTIN C'est mercredi.
CHRISTOPHE Zut! L'examen de philosophie,
c'est demain!

2. CHRISTOPHE Jeanne, est-ce que Frédéric a
une bourse?
JEANNE Non, il n'a pas de bourse. Et toi?
CHRISTOPHE Oui, j'ai une bourse. J'ai de la
chance.

3. CHRISTOPHE Laure, à quelle heure est-ce
que le cours de géographie commence?
LAURE À huit heures cinq.

4. CHRISTOPHE Lise, tu retrouves des amis au
parc avec moi?
LISE Oui, bonne idée. À quelle heure?
CHRISTOPHE Après les cours. 16h45?
LISE D'accord. À tout à l'heure!

5. CHRISTOPHE Dis, Luc, j'ai besoin d'étudier.
Et toi?
LUC Oui, j'ai un examen demain.
CHRISTOPHE Bon. On a rendez-vous à la
bibliothèque à dix heures. D'accord?
LUC C'est parfait!

Unité 3
Leçon 3A
LESSON TEST I

Bonjour! Je m'appelle Madame Dostert. À l'origine,
je suis de Lyon, en France. Maintenant, j'habite ici, à
Chicago. Je suis veuve. J'ai trois enfants: deux filles et
un fils. Et j'ai aussi quatre petits-enfants. Je suis l'aînée
de ma famille: j'ai un frère cadet et une sœur cadette.
Je n'ai pas de chien parce que mon appartement est
trop petit, mais j'ai deux chats et un oiseau.

LESSON TEST II

1. Est-ce que vous avez des frères ou des sœurs?
2. C'est le fils de votre sœur sur cette photo?
3. Est-ce que vous avez des poissons?
4. Est-ce que votre frère est marié?
5. Vos nouveaux voisins sont sympas?
6. Comment est votre sœur?

Leçon 3B
LESSON TEST I

1. ISABELLE C'est qui sur cette photo?
PIERRE C'est ma tante.
ISABELLE Elle est gentille?

2. ISABELLE Où habite-t-elle?
PIERRE À Montréal.
ISABELLE Elle est canadienne?

3. ISABELLE Est-ce qu'elle travaille à Montréal?
PIERRE Oui, bien sûr.
ISABELLE Que fait-elle?

4. ISABELLE Elle est mariée?
PIERRE Non, elle est veuve.
ISABELLE Elle est active?

5. ISABELLE Elle a des enfants?
PIERRE Oui, deux fils et trois filles.
ISABELLE Comment sont-ils?

LESSON TEST II

1. Où est votre sac à dos?
2. Comment est votre belle-mère?
3. Comment est le propriétaire du café?
4. Où sont vos copains?
5. Comment sont vos nouveaux voisins? Ils sont
sympathiques?

Unité 4
Leçon 4A
LESSON TEST I

1. Nicole and Christian are on their way to class.
Nicole asks:
Est-ce que le bus est à l'heure aujourd'hui?

2. Nicole wants to know about Christian's plans
after morning classes. She asks:
Où vas-tu déjeuner?

3. Nicole wants a little more information. She asks:
Combien d'argent as-tu?

4. Nicole asks about Christian's family. She asks:
Pourquoi ton frère Jérôme va-t-il à la piscine?

5. Nicole continues to ask about his family. She asks:
Et ta sœur va visiter Paris, non?

6. Nicole has lost track of time. She asks:
   Quel jour sommes-nous?

LESSON TEST II

1. Joseph calls Marika just before they are supposed to meet up. Joseph asks:
   Est-ce que tu es à l'heure aujourd'hui?
2. They meet, and now Joseph wants to know about Marika's plans. He asks:
   Où est-ce que tu vas dîner?
3. Joseph wants even more information. He asks:
   Quand est-ce que le film commence ce soir?
4. Joseph asks about Marika's family. He asks:
   Avec qui est-ce que ta sœur a rendez-vous?
5. Joseph continues to ask about her family. He asks:
   Ton frère habite à Montréal, non?
6. Joseph has now completely lost track of time. He asks:
   Quel jour sommes-nous?

Leçon 4B

LESSON TEST I

1. Anaïs est au café. Le serveur arrive.
   SERVEUR Vous désirez, Mademoiselle?
   ANAÏS Un sandwich au fromage, s'il vous plaît.
   SERVEUR Et comme boisson?
2. Monsieur et Madame Foussereau sont au café.
   SERVEUR Vous désirez?
   M. FOUSSEREAU Je voudrais de la pizza et un café.
   SERVEUR Et pour vous, Madame?
   MME FOUSSEREAU Une limonade, s'il vous plaît.
   SERVEUR Quelque chose à manger?
3. Hassan et Gaëtan regardent dans le réfrigérateur.
   HASSAN Qu'est-ce qu'il y a dans le réfrigérateur?
   GAËTAN Il y a du pain, du beurre, du jambon…
   HASSAN Il y a quelque chose à boire?
4. Nathalie et Inès préparent un pique-nique.
   NATHALIE Qu'est-ce qu'il y a pour préparer des sandwichs?
   INÈS Il y a du fromage et du jambon.
   NATHALIE Et comme boisson?
5. Stéphanie et Roger mangent à sept heures du matin.
   ROGER Du café?
   STÉPHANIE Oui, donne-moi une tasse de café, s'il te plaît.
   ROGER Et il y a quelques croissants aussi.

LESSON TEST II

1. Geoffroy est au café. La serveuse arrive.
   SERVEUSE Vous désirez, Monsieur?
   GEOFFROY Un croissant, s'il vous plaît.
   SERVEUSE Et comme boisson?
2. Monsieur et Madame Ouellette sont au café.
   SERVEUR Vous désirez?
   M. OUELLETTE Je voudrais un sandwich au fromage et une limonade.
   SERVEUR Et pour vous, Madame?
   MME OUELLETTE Un thé, s'il vous plaît.
   SERVEUR Quelque chose à manger?
3. Sabine et Zoé préparent le déjeuner.
   SABINE Est-ce qu'il y a des baguettes pour des sandwichs?
   ZOÉ Oui. Et il y a aussi du jambon et du fromage.
   SABINE Et qu'est-ce qu'on boit?
4. Simone et Alexie prennent le petit-déjeuner.
   SIMONE Du jus d'orange?
   ALEXIE Non, merci. Donne-moi du jus de pomme, s'il te plaît.
   SIMONE Il y a aussi quelques croissants.
5. Benoît et Arnaud regardent dans le réfrigérateur.
   BENOÎT Qu'est-ce qu'il y a dans le réfrigérateur?
   ARNAUD Il y a du lait, de l'eau minérale, de la limonade…
   BENOÎT Il y a quelque chose à manger?

Unité 5
Leçon 5A

LESSON TEST I

1. Mmm… Ça sent bon. Qu'est-ce que c'est?
2. Que fait ta tante Véronique?
3. Avec qui est-ce que tu sors maintenant?
4. Que font Marc et Thomas au stade?
5. Quel est ton loisir préféré?

LESSON TEST II

1. Pierre dort en cours?
2. Tu pars quand pour la Suisse?
3. Que font Denis et Rémi à la montagne?
4. Que fais-tu quand tu as du temps libre?
5. Oncle Alphonse fait quoi?

Leçon 5B

LESSON TEST I

1. Quel temps fait-il à New York, au printemps?
2. C'est quand, ton anniversaire?

3. Il y a combien de joueurs dans une équipe de football américain?
4. Est-ce qu'il neige où tu habites?
5. Quelle est la date aujourd'hui?

LESSON TEST II

1. En général, quelle température fait-il à Boston, en hiver?
2. Quelle est la date de l'indépendance des États-Unis?
3. Quel temps fait-il en Floride, en été?
4. En quelle saison est ton anniversaire?
5. Où préfères-tu aller en vacances?

Unité 6
Leçon 6A

LESSON TEST I

1. Josiane et Julien visitent Paris.
   JOSIANE Tu as envie de visiter un musée?
   JULIEN Oui, d'accord.
   JOSIANE Tu as déjà visité le Louvre?
2. Madame Mayet parle à son fils Léopold.
   MADAME MAYET Tu as fait tes devoirs?
   LÉOPOLD Oui, bien sûr.
   MADAME MAYET Qu'est-ce que tu vas faire maintenant?
3. Quentin parle à Trinh.
   QUENTIN Qu'est-ce que tu as acheté?
   TRINH Un cadeau pour mon frère.
   QUENTIN Combien d'argent est-ce que tu as dépensé?
4. Théo téléphone à Évelyne.
   THÉO Où as-tu rencontré Zoé?
   ÉVELYNE À la piscine.
   THÉO Vous avez nagé?
5. Achraf parle à Sasha.
   ACHRAF Tu as retrouvé tes copains hier soir?
   SASHA Non, j'ai aidé ma mère
   ACHRAF Ah bon? Comment?

LESSON TEST II

1. Marcelle et Adira ont fini le travail et elles ont du temps libre.
   MARCELLE Tu as envie d'écouter de la musique?
   ADIRA Oui, d'accord.
   MARCELLE Tu as déjà écouté ce CD?
2. Monsieur Rocher parle à sa fille Marie-France.
   M. ROCHER Tu as bien mangé à midi?
   MARIE-FRANCE Non, j'ai toujours très faim.
   M. ROCHER Qu'est-ce que tu vas prendre, alors?

3. Valentin parle à Marina.
   VALENTIN Tu es prête pour fêter le mariage de Lise et Marc?
   MARINA Oui. J'ai acheté des biscuits et des bonbons ce matin.
   VALENTIN Qui va apporter les gâteaux?
4. Gaëlle téléphone à Hamza.
   GAËLLE Où as-tu retrouvé Mathilde?
   HAMZA Au centre commercial.
   GAËLLE Qu'est-ce que vous avez acheté?
5. Diara parle à Yann.
   DIARA Tu as couru dans le parc hier?
   YANN Non, je n'ai pas eu le temps.
   DIARA Ah bon? Pourquoi?

Leçon 6B

LESSON TEST I

1. **JEUNE FEMME** Qu'est-ce que tu as fait cet après-midi?
   JEUNE HOMME J'ai joué aux échecs avec Doriane.
   JEUNE FEMME Tu as gagné?
2. **MME RICHARD** Tu as froid?
   SON FILS Non.
   MME RICHARD Alors, pourquoi tu as mis un manteau?
3. **VENDEUR** Bonjour, Madame. Vous désirez?
   CLIENTE Je cherche un chemisier.
   VENDEUR Quelle taille faites-vous?
4. **ÉDOUARD** Où vas-tu?
   EMANUELLE Je vais passer le week-end dans les Alpes.
   ÉDOUARD Tu vas faire du ski?
   EMANUELLE Oui et j'espère faire une promenade dans la neige.

LESSON TEST II

1. **ANGÉLA** C'est une nouvelle jupe?
   CYBÈLE Oui. Tu aimes?
   ANGÉLA Oui, c'est très chic! Moi, je n'ai pas trouvé de jupe pour la fête de ce soir.
2. **SYLVAIN** Qu'est-ce qu'il fait chaud aujourd'hui!
   MIRIAM Oui, il fait quatre-vingt-neuf degrés!
   SYLVAIN Que vas-tu mettre pour sortir alors?
3. **MME LAVAL** Bonjour, Monsieur. Est-ce que vous pouvez m'aider?
   M. POIS Bien sûr, Madame. Qu'est-ce que vous cherchez?
   MME LAVAL Quelque chose pour mon mari. C'est son anniversaire demain.
4. **LUC** Salut, Josée.
   JOSÉE Bonjour, Luc. Où vas-tu?
   LUC Je vais rendre visite à ma grand-mère. Elle est à l'hôpital.

Listening Scripts (side tab)

Unité 7
Leçon 7A

LESSON TEST I

1. Arielle et Stéphanie vont à la gare.
   ARIELLE Tu as l'air nerveuse. Pourquoi?
   STÉPHANIE Il faut arriver à la gare en avance.
   ARIELLE Ah bon? Pourquoi?
2. Julien rencontre Pauline à l'aéroport.
   JULIEN Où vas-tu?
   PAULINE Je vais à Grenoble, dans les Alpes.
   JULIEN C'est près des stations de ski, n'est-ce pas?
3. Danièle téléphone à son copain Grégoire.
   DANIÈLE Tu es sorti avec Marc hier soir?
   GRÉGOIRE Non, je suis allé à l'hôpital.
   DANIÈLE Mais comment? Qu'est-ce qui est arrivé?
4. Claudine rencontre son copain Olivier au café.
   CLAUDINE Salut, Olivier. Est-ce que Paul est avec toi?
   OLIVIER Non, il est allé à la bibliothèque.
   CLAUDINE Quand est-ce qu'il est parti?
5. Pierre et Chantal parlent au café.
   CHANTAL Tu es allé au stade cet après-midi?
   PIERRE Oui, j'ai assisté à un match de foot.
   CHANTAL Comment est-ce que tu es allé là-bas?

LESSON TEST II

1. Martine et André vont à l'aéroport.
   MARTINE Zut! J'ai oublié mon billet!
   ANDRÉ Ce n'est pas possible! Qu'est-ce que tu vas faire?
   MARTINE Je ne sais pas. Le vol est dans une heure!
2. Lola rencontre sa copine Estelle à la gare routière.
   LOLA Tiens! Où est-ce que tu vas?
   ESTELLE Je vais à Barcelone pour rendre visite à mes cousins.
   LOLA En Espagne? Pourquoi est-ce que tu ne prends pas l'avion ou le train?
3. Raphaël téléphone à son copain Trinh.
   RAPHAËL Élisabeth est partie en Chine ce matin?
   TRINH Non, elle n'est pas partie.
   RAPHAËL Pourquoi? Qu'est-ce qui est arrivé?
4. Monsieur et Madame Leblanc font un séjour en Irlande.
   M. LEBLANC Chérie, tu es allée en ville ce matin?
   MME LEBLANC Oui, Dublin est extraordinaire!
   M. LEBLANC As-tu acheté les cartes postales pour envoyer aux voisins?

5. Louis et Patricia parlent de leurs vacances.
   PATRICIA Tu es parti en vacances cet hiver, n'est-ce pas?
   LOUIS Oui, j'ai fait du ski.
   PATRICIA Moi aussi. Je suis allée en Italie. Et toi, où es-tu allé?

Leçon 7B

LESSON TEST I

1. Margot parle à Nicolas.
   MARGOT Tu as soif?
   NICOLAS Oui, j'ai soif.
   MARGOT Qu'est-ce que tu as envie de boire?
2. Julie fait ses devoirs. Elle parle à Antoine.
   JULIE Tu comprends les devoirs de physique?
   ANTOINE Bien sûr, c'est facile.
   JULIE Moi, je ne les comprends pas. Tu m'aides?
3. Sophie et Jean-Marc sont à l'hôtel.
   SOPHIE Qu'est-ce que tu fais?
   JEAN-MARC J'écris à tante Véronique.
   SOPHIE Pourquoi?
   JEAN-MARC C'est son anniversaire la semaine prochaine et elle est toujours généreuse avec nous.
4. Léa et Damien font leurs valises pour partir en vacances.
   LÉA Est-ce que je prends mes lunettes de soleil?
   DAMIEN Oui, prends-les.
   LÉA Et je prends aussi mon maillot de bain?
   DAMIEN Pour un séjour en station de ski?
5. Alice a un problème. Elle parle à Vincent.
   ALICE J'ai envie d'acheter une voiture.
   VINCENT Quel est le problème?
   ALICE Je n'ai pas assez d'argent!

LESSON TEST II

1. Monsieur Lefèvre parle à sa femme.
   M. LEFÈVRE Tu as déjà réservé une chambre à l'hôtel?
   MME LEFÈVRE Oui, j'ai fait la réservation ce matin.
   M. LEFÈVRE Tu sais que je préfère une chambre près de la réception.
2. Adjou a participé à une course hier. Elle parle à Didier.
   DIDIER Alors, Adjou, comment as-tu fini la course?
   ADJOU Plutôt bien. J'ai fini avant Jean-Marc.
   DIDIER Mais, lui, il a fini troisième!
3. Valérie parle à un hôtelier.
   VALÉRIE Bonjour, Monsieur. Vous avez des chambres libres pour samedi prochain?
   L'HÔTELIER Oui, Madame. Nous avons quatre chambres au deuxième étage.

Listening Scripts

VALÉRIE Vous n'avez pas de chambres au rez-de-chaussée?

4. Sophie et Julien sont à l'auberge de jeunesse. Ils vont partir.

SOPHIE Tu es prêt?

JULIEN Oui. Mais je ne trouve pas la clé.

SOPHIE Je l'ai prise.

5. Leïla et Ousmane parlent de leur enfance.

LEILA Qu'est-ce que tu faisais après l'école?

OUSMANE Je jouais souvent au baseball et j'allais au parc. Et toi?

LEILA Je faisais rarement du sport. Je préférais lire.

Unité 8
Leçon 8A

LESSON TEST I

1. Thierry parle à Claire à propos de sa chambre.

THIERRY Tu aimes ta chambre dans le nouvel appartement?

CLAIRE Oui, beaucoup. Elle est très grande et il y a un balcon.

THIERRY Tu as tout acheté pour ta chambre?

2. Salima et Rémy sont au café.

RÉMY Tu venais souvent ici avec tes parents?

SALIMA Oui, ils adoraient ce café.

RÉMY Qu'est-ce que vous preniez d'habitude?

3. Sébastien et Julie parlent de la maison de leurs parents.

SÉBASTIEN Comment est ta maison?

JULIE Nous avons une assez grande maison avec trois salles de bains. Et toi?

SÉBASTIEN Tu as de la chance. Chez moi, c'est tout petit.

JULIE Ah bon? Comment ça?

4. La mère de Simon lui parle de son école.

LA MÈRE Tu sais, ton prof m'a téléphoné, aujourd'hui.

SIMON Pourquoi?

LA MÈRE Qu'est-ce que tu faisais quand il est entré dans la salle de classe, hier?

5. Lise décrit son week-end à son meilleur ami, Maxime.

MAXIME Tu n'es pas allée au parc avec Nelly?

LISE Non, finalement, je suis restée à la maison samedi.

MAXIME Pourquoi est-ce que tu n'es pas sortie?

LESSON TEST II

1. Aline fait la connaissance de Noah.

ALINE Tu as emménagé récemment?

NOAH Oui, je suis nouveau. J'habite à Marseille.

ALINE Tu as toujours habité dans le sud de la France?

2. Ils parlent de leurs cours.

ALINE Tu aimes tes cours au lycée?

NOAH Oui, mais il faut étudier constamment, surtout pour le cours de chimie.

ALINE Moi, j'adore la chimie. Je t'aide?

3. Ils continuent à parler.

ALINE Tu ne parles pas allemand?

NOAH Si. Je le parlais souvent en Suisse.

ALINE Parfait. Je t'aide en chimie et tu m'aides en allemand alors!

4. Ils parlent maintenant du professeur d'anglais.

ALINE Au fait, tu as appris la nouvelle?

NOAH Quelle nouvelle?

ALINE Monsieur Gray a eu un accident de voiture hier soir!

NOAH Qu'est-ce qui est arrivé?

5. Enfin ils parlent de leurs appartements.

ALINE Eh bien, c'est comment ton appartement?

NOAH Formidable! C'est assez grand à l'intérieur et il y a même un balcon et un beau jardin.

ALINE Tu parles sérieusement? Tu as vraiment de la chance, toi! Chez moi, c'est tout à fait le contraire.

NOAH Comment ça?

Leçon 8B

LESSON TEST I

1. Où est-ce qu'on met les glaçons?
2. Tu connais les voisins? Ils sont sympas?
3. Qu'est-ce que je fais avec les verres sales?
4. J'ai mes draps, ma couverture et mon oreiller.
5. Il me faut du café le matin.
6. Après le dîner chaque soir, qu'est-ce qu'il faut faire?

LESSON TEST II

1. J'ai un rendez-vous demain, mais ma chemise n'est pas impeccable. Je fais quoi?
2. Il me faut l'aspirateur. Il est où?
3. Qu'est-ce qu'il faut faire juste avant de manger?
4. Tiens, je mets la glace où?
5. Tu as déjà fait ton lit, toi?
6. Tu as besoin de quoi pour faire la lessive?

Unité 1

UNIT TEST I

1. —Bonjour, ça va?
   —Bien, et toi?
   —Pas mal, merci.
2. —Salut, tu vas bien?
   —Ah... Bonne journée!
3. —Ça va bien?
   —Bof... Comme ci, comme ça. Et toi?
   —Patrick Morandeau.
4. —Je me présente. Je m'appelle Fabrice Durand, et vous?
   —Moi, c'est Macha Zemoure. Enchantée!
5. —Comment vous appelez-vous?
   —Simon. Et toi, tu vas bien?
6. —Pardon, M. Kaufman, s'il vous plaît?
   —Bureau 37.
   —Merci beaucoup.
   —Je vous en prie.
7. —La classe de français, c'est ici?
   —Non, c'est là-bas.
8. —Merci et à plus tard.
   —Il n'y a pas de quoi. À bientôt!
9. —Salut! À demain.
   —Moi aussi.
10. —Maman, je te présente David, un camarade de classe.
    —Bonjour, David.

UNIT TEST II

1. —Le prof, c'est M. Vicard.
   —Ah. Il est bien?
   —Pas mal. Intéressant.
2. —Je suis de Québec.
   —Ah... c'est amusant, je suis de Boston!
3. —Combien il y a de cahiers?
   —Vingt-trois.
   —Et combien de stylos?
   —Vingt-cinq.
4. —Qu'est-ce que c'est, là-bas? Un café?
   —Non, c'est Jean-François.
5. —Une chanteuse charmante, c'est Céline Dion.
   —Oui, il est brillant.
6. —Mlle Trébet, bonsoir.
   —Bonsoir, Mme Bouamaza.
7. —C'est un garçon ou une fille?
   —Une fille. Elle s'appelle Marie.
8. —Il y a vingt-sept élèves ici.
   —Ah bon? Et combien de camarades de classe?

9. —Qui est-ce?
   —C'est Dylan Rigemont, un acteur.
10. —Voilà un dictionnaire de français.
    —Ah merci! Qu'est-ce que c'est?

Unité 2

UNIT TEST I

1. Tu passes un examen aujourd'hui?
2. Regarde! Ce n'est pas Delphine là-bas?
3. La psychologie, c'est bien?
4. Quel jour sommes-nous?
5. Est-ce que les notes de chimie arrivent bientôt?
6. Tu n'as pas trop chaud?
7. Tu aimes bien Albert, n'est-ce pas?
8. Mais pourquoi?

UNIT TEST II

1. Tu as le livre d'informatique?
2. Aujourd'hui, c'est le dernier cours de l'année?
3. Je pense que le droit est utile, pas toi?
4. Téléphone à Marion, d'accord?
5. Il est bientôt quatorze heures?
6. Est-ce que Mademoiselle Pillet a l'air patiente?
7. Demain matin, on visite la bibliothèque?
8. Je suis reçue à l'examen de français, et toi?

Unité 3

UNIT TEST I

Salut! Je m'appelle Nathalie et j'ai quatorze ans. Caroline est ma cousine et c'est aussi une bonne copine. Moi, j'habite avec mes parents, mon frère Henri, et ma grand-mère. Caroline habite avec sa mère, son beau-père et ses deux sœurs, Julie et Véronique. Henri a seize ans, alors je suis sa sœur cadette. Mais Caroline, elle, est la sœur aînée de Julie et Véronique. Leurs parents, oncle Robert et tante Jacqueline, sont de bons parents. Caroline et moi, nous aimons bien ma tante Jacqueline. Elle a quarante-cinq ans et elle est intellectuelle mais aussi sportive et amusante. Nous n'aimons pas oncle Robert. Il a quarante-sept ans et c'est un homme d'affaires sérieux et un peu antipathique. Caroline adore mon père parce qu'il est musicien et aussi drôle et un peu fou. Mais Caroline n'aime pas ma mère. Elle pense que ma mère est méchante et désagréable. C'est peut-être pour ça que Caroline et moi sommes d'excellentes copines?

UNIT TEST II

Bonjour! Je m'appelle Guy et je vous présente ma famille. Là, ce sont ma mère et mon beau-père, Philippe. Théo a seize ans et c'est mon grand frère. Je suis un peu jaloux de Théo parce que c'est un très bon athlète. Là, c'est Violette, ma petite sœur. Elle a l'air d'une vraie petite princesse! Ici, c'est mon demi-frère Marco. Il habite aussi avec nous et il a dix-sept ans. Violette, Théo et moi, on a de la chance parce qu'il est génial. Mes grands-parents Georges et Josyane sont presque nos voisins et on mange souvent avec eux le dimanche. Il y a aussi oncle Simon et sa femme Diana, et puis ma tante Céline. Tante Céline a trente ans et elle est célibataire. Elle est réservée et discrète, mais oncle Simon, il est fou! Et il est aussi très drôle. Sa femme Diana travaille à Paris. Voilà, c'est ma famille!

Unité 4

UNIT TEST I

1. Bonjour madame. Que prenez-vous?
2. Vous mangez quelque chose?
3. Est-ce que vous fréquentez ce café?
4. Voici les cafés et le jus d'orange. Je vous apporte autre chose?
5. Tu aimes mieux la baguette ou le pain de campagne?
6. Pour qui sont les sandwichs?

UNIT TEST II

1. J'adore explorer le marché, pas vous?
2. Tu vas visiter quel musée cet après-midi?
3. On passe au centre-ville après?
4. Comment est-ce que les filles vont à la piscine?
5. À quelle heure tu finis?
6. Combien de parcs y a-t-il en ville?

Unité 5

UNIT TEST I

1. Je vais au cinéma trois fois par semaine.
2. Ici, il neige une fois tous les cinq ans.
3. Au printemps, il pleut tous les jours.
4. J'adore Zep, j'achète toutes ses B.D.
5. Jean-Claude et moi, nous allons au cinéma le samedi soir, et parfois, le dimanche aussi.
6. En été, on fait un peu de camping, mais Mélanie n'aime pas trop ça.
7. Moi, je vais à la pêche tous les 29 février!
8. Les matchs de football passent tous à la télévision.

UNIT TEST II

1. Tu sors toujours avec ton parapluie.
2. Pierrette amène les enfants à l'école tous les 36 du mois!
3. Ils ne vont jouer ce spectacle en ville qu'une seule fois.
4. Répétez plusieurs fois par semaine. C'est important.
5. C'est la première fois que nous essayons de jouer aux échecs.
6. Je dors huit heures par nuit.
7. Marc aide beaucoup dans la maison. Il bricole surtout.
8. Nous faisons un peu de ski en hiver, mais nous ne sommes pas très bons.

Unité 6

UNIT TEST I

1. Monsieur Teilhard m'a envoyé les invitations.
2. Philippe a acheté des bonbons pour les enfants.
3. Tu as parlé à tous tes amis.
4. Vous nous avez téléphoné vendredi soir.
5. Je vous ai préparé de la musique.
6. Mademoiselle Ogier a oublié d'apporter un cadeau à Monsieur Yafil.
7. On lui a prêté une table et des chaises.
8. Nous leur avons donné l'adresse.

UNIT TEST II

1. Nous avons envoyé des cadeaux à Monsieur Griffe.
2. Vous leur avez prêté la salle.
3. On nous a promis une soirée fantastique.
4. Marina m'a demandé d'amener mes enfants.
5. Gérard lui a téléphoné.
6. Nous vous avons donné le gâteau.
7. Corentin leur a préparé les boissons.
8. Nous avons fait une bonne surprise à Étienne.

Unité 7

UNIT TEST I

1. Madame Clavel parle à son agent de voyage.
   —Décrivez-moi l'hôtel, s'il vous plaît.
2. L'hôtelier parle à un client.
   —Quelle chambre avez-vous réservée?
3. La réception téléphone à un client.
   —Allô, c'est la réception. Vous avez demandé un taxi, et il est arrivé.

4. Dans le train:
   —Bonjour. Montrez-moi vos billets, s'il vous plaît.
5. À l'arrêt de bus, Marie-Françoise demande à un habitué:
   —Le prochain bus pour le centre-ville, il passe bientôt?
6. Thomas parle à sa fiancée.
   —Nous partons demain. Fais tes valises et n'oublie pas ton maillot de bain.

UNIT TEST II

1. Madame Demaya pose une question à sa fille.
   —Comment tu vas à l'aéroport demain?
2. Lucas discute avec son copain.
   —Qu'est-ce que tu détestes faire en vacances?
3. À l'auberge de jeunesse:
   —Vous prenez une chambre individuelle ou pas?
4. Dans l'ascenseur de l'hôtel:
   —Vous montez ou vous descendez?
5. David pose une question à sa femme.
   —Combien de jours de congés il te reste?
6. Un touriste pose une question à la réception de l'hôtel.
   —Est-ce qu'il y a un bus pour la plage?

Unité 8
UNIT TEST I

1. Quand j'étais jeune, je n'aimais pas passer l'aspirateur.
2. Valentine faisait la vaisselle le mardi et le jeudi.
3. Ils ont acheté un nouvel aspirateur hier.
4. Quand Pierre est parti, il a pris la cafetière.
5. Lundi, on a mis des étagères dans ta chambre.
6. Après le repas, on débarrassait la table tout de suite.
7. Nous avons loué un studio en face de chez vous.
8. Le loyer de cette résidence universitaire n'était pas trop cher.

UNIT TEST II

1. J'ai reconnu mon voisin dans l'escalier.
2. Quand nous étions plus jeunes, nous vivions dans un deux-pièces.
3. Ce samedi-là, Omar a apporté des fleurs à Maryse.
4. Vous avez pris une douche vers sept heures.
5. Leur propriétaire n'habitait pas dans le même immeuble.
6. Tu changeais souvent les affiches dans ta chambre.
7. L'immeuble était vieux, mais intéressant.
8. On a décidé de ne pas louer ce logement.

Unités 1–4
Leçons 1A–4B

EXAM I

1. Mmm… J'ai soif.
2. J'adore écouter du jazz.
3. Je prépare mon cours de philosophie.
4. Enchanté.
5. Ah. Voilà mon stylo.
6. Tu aimes travailler sur ordinateur?
7. Je suis au café pour boire une boisson gazeuse.
8. Je te présente mon ami.
9. Comment t'appelles-tu?
10. J'aime bien cette chanteuse.

EXAM II

1. Je m'appelle Didier. Et vous?
2. C'est difficile d'être reçu à l'examen de maths.
3. Moi, j'ai une bourse. Et toi?
4. Ce chanteur est brillant, n'est-ce pas?
5. Tu prends une limonade ou un jus d'orange?
6. Comment allez-vous?
7. J'aime surtout le cours de psychologie.
8. Une bouteille d'eau minérale, s'il vous plaît.
9. Moi, j'aime mieux écouter la musique classique.
10. Qu'est-ce que tu vas boire?

Unités 5–8
Leçons 5A–8B

EXAM I

1. Quelle est la date d'aujourd'hui?
2. Je mets ma robe bleue pour sortir?
3. Pourquoi as-tu acheté cette casquette?
4. Qu'est-ce que tu fais pour tes loisirs?
5. De quelle couleur est ton manteau?
6. Quel est ton sport préféré?
7. Qu'est-ce que tu fais à la montagne?
8. Il va neiger demain?
9. Ton père prend sa retraite cette année?
10. Qu'est-ce qui va avec ce tailleur noir?

EXAM II

1. Jeanine parle des vacances d'été avec Antoine.
   —Où penses-tu aller pour les grandes vacances?
2. Jeanine continue à poser des questions.
   —Et comment vas-tu voyager?
3. Elle a une dernière question.
   —Est-ce que tu as déjà visité l'Allemagne?
4. Maintenant, Antoine lui pose une question.
   —Est-ce que tu aimes dormir à l'hôtel?

Listening Scripts to Unit Tests and Exams

Listening Scripts

5. Jean-Michel parle de vacances.

—Quel pays d'Europe as-tu envie de visiter, Jeanine?

6. Jean-Michel a une question pour Antoine.

—Tu aimes voyager en train?

7. Samuel parle des vacances d'été avec Dorothée.

—Où est-ce que tu vas pendant les vacances?

8. Samuel continue à poser des questions.

—Tu vas prendre l'avion?

9. Il a une dernière question.

—As-tu déjà visité le Mexique?

10. Dorothée et Vincent lui posent une question.

—Aimes-tu aller en station de ski?

Unités 1–8
Leçons 1A–8B

EXAM I

1. Il s'appelle Didier.
2. On court tous les jours.
3. Tu vas laisser un pourboire?
4. C'est mon copain.
5. Est-ce que tu as très faim?
6. J'aime beaucoup jouer aux échecs.
7. Qu'il fait beau aujourd'hui!
8. Je n'ai pas envie de sortir.
9. Quel âge as-tu?
10. C'est bien de faire du jogging?

EXAM II

1. Aujourd'hui, on reste à la maison.
2. Qu'est-ce que tu prends?
3. Je te présente Olivier.
4. Ils font souvent du jogging quand il fait beau.
5. Après les cours, les étudiants ont envie de courir.
6. Combien coûte le sandwich au jambon?
7. Est-ce que tu aimes bien jouer aux échecs?
8. Je vais très bien, merci. Et toi?
9. Toi aussi, tu as soif?
10. Je suis d'origine canadienne, et vous?

Unité 1
ROMAN-PHOTO

Leçon 1A

1 **Ils s'appellent comment?** Identify the people in these photos.

> Sandrine   Amina   Madame Forestier   David   Rachid   Stéphane

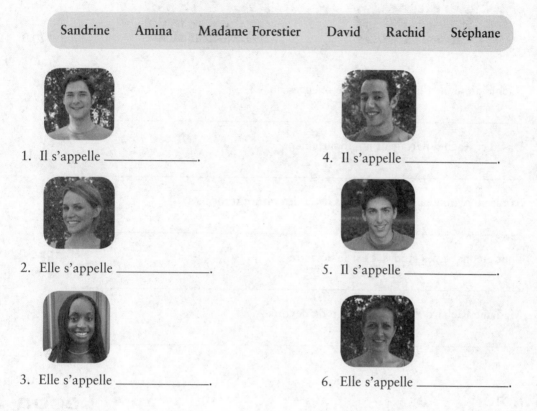

1. Il s'appelle _____.

2. Elle s'appelle _____.

3. Elle s'appelle _____.

4. Il s'appelle _____.

5. Il s'appelle _____.

6. Elle s'appelle _____.

ROMAN-PHOTO

Leçon 1B

1 **Descriptions** Complete the sentences with the correct forms of the adjectives that accurately describe each of these characters. Do not use the same adjective twice.

> agréable   algérien(ne)   américain(e)   brillant(e)   charmant(e)   égoïste   élégant(e)
> français(e)   intelligent(e)   patient(e)   poli(e)   réservé(e)   sincère   sociable

1. Sandrine est _____ et _____.

2. Amina est _____ et _____.

3. Rachid est _____ et _____.

4. David est _____.

5. Stéphane est _____.

6. Madame Forestier est _____.

Unité 2
ROMAN-PHOTO

Leçon 2A

1 **Vrai ou faux?** Indicate whether these statements are **vrai** or **faux**. Correct the false statements.

	Vrai	Faux
1. Rachid aime bien le professeur de sciences po.	○	○
2. David et Rachid partagent un appartement.	○	○
3. Sandrine n'aime pas les classiques de la littérature française.	○	○
4. Pour Stéphane, les études, c'est le désastre.	○	○
5. Madame Richard donne beaucoup de devoirs.	○	○

ROMAN-PHOTO

Leçon 2B

1 **Expliquez** Using what you remember from **Roman-photo** and at least six words or expressions from the list, briefly explain Stéphane's problem.

aimer	avoir envie de	avoir peur de	bac	cours	difficile
étudier	examen	français	maths	passer	professeur

_____

_____

_____

_____

_____

_____

_____

Unité 3
ROMAN-PHOTO

Leçon 3A

1 **Choisissez** Select the correct answer.

Amina   **Michèle**   **Stéphane**   **Valérie**

1. Amina a des cours de/d'...

   a. architecture.   b. stylisme.   c. gestion.

2. Stéphane est...

   a. au lycée.   b. à l'université.   c. à un match de foot.

3. Où sont les photos?

   a. sur le CD   b. dans son sac   c. sur la table

4. Sur les photos, on peut voir (*see*)...

   a. beaucoup d'animaux.   b. des personnes qui mangent.   c. la famille de Valérie.

5. Stéphane préfère...

   a. jouer au foot.   b. préparer le bac.   c. travailler au café.

ROMAN-PHOTO

Leçon 3B

1 **Choisissez** Select the correct answer.

Amina   **David**   **Rachid**   **Sandrine**   **Stéphane**   **Valérie**

1. Sandrine trouve son téléphone...

   a. sur une table.   b. dans son sac.   c. sous ses papiers.

2. Qui est au téléphone?

   a. Rachid   b. Stéphane   c. Pascal

3. Rachid et Stéphane, que pensent-ils de Sandrine et de David?

   a. Ils sont drôles.   b. Ils sont géniaux.   c. Ils sont ennuyeux.

4. Où habite la famille de Rachid?

   a. à Marseille   b. à Paris   c. à Aix-en-Provence

5. Stéphane n'est pas tellement...

   a. inquiet.   b. paresseux.   c. travailleur.

Optional Test Sections

Unité 4
ROMAN-PHOTO

Leçon 4A

1

Expliquez Using what you remember from **Roman-photo**, tell what is happening in each of these photos.

1.

2.

3.

1. _____

_____

2. _____

_____

3. _____

_____

ROMAN-PHOTO

Leçon 4B

1

Complétez Complete these sentences according to what you remember from **Roman-photo**.

1. Rachid ne va pas au café parce qu'il va _____.

2. David ne va pas au café parce qu'il va _____.

3. Au café, Madame Forestier sert (*serves*) _____

   et _____.

4. Amina prend _____ et _____.

5. Sandrine prend _____ et _____.

6. Comme boisson, elles prennent _____.

Unité 5
ROMAN-PHOTO

Leçon 5A

1   **Corrigez** All of these statements are false. Correct them by rewriting the underlined sections.

1. Le passe-temps favori de David, c'est de <u>regarder le football américain</u>.

   _____

2. Rachid joue souvent <u>au basket</u>.

   _____

3. Sandrine aime bien <u>faire du sport</u> le week-end.

   _____

4. Sandrine adore <u>danser</u>.

   _____

5. Stéphane aime <u>les études</u>.

   _____

ROMAN-PHOTO

Leçon 5B

1   **Choisissez** Select the responses that best complete these sentences.

1. Stéphane étudie...
   - a. l'allemand.
   - b. Napoléon.
   - c. les sciences po.

2. L'anniversaire de David, c'est le...
   - a. 15 janvier.
   - b. 20 juillet.
   - c. 12 novembre.

3. L'anniversaire de Sandrine, c'est le...
   - a. 15 janvier.
   - b. 20 juillet.
   - c. 12 novembre.

4. Sandrine préfère...
   - a. l'été.
   - b. l'automne.
   - c. le printemps.

5. Cette année, Stéphane va avoir...
   - a. dix-sept ans.
   - b. dix-huit ans.
   - c. dix-neuf ans.

6. Sandrine va fêter ses...
   - a. dix-neuf ans.
   - b. vingt ans.
   - c. vingt et un ans.

Optional Test Sections

Unité 6
ROMAN-PHOTO

Leçon 6A

1   **Expliquez** Using what you remember from **Roman-photo**, tell what is happening in each of these photos.

1.

2.

1. _____

_____

_____

2. _____

_____

_____

ROMAN-PHOTO

Leçon 6B

1   **Choisissez** Match these gifts with the people who gave them to Stéphane.

1. des livres

    a. Sandrine   b. Madame Forestier   c. Astrid et Rachid

2. un gâteau

    a. Sandrine   b. Madame Forestier   c. Astrid et Rachid

3. une calculatrice

    a. Sandrine   b. Madame Forestier   c. Astrid et Rachid

4. un blouson

    a. Sandrine   b. Madame Forestier   c. Astrid et Rachid

5. une montre

    a. Sandrine   b. Madame Forestier   c. Astrid et Rachid

6. des gants

    a. Sandrine   b. Madame Forestier   c. Astrid et Rachid

Unité 7
ROMAN-PHOTO

Leçon 7A

1 **Vrai ou faux?** Indicate whether these statements are **vrai** or **faux** according to what David saw and did in Paris. Correct the false statements.

	Vrai	Faux
1. David est descendu dans un hôtel près du musée du Louvre.	○	○
_____		
2. David a pris un bateau-mouche sur la Seine.	○	○
_____		
3. David a visité Paris en voiture.	○	○
_____		
4. David est allé aux Galeries Lafayette.	○	○
_____		
5. David a visité le musée d'Orsay.	○	○
_____		
6. David a dîné dans une brasserie.	○	○
_____		
7. David a pris un taxi.	○	○
_____		
8. David a visité des monuments.	○	○
_____		

ROMAN-PHOTO

Leçon 7B

1 **Choisissez** Select the responses that best answer these questions.

1. _____ Qui trouve un hôtel pas cher à Albertville?

   a. Sandrine   b. Amina   c. Pascal

2. _____ Qui correspond avec Cyberhomme?

   a. Amina   b. Sandrine   c. Rachid

3. _____ Qui téléphone à Sandrine?

   a. David   b. Amina   c. Pascal

4. _____ Où est-ce que Sandrine a envie de passer ses vacances?

   a. à Paris   b. à Megève   c. à Albertville

5. _____ Avec qui est-ce que Sandrine va fêter Noël?

   a. Avec sa famille.   b. Avec Amina.   c. Avec Pascal.

Optional Test Sections

Unité 7 Roman-photo Video Test Items

Unité 8
ROMAN-PHOTO

Leçon 8A

1 **L'appartement de Sandrine** What rooms in Sandrine's apartment are pictured below?

1. _____

2. _____

3. _____

4. _____

5. _____

    a. le salon

    b. la salle à manger

    c. la chambre

    d. la cuisine

    e. la salle de bains

ROMAN-PHOTO

Leçon 8B

1 **Choisissez** Select the responses that best answer these questions according to what happened in Roman-photo.

1. _____ Qui fait son lit?

    a. Stéphane   b. Valérie   c. Michèle

2. _____ Qui sort les poubelles?

    a. Stéphane   b. Valérie   c. Michèle

3. _____ Qui fait la lessive?

    a. Stéphane   b. Valérie   c. Michèle

4. _____ Qui range sa chambre?

    a. Stéphane   b. Valérie   c. Michèle

5. _____ Qui débarrasse la table?

    a. Stéphane   b. Valérie   c. Michèle

Optional Test Sections

OPTIONAL TEST SECTIONS

Unité 1
CULTURE

Leçon 1A

1   **Vrai ou faux?** Indicate whether these statements are **vrai** or **faux**. Correct the false statements.

	Vrai	Faux
1. People who are exchanging **la bise** are probably greeting each other.	○	○
2. A French **poignée de main** consists of three to four soft handshake movements.	○	○
3. In Quebec, avoid making eye contact when shaking hands.	○	○
4. In sub-Saharan Africa, it is impolite to show the soles of your feet when sitting.	○	○
5. **Le cours Mirabeau** is a main boulevard located in Paris.	○	○
6. **La Normandie** is a region in southeastern France.	○	○

CULTURE

Leçon 1B

1   **Un Français typique** Select the answer that best completes the statement, according to the text.

1. A typical French person…
   a. wears a béret.
   b. always dresses stylishly.
   c. is indistinguishable from most Europeans.

2. A significant number of immigrants to France come from…
   a. Portugal.
   b. South Africa.
   c. Brazil.

3. Different regions of France have their own traditions, folklore, and…
   a. languages.
   b. rights.
   c. laws.

4. En Suisse, il y a… langues officielles.
   a. trois
   b. quatre
   c. cinq

5. Les Belges francophones parlent…
   a. berbère.
   b. wallon.
   c. flamand.

6. Superdupont is a French…
   a. chemical company.
   b. make of car.
   c. superhero.

Unité 1 Culture Test Items   **279**

Unité 2
CULTURE

Leçon 2A

1 **Au lycée** Select the answer that best completes the statement or answers the question, according to the text.

1. **Le collège** is equivalent to an American...

   a. middle school.　　　b. high school.　　　c. vocational school.

2. On most days of the week, the **lycée** schedule is...

   a. 8:00 A.M.–3 P.M.　　　b. 8:00 A.M.–12:00 P.M.　　　c. 8:00 A.M.–5:00 P.M.

3. Grades in France are based on a scale of...

   a. 100 points.　　　b. 10 points.　　　c. 20 points.

4. The last year of the **lycée** is called...

   a. seconde.　　　b. terminale.　　　c. première.

5. The **bac** is...

   a. a course.　　　b. an exam.　　　c. a term paper.

6. French and English are the official languages of...

   a. The United States.　　　b. Canada.　　　c. Belgium

CULTURE

Leçon 2B

1 **Choisissez** Select the answer that best completes the statement, according to the text.

1. The length of the **lycée** is...

   a. two years.　　　b. three years.　　　c. four years.

2. **Lycée** students must decide what kind of **bac** they will take after...

   a. seconde.　　　b. première.　　　c. terminale.

3. The minimum passing grade is...

   a. 10/20.　　　b. 12/20.　　　c. 15/20.

4. Students get their results on the **bac**...

   a. by mail.　　　b. in person.　　　c. on the Internet.

5. The most prestigious universities in France are called...

   a. les écoles spécialisées.　　　b. les universités.　　　c. les grandes écoles.

6. University studies generally last...

   a. 3–4 years.　　　b. 5 years.　　　c. 6–8 years.

Optional Test Sections

Unité 3
CULTURE

Leçon 3A

1 **Choisissez** Select the correct answer.

1. Qu'est-ce qui n'est pas un exemple de famille monoparentale?

   a. un parent divorcé   b. un PACS   c. un veuf

2. La majorité des couples avec enfants…

   a. ont moins de (*less than*) 25 ans.   b. ont plus de 60 ans.   c. ont au moins (*at least*) 30 ans.

3. La Fête des mères en Belgique est…

   a. en avril.   b. en mai.   c. en juin.

4. Yannick Noah joue…

   a. au football.   b. au tennis.   c. au basket.

5. Zacharie Noah est… de Yannick Noah.

   a. le père   b. le fils   c. le neveu

CULTURE

Leçon 3B

1 **Choisissez** Select the correct answer.

1. Un camarade de classe est un…

   a. copain.   b. ami.   c. petit ami.

2. Les jeunes couples en France…

   a. ne sortent (*go out*) pas sous l'âge de 16 ans.   b. sortent souvent (*frequently*) en groupe.   c. sortent toujours seuls (*alone*).

3. Julie Depardieu est… de Gérard Depardieu.

   a. la fille   b. le fils   c. la femme

4. Les Depardieu sont une famille…

   a. d'ingénieurs.   b. d'athlètes.   c. d'acteurs.

5. Dans quel pays est-ce qu'on applique du henné sur les mains de la mariée?

   a. en France   b. au Maroc   c. en Suisse

Optional Test Sections

Unité 4
CULTURE

Leçon 4A

1 **Complétez** Use the items from the list to complete the sentences or answer the questions correctly, based on what you learned about popular French pastimes.

bavarder	chaud	Marseille	restaurant
café	écouter de la musique	Paris	tangana

1. Un des passe-temps favoris des Français est de/d' _____.

2. Quand ils sont avec des amis, les jeunes Français aiment _____.

3. En Afrique de l'Ouest, on trouve des «maquis», une sorte de _____.

4. En Wolof, le mot «tang» signifie _____.

5. Le parc Astérix se trouve près de _____.

CULTURE

Leçon 4B

1 **Choisissez** Select the answer that best completes the statement, according to the text.

1. Les jeunes Français préfèrent retrouver leurs amis...
   a. à la maison.   b. au café.   c. à la bibliothèque.

2. Au café, les gens prennent souvent...
   a. des repas élaborés (*elaborate meals*).   b. le pourboire.   c. une boisson et un croissant.

3. Pour manger des accras de morue, on va...
   a. à la Martinique.   b. au Sénégal.   c. au Québec.

4. Pour manger une poutine, on va...
   a. à la Martinique.   b. au Québec.   c. en Afrique du Nord.

5. Le plus vieux café de France s'appelle...
   a. les Deux Magots.   b. le Procope.   c. le Café de Flore.

6. Si on veut manger un plat typique du Sénégal, on commande...
   a. une merguez.   b. un makroud.   c. une chawarma.

Unité 5
CULTURE

Leçon 5A

1   **Les sports** Match the correct letter to each item, based on what you learned about sports in the francophone world.

_____ 1. C'est le sport le plus populaire dans la majorité   a. Laura Flessel

      des pays francophones.   b. le baseball

_____ 2. En 1998, l'équipe de France gagne cette compétition.   c. la Coupe du Monde

_____ 3. Cette personne fait de la natation.   d. un entraîneur

_____ 4. Il _n'_y a _pas_ de champions de ce sport   e. le football

      dans le monde francophone.   f. la natation

_____ 5. Cette personne joue au foot.   g. Oussama Mellouli

_____ 6. Cette personne est championne d'escrime.   h. Zinédine Zidane

      i. l'escrime

CULTURE

Leçon 5B

1   **Choisissez** Select the answer that best completes the statement or answers the question, according to the text.

1. Qu'est-ce qu'on ne trouve pas dans les jardins publics en France?

    a. De la géométrie.   b. De la nature sauvage.   c. De l'harmonie.

2. Où est-ce qu'on va pour visiter un zoo dans la région parisienne?

    a. Au bois   b. Au jardin   c. Au bois

      de Vincennes.   du Luxembourg.   de Boulogne.

3. Pour voir (_see_) une cascade, on va...

    a. au jardin des Tuileries.   b. au bois de Boulogne.   c. au jardin du Luxembourg.

4. Pour visiter le parc de la Ligue Arabe, on va...

    a. au Canada.   b. en Belgique.   c. au Maroc.

5. Le Tour de France est une course (_race_)...

    a. automobile.   b. nautique.   c. cycliste.

Optional Test Sections

Unité 6
CULTURE

Leçon 6A

1   **Les fêtes** Select the answer that best completes the statement, according to the text.

1. Le carnaval fête la fin (*end*)...

   a. de l'été.

   b. de l'hiver.

   c. du printemps.

2. Au carnaval de Québec, on célèbre avec...

   a. des défilés (*parades*) costumés.

   b. des courses de traineaux à chiens (*dogsled races*).

   c. des milliers (*thousands*) de fleurs.

3. En général, le carnaval commence la semaine avant (*before*)...

   a. Noël.

   b. le Carême.

   c. le 14 juillet.

4. À la Martinique et en Guadeloupe, on célèbre...

   a. la fête des Cuisinières.

   b. la fête du Trône.

   c. la fête des Ignames.

5. On célèbre la fête nationale en France...

   a. le 4 juillet.

   b. le 14 juillet.

   c. le 8 mai.

CULTURE

Leçon 6B

1   **La mode** Select the answer that best completes the statement, according to the text.

1. Le style bon chic bon genre est un style de mode...

   a. hippie.

   b. confortable.

   c. classique.

2. Naf Naf est...

   a. un dessinateur.

   b. une chaîne de magasins.

   c. un grand magasin.

3. En 2000, les Français dépensent... d'argent pour la mode qu'en 1990.

   a. plus

   b. autant (*as much*)

   c. moins

4. Une longue tunique à capuche (*hooded*) que les hommes et les femmes portent en Afrique du Nord s'appelle...

   a. une djellaba.

   b. un madras.

   c. un paréo.

5. Coco Chanel a inventé le concept...

   a. de la petite robe noire.

   b. des accessoires chic.

   c. des cravates pour femmes.

Unité 7
CULTURE

Leçon 7A

1 **Vrai ou faux?** Indicate whether these statements are **vrai** or **faux**. Correct the underlined part in the false statements only.

	Vrai	Faux

1. Tahiti se trouve <u>dans le sud de l'océan Pacifique</u>. ○ ○

   _____

2. Une des langues officielles à Tahiti est <u>l'anglais</u>. ○ ○

   _____

3. La ville principale de Tahiti est <u>Port-au-Prince</u>. ○ ○

   _____

4. Pour voir (*see*) le train le plus long du monde, on va <u>en Europe</u>. ○ ○

   _____

5. À l'origine, le musée d'Orsay était <u>une gare</u>. ○ ○

   _____

CULTURE

Leçon 7B

1 **Les vacances** Select the answer that best completes the statement or answers the question, according to the text.

1. Aujourd'hui, les Français ont... semaines de vacances par an.
   a. deux   b. quatre   c. cinq

2. Une des destinations de vacances à l'étranger préférées des Français est...
   a. l'Espagne.   b. les États-Unis.   c. l'Allemagne.

3. Les Français qui restent en France pour leurs vacances préfèrent aller...
   a. à la campagne.   b. à la montagne.   c. au bord de la mer.

4. De toute la population française, qui voyage le plus?
   a. les étudiants   b. les personnes âgées   c. les agriculteurs

5. Quelle île française est située dans la mer des Antilles?
   a. La Polynésie française   b. La Martinique   c. Tahiti

Optional Test Sections

Unité 8
CULTURE

Leçon 8A

1 **Choisissez** Select the answer that best completes the statement, according to the text.

1. La majorité de la population française habite...

a. en ville.　　　　　　　b. à la campagne.　　　　　c. en banlieue.

2. Dans l'est de la France, on trouve des maisons...

a. avec des toits en tuiles rouges.　　b. avec des toits en chaume.　c. à colombages.

3. On trouve les maisons en briques qui ont des toits en ardoise (*slate roofs*)...

a. dans le nord.　　　　　b. dans le sud.　　　　　　c. dans la région parisienne.

4. Pour voir (*see*) des maisons construites sur pilotis (*stilts*), on va en Afrique centrale et de l'Ouest et...

a. au Viêt-nam.　　　　　b. aux Antilles.　　　　　　c. au Canada.

5. Le château Frontenac est...

a. dans la vallée de la Loire.　　b. en Provence.　　　　c. à Québec.

CULTURE

Leçon 8B

1 **Vrai ou faux?** Indicate whether these statements are **vrai** or **faux**. Correct the false statements.

	Vrai	Faux
1. Les logements français sont en général plus grands que les logements américains.	○	○
2. On trouve plusieurs appartements dans un immeuble.	○	○
3. Les appartements ont toujours un lave-vaisselle.	○	○
4. Les kasbahs sont des tentes berbères.	○	○
5. Le Corbusier est l'inventeur de l'unité d'habitation, un concept sur les logements collectifs.	○	○

OPTIONAL TEST SECTIONS

Unité 1   Flash culture

1 **Les salutations** Answer these questions in English according to what you saw in **Flash culture**.

In France...

1. What do friends do when they say hello?

   _____

   _____

2. What do friends do when they say good-bye?

   _____

   _____

3. How do family members greet one another?

   _____

   _____

4. How do people greet one another formally?

   _____

   _____

5. How are formal and informal introductions different?

   _____

   _____

   _____

Panorama

1 **Le monde francophone** Select the answer that best completes each statement, according to the text.

1. Le français est une langue officielle dans... pays (*countries*).

   a. 18   b. 28   c. 38

2. La capitale d'Haïti est...

   a. Port-au-Prince.   b. Yaoundé.   c. Bamako.

3. ... est un célèbre peintre francophone.

   a. Céline Dion   b. Marie-José Pérec   c. René Magritte

4. Les employés du gouvernement sont bilingues...

   a. en Louisiane.   b. au Québec.   c. au Laos.

5. ... est un des plus grands pays francophones.

   a. L'Algérie   b. La Belgique   c. Tahiti

6. ... a vendu (*sold*) la Louisiane aux États-Unis,

   a. Louis XIV   b. Charles de Gaulle   c. Napoléon Bonaparte

Unité 1 Flash culture and **Panorama**   **287**

Unité 2

Flash culture

1 **Trouvez** Using what you remember from **Flash culture**, choose the word or expression that corresponds to each definition.

la bibliothèque	le collège	la physique
une cantine	l'espagnol	un point de rencontre

1. A place where students spend time between classes... _____

2. Where Benjamin, the narrator, says "Chut!" (*hush*) and whispers... _____

3. A class *not* mentioned by any of the students interviewed... _____

4. One student thinks this is a difficult class... _____

5. When students are around 12 years old, they attend this school for four

years... _____

Panorama

1 **La France** Indicate whether each of these statements is **vrai** or **faux**.

	Vrai	Faux
1. Le tourisme est une industrie très importante pour la France.	○	○
2. Il y a plus de douze mille monuments en France.	○	○
3. Pour payer (*pay*) en France, on utilise le franc français.	○	○
4. Camille Claudel est une femme sculpteur française.	○	○
5. Un «Immortel», c'est un membre de l'Académie française.	○	○
6. La France a la forme d'un triangle.	○	○
7. Le cinématographe a été inventé par (*was invented by*) les frères Lumière.	○	○
8. Le TGV est un train.	○	○
9. La France est connue (*known*) pour ses activités dans l'industrie aérospatiale principalement avec la compagnie Renault.	○	○

Optional Test Sections

Unité 3

Flash culture

1 **Décrivez** Describe these people in the video using at least two different adjectives for each. You may want to give their approximate age, describe their hair color or style, and their personalities. Use complete sentences. Be creative!

1. la maman et l'enfant _____

_____

2. les jeunes qui jouent au foot _____

_____

3. la femme qui fait du jogging _____

_____

4. le garçon et sa petite amie _____

_____

5. la femme et son chien _____

_____

Panorama

1 **Vrai ou faux?** Indicate whether these statements are **vrai** or **faux**. Correct the false statements.

	Vrai	Faux
1. Au musée du Louvre, on peut voir (*see*) les squelettes de 7.000.000 de personnes.	○	○
2. Édith Piaf est une célèbre chanteuse française.	○	○
3. Si on a envie de voir *La Joconde,* on va à la tour Eiffel.	○	○
4. Le métro de Paris a été construit (*was built*) par I.M. Pei.	○	○
5. Paris est divisée en 20 arrondissements.	○	○

Optional Test Sections

Unité 4

Flash culture

1 Composez Based on what you saw in **Flash culture,** write three sentences mentioning at least two food items and three beverages that one can enjoy at the café **La Belle Époque.**

_____

_____

_____

_____

_____

_____

_____

_____

_____

Panorama

1 Choisissez Select the answer that best completes the statement, according to the text.

1. La Normandie et la Bretagne sont... de la France.
   - a. au nord
   - b. au sud
   - c. à l'est

2. Pour faire de l'élevage, il faut avoir...
   - a. des fruits.
   - b. la pêche.
   - c. des animaux.

3. Le Mont-St-Michel est...
   - a. en Normandie.
   - b. en Provence.
   - c. en Bretagne.

4. Le couturier Christian Dior est...
   - a. parisien.
   - b. breton.
   - c. normand.

5. Le camembert est une sorte de...
   - a. dessert.
   - b. fromage.
   - c. boisson.

6. Les menhirs sont de grand(e)s...
   - a. pierres (*stones*).
   - b. cafés.
   - c. artistes.

7. Les jardins de Monet sont à/au...
   - a. Paris.
   - b. Giverny.
   - c. Mont-Saint-Michel.

8. En général, les gens qui visitent Deauville sont...
   - a. intellectuels.
   - b. riches.
   - c. travailleurs.

Unité 5

Flash culture

1 **Complétez** Using what you remember from **Flash culture**, complete these sentences with words from the list.

de la gym et de la danse	du jogging	à la pétanque
au cinéma	au tennis	le basket

1. Au centre d'activités d'Aix-en-Provence, quand on aime courir longtemps, on fait

   _____.

2. On peut (*can*) aussi jouer _____ à deux, avec des raquettes, sur un
   terrain vert (*green field*).

3. Il est aussi possible de faire un sport qu'on pratique avec un gros ballon orange,

   c'est _____.

4. L'été, surtout dans le sud (*south*) de la France, on adore jouer _____.

5. À la Maison des Jeunes et de la Culture, on fait _____.

6. La narratrice (*narrator*) adore les films, elle va souvent _____.

Panorama

1 **Choisissez** Select the answer that best completes the statement, according to the text.

1. Pour visiter de grands châteaux comme Chambord, on va...
   a. en Provence.   b. en Normandie.   c. au Centre.

2. Dans les régions des Pays de la Loire et du Centre, une des industries principales est...
   a. le tourisme.   b. l'élevage des animaux.   c. la pêche.

3. Jules Verne, auteur de *Vingt mille lieues sous les mers* est...
   a. de Bretagne.   b. de la région parisienne.   c. des Pays de la Loire.

4. Pour aller du rez-de-chaussée au premier étage, on a le choix (*choice*) entre différents...
   a. fenêtres.   b. cheminées.   c. escaliers.

5. La vallée de la Loire s'appelle aussi...
   a. la vallée des jardins.   b. la vallée des rois.   c. la vallée de la lumière.

6. Les 24 heures du Mans est une course...
   a. automobile.   b. cycliste.   c. de chevaux.

7. Le Printemps de Bourges est...
   a. un grand château.   b. un festival de musique.   c. une grande course de motos.

8. La vallée de la Loire est réputée (*famous*) pour ses vins blancs, comme...
   a. le champagne.   b. le sauvignon.   c. le merlot.

Optional Test Sections

Unité 6

Flash culture

1 Choisissez Select the responses that best complete these sentences.

1. Le Jour de l'an, c'est le...

   a. 1er janvier.   b. 31 décembre.   c. 1er mai.

2. On célèbre Pâques...

   a. en hiver.   b. en été.   c. au printemps.

3. La fête nationale française, c'est le...

   a. 14 juillet.   b. 18 novembre.   c. 1er septembre.

4. Le 25 décembre, c'est...

   a. Pâques.   b. Noël.   c. le carnaval.

5. La fête de la musique est au mois...

   a. de juin.   b. de juillet.   c. d'août.

Panorama

1 Choisissez Select the answer that best completes the statement, according to the text.

1. L'Aquitaine, le Midi-Pyrénées et le Languedoc-Roussillon sont...

   a. dans le nord de la France.   b. dans le sud de la France.   c. dans l'est de la France.

2. Dans la grotte de Lascaux, on trouve...

   a. des dessins préhistoriques.   b. des châteaux médiévaux.   c. des ruines romaines.

3. Aliénor d'Aquitaine était...

   a. reine de France.   b. femme écrivain.   c. dessinatrice de mode.

4. Le plat régional avec des haricots blancs, de la viande de porc et de canard et des tomates s'appelle...

   a. la bouillabaisse.   b. le foie gras.   c. le cassoulet.

5. La pelote basque est...

   a. un plat régional.   b. un sport.   c. un festival.

6. Les arènes de Nîmes datent...

   a. de l'ère romaine.   b. du Moyen Âge.   c. du dix-huitième siècle.

7. La langue d'Oc est...

   a. un dessert régional.   b. une grotte préhistorique.   c. une langue romane.

Unité 7

Flash culture

1 **Complétez** Using what you remember from **Flash culture**, complete these sentences with words from the list.

le taxi
la gare
un train
autobus
l'avion
le car

Pour arriver en Provence, on va à l'aéroport et on prend (1) _____, ou alors il y a
(2) _____ spécial, le TGV.

À (3) _____ routière, on prend (4) _____ pour aller d'une ville à l'autre.

En ville, il y a le choix entre l'(5) _____ ou (6) _____.

Panorama

1 **Choisissez** Select the answer that best completes the statement, according to the text.

1. La principauté de Monaco se trouve près de...
   a. Grenoble.   b. Avignon.   c. Nice.

2. L'auteur du *Petit Prince* s'appelle...
   a. Marcel Pagnol.   b. Antoine de Saint-Exupéry.   c. Nostradamus.

3. Le palais des Papes se trouve à...
   a. Avignon.   b. Lyon.   c. Chamonix.

4. Les cow-boys français s'appellent...
   a. les gardians.   b. les taureaux.   c. les Camarguais.

5. La ville de Grenoble n'est <u>pas</u> connue comme...
   a. station de ski.   b. ville technologique.   c. ville de musique.

6. La Savoie est connue pour ses plats composés de...
   a. poisson.   b. fromage.   c. légumes frais.

7. Le festival de Cannes a lieu chaque année en...
   a. mars.   b. mai.   c. juillet.

8. Le festival de Cannes est un festival...
   a. du film.   b. de musique.   c. de mode.

9. La ville de Grasse est un centre de la fabrication de...
   a. tissu.   b. vin.   c. parfum.

Optional Test Sections

Unité 8

Flash culture

1 **Choisissez** Using what you remember from **Flash culture**, select the answer that best completes each sentence.

1. La vieille ville d'Aix-en-Provence est un _____ très pittoresque.

   a. escalier   b. quartier   c. loyer

2. Au centre-ville, les gens habitent normalement des _____.

   a. logements   b. oreillers   c. appartements

3. Pour les étudiants de l'Université d'Aix, il y a des _____.

   a. résidences   b. couloirs   c. murs

4. On trouve des _____ avec jardin près du centre-ville.

   a. lavabos   b. maisons   c. immeubles

5. En France, les appartements ont très souvent des _____.

   a. garages   b. terrasses   c. balcons

Panorama

1 **Choisissez** Select the answer that best completes the statement, according to the text.

1. L'Alsace et la Lorraine ont une frontière avec...

   a. l'Angleterre.   b. l'Espagne.   c. l'Allemagne.

2. On peut faire du ski dans... en Alsace.

   a. les Vosges.   b. les Alpes.   c. les Pyrénées.

3. Pour visiter la place Stanislas, on va à...

   a. Strasbourg.   b. Nancy.   c. Bar-le-Duc.

4. Beaucoup de gens en Alsace parlent français et...

   a. allemand.   b. anglais.   c. espagnol.

5. Un plat typiquement alsacien est...

   a. la choucroute.   b. le cassoulet.   c. la raclette.

6. Strasbourg est le siège...

   a. de la Coupe du monde. b. des Jeux Olympiques.   c. du Conseil de l'Europe.

7. C'est une personne célèbre née en Lorraine...

   a. Napoléon.   b. Joséphine.   c. Jeanne d'Arc.

8. Le mélange de cultures en Alsace...

   a. pose des problèmes   b. est bien visible,   c. divise les habitants
      aux habitants.   surtout à Noël.   de la région.

Optional Test Sections

Unité 1
LECTURE SUPPLÉMENTAIRE

Leçon 1A

1   **Conversation** Read this conversation that took place on a college campus and indicate whether each of the statements is true (**vrai**) or false (**faux**). Correct the false statements.

À l'université

ALINE Euh… Pardon… Olivia?

OLIVIA Aline! Salut! Comment vas-tu?

ALINE Très bien, merci. Et toi?

OLIVIA Oh, pas mal…

ALINE J'ai cours de sciences politiques dans dix minutes. Et toi?

OLIVIA Moi aussi!

ALINE Ah! Je te présente un ami, Dien. Il est professeur au lycée. Il est américain.

OLIVIA Bonjour. Olivia Briand. Enchantée et bienvenue à Aix-en-Provence.

DIEN Merci. Bonjour, Olivia. Enchanté.

ALINE Et voici mon petit ami, Martin Deschamps.

MARTIN Bonjour, Olivia.

OLIVIA Bonjour, Martin. Enchantée.

MARTIN Bon, alors, à plus tard.

ALINE Oui, salut.

DIEN Au revoir.

OLIVIA À bientôt.

	Vrai	Faux
1. Il y a quatre amis.	○	○
2. Aline a cours de sociologie.	○	○
3. Aline va mal.	○	○
4. Dien est américain.	○	○
5. Le professeur s'appelle Martin Deschamps.	○	○
6. Dien est étudiant.	○	○
7. Olivia va au lycée à Aix-en-Provence.	○	○
8. Il y a un cours de sciences politiques dans 10 minutes.	○	○

Unité 1
LECTURE SUPPLÉMENTAIRE

Leçon 1B

1 Des annonces Read these ads from a francophone pen pal website. Then answer the questions that follow using complete sentences.

Je m'appelle Mohammed Larbi. Comment ça va? Je suis marocain. Je suis étudiant en littérature à l'Université de Paris. Je suis amusant, sociable, optimiste et un peu idéaliste.

Bonjour, les amis! Je m'appelle Laura Daumier et je suis québécoise, de Montréal. Je suis élève au lycée. Je suis sociable et indépendante. J'aime les élèves sincères et intéressants.

Salut! Je m'appelle Amadou. Je suis d'origine sénégalaise et je suis étudiant en sociologie à l'Université d'Aix-en-Provence. J'ai une petite amie. Elle s'appelle Nadja. Elle est martiniquaise. Elle est charmante et élégante et c'est une étudiante brillante.

Bonjour! Je m'appelle Mai. Je suis vietnamienne. Je suis étudiante à l'université. Je suis sympa et amusante. Voici ma colocataire. Elle s'appelle Yen. Elle est d'origine vietnamienne aussi et elle est étudiante en sciences politiques. Elle est un peu timide.

1. Il y a combien de garçons? _____

2. Laura est étudiante à l'université? _____

3. Nadja est une étudiante intelligente? _____

4. Comment est Laura? _____

5. Amadou est français? _____

6. Nadja est d'origine sénégalaise? _____

7. Comment s'appelle le garçon marocain? _____

8. Yen est de quelle origine? _____

9. Mai est élève au lycée? _____

10. Yen est sociable et amusante? _____

Unité 2
LECTURE SUPPLÉMENTAIRE

Leçon 2A

1 **Un e-mail** Gisèle is a university student. Read this e-mail to her friend Marc and indicate whether each of the statements is **vrai** or **faux**. Correct the false statements.

Salut Marc,

Comment ça va à la fac? Moi, ça va très bien. J'ai une camarade de chambre très sympa. Elle s'appelle Céline et elle étudie les lettres. Elle adore voyager, dessiner et parler au téléphone, et moi aussi! C'est super, non? À la fac, j'ai des cours intéressants. Comme j'adore les sciences, j'étudie la biologie, la physique, la chimie, les mathématiques et l'informatique. J'adore le cours de physique! C'est mon cours préféré! Le prof est sympa, les étudiants sont intelligents et la salle de classe est agréable. J'aime bien le cours de chimie, mais je n'aime pas tellement le prof. Il donne trop de devoirs et les examens sont difficiles. J'aime mieux le prof de biologie. Il est amusant et il donne des devoirs faciles et de bonnes notes! L'informatique, c'est facile. J'aime bien. Et c'est utile surtout. Et les mathématiques?… Je déteste, mais le cours est important, alors j'espère avoir de bons résultats. Oh là là! Céline et moi, on a rendez-vous au gymnase! Alors, à bientôt!

Salut,
Gisèle

	Vrai	Faux
1. Gisèle partage une chambre à l'université.	○	○
2. Gisèle n'aime pas tellement Céline.	○	○
3. La camarade de chambre de Gisèle étudie l'art.	○	○
4. Gisèle et Céline aiment bien voyager.	○	○
5. Gisèle n'aime pas tellement les sciences.	○	○
6. Les devoirs de biologie sont difficiles.	○	○
7. Le cours de maths est le cours préféré de Gisèle.	○	○
8. Gisèle retrouve Céline au resto U.	○	○

Optional Test Sections

Unité 2
LECTURE SUPPLÉMENTAIRE

Leçon 2B

1 **Un emploi du temps** Mohammed is a student at a university in Lille. Look at his class schedule for this semester. Then answer the questions using complete sentences. Be sure to write out the times.

	lundi	mardi	mercredi	jeudi	vendredi
8h00	sciences politiques			sciences politiques	
9h15	économie			sciences politiques	
10h30	économie	gestion		histoire	
11h30	économie	anglais	droit		
12h45	gestion		histoire		informatique
14h15	droit			anglais	informatique
15h30	anglais				histoire
16h45					gestion

1. Mohammed assiste-t-il à un cours d'anglais le mardi après-midi? _____

   _____

2. À quelle heure Mohammed arrive-t-il à l'université le mardi matin? _____

   _____

3. Le cours d'informatique de Mohammed est-il le matin? À quelle heure commence-t-il?

   _____

4. Quels jours Mohammed arrive-t-il tôt à l'université? _____

   _____

5. Le lundi, le dernier cours de Mohammed est à quelle heure? _____

   _____

6. À quelle heure commence le premier cours de Mohammed le mercredi? _____

   _____

7. Nous sommes jeudi après-midi. Mohammed arrive à l'université à deux heures. Est-il en avance ou en retard? Pourquoi? _____

   _____

8. Le mercredi, Mohammed a cours de quelle heure à quelle heure?

   _____

Unité 3
LECTURE SUPPLÉMENTAIRE

Leçon 3A

1 **À Québec** Marine has just spent her first week as an exchange student in Quebec City. Read the letter she wrote to her parents. Then, write complete sentences to answer the questions.

Chers papa et maman,

Me voici à Québec. J'aime beaucoup. Ma famille est super. J'adore la fille aînée. Elle s'appelle Ludmilla et elle a seize ans. Elle est petite et blonde. Ses cheveux sont frisés et ses yeux sont verts. Elle est très sociable! Elle a beaucoup d'amis très sympas. Elle a deux frères. Jules a quatorze ans. Il est petit et blond aussi. C'est un élève brillant. Il est très intellectuel et un peu timide, mais sympa! Le cadet s'appelle Charles. C'est le demi-frère de Ludmilla et de Jules. (Les parents de Ludmilla et de Jules sont divorcés. Le père de Ludmilla, Jean, habite à Montréal. Il est fiancé à une femme d'origine française. Elle s'appelle Sophie. La mère de Ludmilla, Nathalie, est mariée avec le père de Charles maintenant[1].) Je n'aime pas du tout Charles! Il a quatre ans et il n'est pas gentil du tout. Et il est égoïste! La mère de Ludmilla est de taille moyenne. Elle a les cheveux châtains et les yeux bleus. Elle enseigne les maths dans un lycée à Québec. Son mari, le père de Charles, s'appelle Maurice. Il travaille dans le marketing. La grand-mère de Ludmilla (la mère de sa mère) est veuve et elle habite avec nous. Elle s'appelle Anne. Elle prend des cours de sociologie à l'université le matin. Je l'aime beaucoup. La famille a deux chiens et un chat. Voilà.

À bientôt.

Marine

[1] now

1. Est-ce que la mère de Ludmilla travaille? _____

2. Est-ce que Maurice est le père de Ludmilla et de Jules? _____
   _____

3. Qui est Anne? _____

4. Est-ce que Marine aime bien le demi-frère de Ludmilla? Pourquoi? _____
   _____

5. Est-ce que la mère de Ludmilla est veuve? _____

6. Comment est Nathalie? _____

7. Comment s'appelle le beau-père de Ludmilla? _____
   _____

8. Comment sont Ludmilla et son frère? _____

9. Est-ce que Jean, le père de Ludmilla, est déjà marié avec Sophie? _____
   _____

10. Est-ce que la famille a des oiseaux? _____

Unité 3 Lectures supplémentaires **299**

Optional Test Sections

Unité 3
LECTURE SUPPLÉMENTAIRE

Leçon 3B

1 **Les professions** Read this excerpt from the employment section of a French newspaper. Then, indicate whether each statement is **vrai** or **faux**, and correct the false statements.

Recherche architecte travailleur et indépendant

Près de Paris
Études: Diplôme d'architecte + expérience

Avocat

Diplôme de droit, anglais et allemand utiles
Le candidat doit[1] aimer voyager, être sérieux et être prêt à travailler tard le soir

---

Recherche coiffeur /coiffeuse

3 matinées (lundi, mercredi, jeudi) + week-end (soirées)
Salon en face de la tour Eiffel
Téléphone: 01.42.56.78.36 (Madame Rigaud)

Journaliste très bon anglais

Journal étranger (à New York)
Salaire: 2500 euros/mois

Recherche ingénieur près de Paris

Diplôme: Bac S + diplôme d'ingénieur
Salaire: 3200 euros/mois
Téléphone: 01.46.87.35.69

---

[1] *must*

	Vrai	Faux
1. Le poste (*position*) d'architecte est loin de Paris.	○	○
2. Le coiffeur /La coiffeuse travaille l'après-midi.	○	○
3. Le numéro de téléphone de Madame Rigaud est le zéro un, quarante-trois, cinquante-six, soixante-dix-huit, trente-neuf.	○	○
4. Le salon est près de la tour Eiffel.	○	○
5. Les langues étrangères ne sont pas utiles pour le poste de journaliste.	○	○
6. Le numéro de téléphone pour le poste d'ingénieur est le zéro un, quarante-six, quatre-vingt-sept, trente-cinq, soixante-neuf.	○	○
7. Les langues étrangères sont utiles pour le poste d'avocat.	○	○
8. L'avocat et le journaliste doivent (*must*) aimer voyager.	○	○

Unité 4
LECTURE SUPPLÉMENTAIRE

Leçon 4A

1 **Rennes** Imagine you and your family are going to spend your next vacation in Rennes, a French city located in Brittany. Jérémy, your pen pal from Rennes, sent you a list of places worth visiting while there. Read this list and answer the questions using complete sentences.

Discothèque Pym's Club
27, place du Colombier
35000 Rennes

Centre Commercial Cleunay
rue Jules Vallès
35000 Rennes
25 magasins ouverts de 9h30 à 20h00

Restaurant Le Gourmandin
4, place Bretagne
35000 Rennes
Fermé le samedi midi et le dimanche

L'Épicerie Gourmande
16, rue Maréchal Joffre
35000 Rennes

Cinéma Gaumont 35000 Rennes

Musée Espace des sciences
Expositions et animations
10, cours des Alliés
35000 Rennes

Patinoire-Skating de Rennes
avenue Gayeulles
35000 Rennes

---

1. Comment s'appelle le cinéma que Jérémy fréquente? _____
   _____

2. Jérémy donne-t-il l'adresse d'un marché à Rennes? _____
   _____

3. Combien de magasin(s) y a-t-il dans le centre commercial? _____
   _____

4. Où est l'épicerie? _____
   _____

5. Comment s'appelle le musée? _____
   _____

6. Où est-ce que Jérémy patine? _____
   _____

7. Où est-ce que Jérémy aime dîner? _____
   _____

8. Pour danser, où va-t-on? _____
   _____

Optional Test Sections

Unité 4
LECTURE SUPPLÉMENTAIRE

Leçon 4B

1 **Conversation** Read this conversation among several friends and a waiter at a café. Then indicate whether each of the statements is **vrai** or **faux**. Justify your answers.

Au café

NADINE J'ai faim, moi. On mange quelque chose?

MARC Oui, moi aussi, j'ai faim. J'ai envie de prendre une soupe.

NATHAN Moi, je n'ai pas faim, mais j'ai soif. J'ai envie d'un thé glacé.

NADINE Moi aussi! J'adore le thé glacé. Et toi, Sophie, qu'est-ce que tu prends?

SOPHIE Euh… Peut-être un chocolat chaud…

SERVEUR Bonjour. Qu'est-ce que je vous apporte?

MARC Pour moi, une soupe, un verre de limonade et puis… un éclair au café, s'il vous plaît.

SERVEUR Et pour vous?

NADINE Un thé glacé, des frites et… Combien coûte un sandwich au fromage?

SERVEUR Baguette?

NADINE Euh… Non, pain de campagne.

SERVEUR Alors, c'est cinq euros cinquante.

NADINE Bon, alors, je prends aussi le sandwich pain de campagne et fromage, s'il vous plaît.

SERVEUR Très bien. Et Mademoiselle?

SOPHIE Un chocolat chaud, s'il vous plaît. Euh… non, un café et une eau minérale.

NATHAN Et pour moi, un thé glacé aussi, s'il vous plaît.

SERVEUR Merci. Je vous apporte ça tout de suite.

	Vrai	Faux
1. Sophie a faim.	○	○
2. Nadine adore la baguette.	○	○
3. Sophie boit un chocolat chaud.	○	○
4. Les deux garçons prennent un thé glacé.	○	○
5. Nathan a faim, mais il n'a pas soif.	○	○
6. Un sandwich au fromage coûte un peu moins de 6€.	○	○
7. Marc ne mange pas au café.	○	○
8. Une fille prend des frites.	○	○

Optional Test Sections

Unité 5
LECTURE SUPPLÉMENTAIRE

Leçon 5A

1 **Un sondage** Your friend Ahmed responded to a survey about leisure activities. Read this excerpt from his survey (**sondage**). Then answer the questions using complete sentences.

SONDAGE

Activités culturelles Allez-vous souvent... (si oui, quand?)

au cinéma? _____ *oui, deux/trois fois par semaine* _____

au spectacle? _____ *rarement (une/deux fois par an)* _____

au musée? _____ *jamais* _____

Sports Quels sports pratiquez-vous? Combien de fois par semaine? *jogging (cinq jours par semaine, le matin); volley-ball (deux fois par semaine); vélo (le week-end); tennis (parfois le samedi)*

Lecture Nombre de livres par semaine: *4 livres* _____ Livres préférés: _____ *les bandes dessinées* _____

Autres activités de loisir?
Pratiquez-vous les activités suivantes?

	oui, souvent	parfois	non, jamais
jouer aux échecs	○	○	☑
jouer aux cartes	☑	○	○
faire la cuisine	☑	○	○
faire des randonnées	○	☑	○
faire du camping	☑	○	○
bricoler	○	○	☑
aller à la pêche	○	☑	○

---

1. Quels sont les livres préférés d'Ahmed? _____

_____

2. Ahmed va souvent au musée? _____

3. Combien de livres est-ce qu'Ahmed lit (*reads*) par semaine? Il lit beaucoup? _____

4. Quel jeu est-ce qu'Ahmed aime beaucoup? _____

5. Dans la catégorie **Autres activités de loisir**, quels sont les passe-temps qu'on pratique surtout à la maison? _____

_____

6. Quel(s) sport(s) est-ce qu'Ahmed pratique parfois le week-end? _____

_____

7. Quel est le sport préféré d'Ahmed, à votre avis (*in your opinion*)? Quand pratique-t-il ce sport?

_____

_____

8. Ahmed va-t-il plus souvent au cinéma ou à la pêche? _____

Optional Test Sections

Unité 5
LECTURE SUPPLÉMENTAIRE

Leçon 5B

1 **Quel temps fait-il?** Look at this weather map of France and fill in the missing information in the forecast below. Then answer the questions using complete sentences.

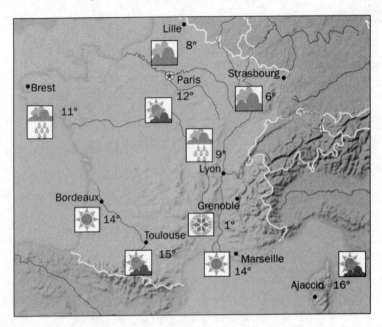

Aujourd'hui, il pleut à (1) _____ et à (2) _____. À
Marseille et à Bordeaux, (3) _____ et il fait (4) _____
degrés. Le temps est un peu nuageux, mais il fait aussi du soleil à (5) _____, à
(6) _____ et à (7) _____. Il (8) _____
et il fait (9) _____ à Grenoble: un degré aujourd'hui! Et à Lille et à Strasbourg,
le temps est très (10) _____. Les (11) _____: Lille, huit
degrés et Strasbourg, (12) _____ degrés.

1. Est-ce qu'il fait bon à Strasbourg aujourd'hui?

   _____

2. Quelle température fait-il à Paris?

   _____

3. Où est-ce qu'il fait plus frais: à Toulouse ou à Marseille?

   _____

4. Est-ce qu'on fait du ski près de Grenoble aujourd'hui? Pourquoi?

   _____

5. C'est le mois de novembre ou le mois d'août? C'est quelle saison?

   _____

Unité 6
LECTURE SUPPLÉMENTAIRE

Leçon 6A

1 **Biographie** Read this short biography of Claude Monet, the famous French impressionist painter. Then answer the questions using complete sentences.

1840	Naissance de Claude Monet à Paris. Il passe son enfance au Havre, en Normandie.
1856	Monet apprend les techniques artistiques avec l'artiste Eugène Boudin.
1862–1872	Monet étudie l'art à Paris. Il fait la connaissance de Pierre-Auguste Renoir. Ils fondent ensemble le mouvement impressionniste. Monet rencontre aussi Camille Doncieux. Il tombe amoureux d'elle et le jeune couple se marie. Les jeunes mariés ont leur premier enfant et ils partent habiter à Argenteuil. Six ans plus tard, c'est la mort de Camille. Monet décide de retourner en Normandie où il a passé sa jeunesse. Il s'installe[1] dans une maison à Giverny et il continue à peindre[2].
1892	Deuxième mariage de Monet, avec Alice Hoschede.
1899–1901	Monet fait plusieurs voyages et travaille à Londres, en Angleterre.
1905–1925	Monet continue son travail impressionniste à Giverny.
1926	Mort de Monet.

[1] settles [2] to paint

1. Où est-ce que Claude Monet passe son enfance?

   ___

2. Que fait-il pendant son adolescence? Avec qui?

   ___

3. Où est-ce que Monet habite dans les années 1860? Qu'est-ce qu'il fait là-bas?

   ___

4. Avec qui fonde-t-il le mouvement impressionniste?

   ___

5. Qu'est-ce qui arrive (*happens*) quand Monet rencontre Camille Doncieux?

   ___

6. Qu'est-ce que le jeune couple fait après la naissance de leur premier enfant?

   ___

7. Qu'est-ce qui arrive six ans après la naissance du premier enfant de Monet?

   ___

8. Monet reste-t-il (*stays*) veuf après la mort de Camille?

   ___

Optional Test Sections

Unité 6
LECTURE SUPPLÉMENTAIRE

Leçon 6B

1 **Une interview** Read this magazine interview with a young fashion designer from Martinique. Then answer the questions using complete sentences.

MODE JEUNE Bonjour, Laëtitia. Est-ce que vous pouvez nous parler un peu de votre nouvelle collection de vêtements?

LAËTITIA Oui, bien sûr. Alors, cette nouvelle collection est ma collection d'été, donc, pour les femmes, il y a surtout des jupes, des robes et des chemisiers.

MODE JEUNE Et vous faites aussi des vêtements pour hommes, n'est-ce pas?

LAËTITIA Oui, des shorts et des chemises à manches courtes. Des vêtements simples et agréables, pour l'été.

MODE JEUNE Quelles sont vos couleurs préférées?

LAËTITIA J'aime les couleurs chaudes, les couleurs de la Martinique, alors j'utilise beaucoup de rouge et de jaune, et puis aussi le blanc parce que c'est une belle couleur pour l'été. Et le bleu aussi.

MODE JEUNE Et vous aimez quels tissus pour vos vêtements?

LAËTITIA Le coton. C'est bien quand il fait chaud. Et puis la soie, parce que c'est beau.

MODE JEUNE Comment décrivez-vous le style de vos vêtements?

LAËTITIA Jeune, simple... et bon marché. Oui, bon marché, c'est très important parce que je fais des vêtements pour les jeunes.

MODE JEUNE Vous avez d'autres projets, après cette collection?

LAËTITIA Oui, en ce moment, je travaille sur une collection d'accessoires: lunettes de soleil, sacs à main, casquettes, ceintures. Je pense que cette collection va sortir à l'automne.

1. Pour qui est-ce que Laëtitia fait des vêtements? _____
   _____

2. Est-ce que la nouvelle collection de Laëtitia est une collection d'hiver ou d'été? _____
   _____

3. De quelles couleurs sont les vêtements de Laëtitia en général? _____
   _____

4. Quels sont les trois types de vêtements pour femmes que Laëtitia fait? _____
   _____

5. Décrivez le style des créations de Laëtitia. _____
   _____

6. En quoi sont souvent les vêtements de Laëtitia? Pourquoi? _____
   _____

7. Quels sont deux types de vêtements pour hommes que Laëtitia fait? _____
   _____

8. Sur quoi est-ce que Laëtitia travaille en ce moment? Citez deux articles de cette collection.
   _____
   _____
   _____

Unité 7
LECTURE SUPPLÉMENTAIRE

Leçon 7A

1 **Brochures de voyages** Read these two brochures from a travel agency. Then answer the questions using complete sentences.

Week-end dans la capitale

Les transports

Train TGV au départ de Valence (départ le vendredi à 6h55, arrivée à Paris Gare de Lyon à 9h04)

L'hôtel

Hôtel confortable à 2 minutes d'un arrêt d'autobus et 5 minutes de la station de métro Maubert-Mutualité

Activités

Visite de la cathédrale Notre-Dame

Musée du Louvre

Promenade en bateau-mouche sur la Seine

Promenade à pied[1] dans le quartier Latin et shopping

Séjour d'une semaine au Brésil

Jour 1: Paris-Rio. Départ de Paris sur vol Air France.

Jour 2: Rio. Arrivée le matin à Rio. Transfert à l'hôtel. Déjeuner dans un restaurant à Copacabana. Visite de la ville en autobus et après-midi à la plage.

Jour 3: Vol Rio-Iguaçu. Nuit à Iguaçu.

Jour 4: Iguaçu. Visite des chutes[2] et petit train pour la Garganta del Diablo.

Jour 5: Iguaçu-Salvador. Vol le matin pour Salvador de Bahia. Visite de la cathédrale et shopping au marché.

Jour 6: Salvador. Promenade en bateau.

Jour 7: Salvador-Rio et départ pour Paris.

---

[1] *by foot*   [2] *waterfalls*

1. Comment va-t-on à Paris? À quelle heure part-on de Valence? À quelle heure arrive-t-on à Paris? _____

_____

2. À quelle station de métro est-ce qu'on descend pour aller à l'hôtel? _____

_____

3. Comment va-t-on se promener dans Paris? _____

_____

4. Que va-t-on faire pendant (*during*) le week-end à Paris? _____

_____

5. Comment va-t-on au Brésil? Quelle est la ville d'arrivée? _____

_____

6. Comment voyage-t-on dans le pays pendant le séjour? _____

_____

7. Que va-t-on faire à Rio?

_____

8. Quel voyage avez-vous envie de faire? Pourquoi?

_____

Optional Test Sections

Unité 7
LECTURE SUPPLÉMENTAIRE

Leçon 7B

1   **Le fax** Read this fax from a travel agent to his client. Then indicate whether each of the statements is **vrai** or **faux**. Justify your answers in complete sentences.

Monsieur,

     Je vous écris pour vous confirmer les détails de votre voyage et de votre séjour à l'hôtel Gaspard, à Montréal. J'ai réservé votre billet aller-retour Paris-Montréal, sur le vol Air Canada 56, départ le 18 mars, à 8h55, arrivée à 11h40, et retour le 26 mars (départ de Montréal à 18h58). Vous n'avez pas besoin d'un visa, mais n'oubliez pas votre passeport. Je vous ai aussi réservé une chambre avec un grand lit à l'hôtel Gaspard. C'est un hôtel confortable de quatre étages avec ascenseur, situé au centre-ville. Votre numéro de réservation est le 812RV2. À votre arrivée, donnez ce numéro à la réception pour obtenir votre clé. Votre chambre est au deuxième étage. L'hôtel a une salle avec un fax et des ordinateurs avec accès Internet, située au rez-de-chaussée, près de la réception.

     Je vous souhaite un agréable voyage et un bon séjour.

Cordialement,
Lionel Richard
Agence Valtour

	Vrai	Faux
1. L'agent de voyages a réservé un vol aller-retour pour le Canada.	○	○
2. La date d'arrivée à Montréal est le 26 mars.	○	○
3. Le client a choisi une petite auberge de jeunesse.	○	○
4. L'hôtel Gaspard a plus d'un étage.	○	○
5. La chambre du client est au rez-de-chaussée.	○	○
6. L'agent a réservé une chambre avec deux lits.	○	○
7. Pour obtenir la clé de sa chambre, on donne son passeport à l'hôtelier.	○	○
8. La réception de l'hôtel est au rez-de-chaussée.	○	○

Unité 8
LECTURE SUPPLÉMENTAIRE

Leçon 8A

1 **Annonces immobilières** Read this list of available houses and apartments at a real estate agency. Then answer the questions as completely as possible.

Agence Immobilière de la Comédie
12 Place de la Comédie 34000 MONTPELLIER 04.67.89.57.23

À LOUER	À VENDRE
Studio meublé 24 m², centre-ville	Maison de banlieue, quartier calme
Boulevard des Arceaux	20 minutes du centre-ville
Cuisine américaine équipée	Rez-de-chaussée: salon, salle à
Salle de bains (douche) rénovée, W.-C. séparés	manger, cuisine (nombreux placards)
Meublé (canapé, armoire, table/chaises, étagères)	1er étage: 3 chambres, salle de bains
Tout confort	(baignoire et douche) et toilettes
Proche arrêt de bus universités	Jardin, piscine et garage
Libre 01/12	Près centre commercial et parc
490 €	390.000 €
Grand appartement dans résidence de charme	Appartement 2 pièces
Quartier hôpitaux / universités	Centre-ville
Grande salle de séjour, cuisine équipée,	Près cinéma et musée
2 chambres avec grands placards,	Salon, cuisine, chambre,
salle de bains (douche), W.-C.	salle de bains (douche), W.-C.
3ème étage dans immeuble 4 étages avec ascenseur	2ème étage
2 balcons, cave, garage	Quartier jeune et agréable
Libre 01/01	80.000 €
1.200 €	

---

1. Combien d'appartements y a-t-il à louer? _____

2. Où est le grand appartement? _____

3. Quelles sont trois caractéristiques <u>uniques</u> du grand appartement? _____
_____

4. Quel logement n'est pas dans un immeuble? Donnez deux caractéristiques <u>uniques</u> de ce logement.
_____
_____

5. Comment est le quartier de l'appartement 2 pièces? Qu'est-ce qu'il y a dans ce quartier?
_____
_____

6. Quels logements n'ont pas de baignoire? _____

7. Quels meubles y a-t-il dans l'appartement meublé? _____
_____

8. Quel est le logement idéal pour un jeune étudiant qui n'a pas beaucoup d'argent. Pourquoi?
_____
_____

Optional Test Sections

Unité 8 Lectures supplémentaires

Unité 8
LECTURE SUPPLÉMENTAIRE

Leçon 8B

1 **Au pair** Nadine, a university student from Martinique, is now attending **la Sorbonne** in Paris and working as an **au pair**. Read her letter, then answer the questions using complete sentences.

Cher papa, chère maman,

Me voilà à Paris! Ma première semaine à la Sorbonne a été bonne. J'adore mes cours et j'ai déjà rencontré des étudiants très sympas. La famille Arceneaux est super et je suis vraiment contente. Les enfants ont sept et cinq ans. Ils sont très gentils et ils aident pas mal à la maison, alors moi, je n'ai pas beaucoup de travail. Le matin, les enfants mettent leur chocolat chaud dans le four à micro-ondes et leurs toasts dans le grille-pain, alors c'est facile! Quand j'arrive dans la cuisine, le café est souvent tout chaud dans la cafetière, parce que Madame Arceneaux aime le préparer tôt le matin. Après, les enfants font la vaisselle dans l'évier et moi, je range un peu la cuisine. Ensuite, nous faisons les lits, puis nous partons. J'emmène les enfants à l'école à 8h30 et après, je vais à la fac. Le soir, c'est Monsieur Arceneaux qui fait la cuisine. Madame Arceneaux déteste ça! Elle préfère faire la vaisselle après le repas (les Arceneaux n'ont pas de lave-vaisselle parce que leur cuisine est trop petite). Les enfants mettent et débarrassent la table. Moi, deux ou trois fois par semaine, je fais la lessive. Nous avons un lave-linge et un sèche-linge dans l'appartement. C'est pratique. Le samedi matin, nous faisons le ménage ensemble. Les enfants rangent leur chambre, Madame Arceneaux passe l'aspirateur et moi, j'enlève la poussière. Voilà notre routine!

Grosses bises,
Nadine

---

1. Le matin, en général, que font d'abord les enfants Arceneaux? _____

2. Nadine prépare-t-elle souvent le café, le matin? Comment le savez-vous? _____

3. Que font Nadine et les enfants avant de partir à l'école? _____

4. Qui prépare les repas dans la famille Arceneaux? Pourquoi? _____

5. Où fait-on la vaisselle chez les Arceneaux? Pourquoi? _____

6. Que fait Nadine plusieurs fois par semaine? Est-ce qu'elle quitte l'appartement pour ça? Pourquoi ou pourquoi pas? _____

7. Le week-end, que fait chaque personne pour aider à la maison? _____

8. Est-ce que Nadine aime habiter avec la famille Arceneaux? Comment le savez-vous? _____

Leçon 1A
VOCABULARY QUIZ I
1 1. b 2. c 3. a 4. c 5. c
2 1. d 2. e 3. f 4. a 5. c
3 a. 3 b. 5 c. 1 d. 4 e. 2
VOCABULARY QUIZ II
1 Answers will vary.
2 Answers will vary.
3 Answers will vary.
GRAMMAR 1A.1 QUIZ I
1 1. c 2. a 3. b 4. c 5. b
2 1. des étudiants 2. les amis 3. l'examen
4. des bureaux 5. le lycée
3 1. des acteurs 2. une université 3. des ordinateurs
   4. des animaux 5. un tableau
GRAMMAR 1A.1 QUIZ II
1 Answers will vary.
2 Answers will vary.
GRAMMAR 1A.2 QUIZ I
1 1. e 2. d 3. a 4. b 5. c
2 1. quinze 2. douze 3. sept 4. onze 5. cinquante
3 1. Il y a cinquante-six ordinateurs. 2. Il n'y a
   pas d'étudiant(s). 3. Il y a vingt et un bureaux.
   4. Il n'y a pas de télévision(s). 5. Il y a quarante-
   neuf animaux.
GRAMMAR 1A.2 QUIZ II
1 Answers will vary.
2 Answers will vary.
3 Answers will vary.

Leçon 1B
VOCABULARY QUIZ I
1 1. Logique 2. Illogique 3. Logique 4. Logique
   5. Illogique
2 1. une feuille 2. une carte 3. une fenêtre 4. un livre
   5. un sac à dos
3 1. un stylo 2. le tableau 3. la corbeille 4. la
   chaise 5. fenêtres
VOCABULARY QUIZ II
1 Suggested answers: 1. homme 2. fille
   3. dictionnaire 4. élèves
2 Answers will vary.

3 Suggested answers: 1. une calculatrice 2. une
   carte 3. un crayon 4. un dictionnaire
GRAMMAR 1B.1 QUIZ I
1 1. Je 2. tu 3. Elle 4. Ils 5. on 6. vous
2 1. sommes 2. sont 3. êtes 4. es 5. est 6. suis
3 1. Sean Connery et Denzel Washington sont
   acteurs. 2. Nous sommes à la librairie. 3. Vous
   êtes professeur. 4. Carole et Anne sont étudiantes.
GRAMMAR 1B.1 QUIZ II
1 Answers will vary.
2 Answers will vary.
GRAMMAR 1B.2 QUIZ I
1 1. agréables 2. français 3. occupées 4. intéressante
   5. réservées
2 1. Il est anglais. 2. Elle est italienne. 3. Ils sont
   espagnols. 4. Elles sont vietnamiennes.
   5. Il est allemand.
3 1. est optimiste 2. sont très impatients 3. sont
   désagréables 4. est difficile 5. êtes timides
GRAMMAR 1B.2 QUIZ II
1 Answers will vary.
2 Answers will vary.
3 Answers will vary.

Leçon 2A
VOCABULARY QUIZ I
1 1. h 2. f 3. e 4. a 5. g 6. c
2 1. le stylisme 2. la gestion 3. le droit
   4. l'histoire 5. l'économie
3 1. architecture 2. devoirs 3. bourse 4. notes
   5. mathématiques 6. cantine 7. cours
VOCABULARY QUIZ II
1 Answers will vary.
2 Answers will vary.
3 Answers will vary.
GRAMMAR 2A.1 QUIZ I
1 1. c 2. e 3. d 4. b 5. a
2 1. oublie 2. études 3. dessinez 4. voyager
   5. aime
3 1. cherchent 2. travailler 3. voyageons 4. habitez
   5. commençons

GRAMMAR 2A.1 QUIZ II

1 Answers will vary.

2 Answers will vary.

GRAMMAR 2A.2 QUIZ I

1 1. Adores-tu le cours de chimie? 2. Les étudiants parlent-ils français? 3. Clarice mange-t-elle à la cantine? 4. Est-ce le professeur d'économie? 5. Y a-t-il une horloge?

2 1. Nous ne dessinons pas bien. 2. Fatima et Miriam n'aiment-elles pas habiter à Paris? 3. Ne parlez pas français en cours! 4. D'habitude, tu ne manges pas à la cantine. 5. Il n'oublie pas le livre.

3 1. Si, j'aime le français. 2. je n'aime pas la chimie. 3. Pourquoi? 4. Moi non plus! 5. Y a-t-il un ordinateur dans la classe? / Est-ce qu'il y a un ordinateur dans la classe?

GRAMMAR 2A.2 QUIZ II

1 Answers will vary.

2 Answers will vary.

3 Answers will vary.

Leçon 2B

VOCABULARY QUIZ I

1 1. a 2. b 3. b 4. c 5. a 6. c

2 1. I 2. L 3. I 4. I 5. I

3 1. enseigne 2. explique 3. écoutent 4. donne 5. échoue 6. trouvons

VOCABULARY QUIZ II

1 Answers will vary.

2 Answers will vary.

3 Answers will vary.

GRAMMAR 2B.1 QUIZ I

1 1. as 2. ont 3. a 4. ai 5. avons

2 1. Mme Duchamp et moi, nous avons cinquante-trois ans. 2. Kevin a l'air occupé. 3. Tu n'as pas de chaise. 4. J'ai de la chance. 5. Georges et toi, vous n'avez pas tort.

3 1. ai peur des serpents 2. as raison 3. avez froid 4. ont besoin d' 5. a sommeil

GRAMMAR 2B.1 QUIZ II

1 Answers will vary.

2 Answers will vary.

3 Answers will vary.

GRAMMAR 2B.2 QUIZ I

1 a. 2 b. 6 c. 4 d. 8 e. 3 f. 5 g. 1 h. 7

2 Suggested answers: 1. Il est huit heures et quart du matin. 2. Il est trois heures et demie de l'après-midi. 3. Il est deux heures du matin. 4. Il est minuit. 5. Il est onze heures moins dix du soir. 6. Il est une heure vingt-cinq de l'après-midi.

GRAMMAR 2B.2 QUIZ II

1 Answers will vary.

2 Answers will vary.

Leçon 3A

VOCABULARY QUIZ I

1 1. d 2. b 3. c 4. a

2 1. chien 2. épouse 3. fille 4. poissons 5. cadet 6. divorcés

3 1. grand-père 2. belle-mère 3. père 4. petite-fille 5. oncle

VOCABULARY QUIZ II

1 Answers will vary.

2 Answers will vary.

3 Answers will vary.

GRAMMAR 3A.1 QUIZ I

1 1. jeune/nouveau 2. heureux 3. petit 4. laid 5. long

2 1. heureuse 2. fière 3. jeunes 4. naïfs 5. sérieuses

3 1. Ils sont bruns aussi. 2. Il est beau aussi. 3. Elle est intellectuelle aussi. 4. Elle est rousse aussi. 5. Ils sont fiers aussi.

GRAMMAR 3A.1 QUIZ II

1 Sample answers: 1. gros 2. heureux 3. grand 4. petits 5. bleue 6. agréables

2 Answers will vary.

3 Answers will vary.

GRAMMAR 3A.2 QUIZ I

1 1. sa 2. Ses 3. sa 4. son 5. leur

2 1. du 2. de la 3. des 4. de l' 5. de la 6. du

3 1. Oui, c'est son ordinateur. 2. Oui, ce sont leurs nièces. 3. Non, ce n'est pas leur chien. 4. Oui, ce sont ses élèves. 5. Non, ce ne sont pas nos filles. 6. Oui, c'est notre professeur.

GRAMMAR 3A.2 QUIZ II

1 Answers will vary.

2 Answers will vary.

3 Answers will vary.

Leçon 3B
VOCABULARY QUIZ I

1 1. un avocat 2. une musicienne 3. un médecin 4. un architecte 5. une coiffeuse 6. une femme d'affaires 7. une athlète 8. un artiste 9. un ingénieur 10. un journaliste

2 Suggested answers: 1. courageuse 2. paresseux 3. fortes 4. ennuyeux 5. géniaux 6. généreux

3 1. Sylvie et Aurélie sont inquiètes. 2. La mère d'Odile n'est pas coiffeuse. 3. Nous sommes dentistes. 4. Mme Joubet, vous êtes douce.

VOCABULARY QUIZ II

1 Answers will vary.

2 Answers will vary.

3 Answers will vary.

GRAMMAR 3B.1 QUIZ I

1 1. quatre-vingts 2. soixante-douze 3. quatre-vingt-quinze 4. cent 5. quatre-vingt-dix 6. soixante-quatorze

2 1. soixante-sept, quatre-vingt-dix-huit, soixante-dix 2. quarante-deux, quatre-vingt-six, quatre-vingt-onze 3. soixante-dix-sept, soixante et un, quatre-vingt-un 4. quatre-vingt-treize, soixante-dix-neuf, cinquante-sept 5. quatre-vingt-quatre, quatre-vingt-huit, quatre-vingt-seize 6. soixante-six, trente-six, soixante-quinze

3 1. Nous avons quatre-vingt-dix-neuf chaises. 2. Il y a soixante et onze professeurs ici. 3. Danielle travaille quatre-vingt-trois jours. 4. On cherche soixante-treize tableaux.

GRAMMAR 3B.1 QUIZ II

1 Answers will vary.

2 Answers will vary.

GRAMMAR 3B.2 QUIZ I

1 1. devant 2. sous 3. sur 4. chez 5. en

2 1. Faux 2. Vrai 3. Faux 4. Vrai 5. Vrai

3 Sample answers: 1. L'hôpital Bonsecours est loin du café Mozart. 2. La librairie Points Communs est à côté de l'hôtel Carnaval. 3. Le cinéma Royal est en face du lycée Condorcet. 4. L'hôtel Carnaval est près de la banque Nationale. 5. Le restaurant japonais est devant le cinéma Royal.

GRAMMAR 3B.2 QUIZ II

1 Answers will vary.

2 Answers will vary.

Leçon 4A
VOCABULARY QUIZ I

1 1. f 2. e 3. j 4. g 5. h 6. c 7. a 8. d

2 1. Élise et toi, vous explorez la ville. 2. Gérard invite des amis chez lui. 3. Lucas et moi, nous nageons à la piscine. 4. Martine et Robert bavardent au parc. 5. Je ne quitte pas la maison. 6. Mes amis fréquentent les boîtes de nuit.

3 1. bureau 2. musée 3. centre-ville 4. montagne 5. banlieue

VOCABULARY QUIZ II

1 Answers will vary.

2 Answers will vary.

3 Answers will vary.

GRAMMAR 4A.1 QUIZ I

1 1. vont 2. vais 3. Vas 4. va 5. aller

2 1. à l' 2. à la 3. aux 4. au 5. au 6. aux

3 1. Lundi à neuf heures quarante (du matin), je vais à la piscine. 2. Mardi à huit heures (du matin), papa et Isabelle vont au parc avec le/notre chien. 3. Jeudi à treize heures quinze / une heure et quart de l'après-midi, tante Agathe et toi, vous allez en ville. 4. Vendredi à dix-neuf heures trente / sept heures et demie du soir, tu vas au cinéma avec Félix. 5. Samedi à dix heures cinquante / onze heures moins dix (du matin), Agnès et moi, nous allons au centre commercial. 6. Dimanche à neuf heures trente / et demie (du matin), maman va à l'église.

GRAMMAR 4A.1 QUIZ II

1 Answers will vary.

2 Answers will vary.

3 Answers will vary.

GRAMMAR 4A.2 QUIZ I

1 1. e 2. g 3. h 4. a 5. b

2 1. Pourquoi 2. Où 3. Que/Quand 4. Quels 5. Qui

3 1. Avec qui aimes-tu danser? 2. Où n'aimez-vous pas aller? 3. Quelle table est-ce qu'elles aiment mieux? 4. Comment est Gabriel? 5. Combien de cafés y a-t-il sur la place?

GRAMMAR 4A.2 QUIZ II

1 Answers will vary.

2 Answers will vary.

3 Answers will vary.

Leçon 4B
VOCABULARY QUIZ I

1 1. la bouteille 2. le beurre 3. d'autres 4. une limonade 5. le jus de pomme 6. une soupe

2 a. 5 b. 4 c. 2 d. 6 e. 3 f. 1

3 1. verre 2. sucre 3. apportent 4. laissons 5. tasse 6. morceau 7. boissons 8. addition

VOCABULARY QUIZ II

1 Answers will vary.

2 Answers will vary.

3 Answers will vary.

GRAMMAR 4B.1 QUIZ I

1 1. de la 2. du 3. de 4. un 5. du

2 1. comprenez 2. buvons/prenons 3. apprennent 4. comprends 5. prenons

3 1. Ils aiment boire du café avec du sucre et du lait. 2. Je mange des croissants avec du beurre. 3. Non, il n'y a pas de bons serveurs (dans le café). 4. Je ne prends pas de boissons gazeuses. 5. Oui, nous buvons de la limonade.

GRAMMAR 4B.1 QUIZ II

1 Answers will vary.

2 Answers will vary.

GRAMMAR 4B.2 QUIZ I

1 1. b 2. d 3. c 4. a 5. a

2 1. réussis 2. choisissez 3. rougissent 4. maigrir 5. obéissons

3 1. Françoise ne réagit pas quand elle parle d'Édouard. 2. Tu manges des éclairs et tu grossis! 3. J'obéis à mes grands-parents. 4. Les enfants grandissent vite. 5. Que choisissez-vous au restaurant?

GRAMMAR 4B.2 QUIZ II

1 Answers will vary.

2 Answers will vary.

3 Answers will vary.

Leçon 5A
VOCABULARY QUIZ I

1 1. marchons 2. aident 3. gagnes 4. bandes dessinées 5. équipe 6. jeu 7. indique 8. spectacle

2 1. trois fois 2. souvent 3. parfois/rarement 4. jamais 5. parfois

3 1. aller à la pêche, jouer au golf, skier 2. les échecs, les cartes 3. le stade, le cinéma

VOCABULARY QUIZ II

1 Answers will vary.

2 Answers will vary.

3 Answers will vary.

GRAMMAR 5A.1 QUIZ I

1 1. faire 2. faisons 3. fais 4. fais 5. faire 6. faites 7. font 8. fait

2 1. faisons une promenade 2. font du ski 3. faire attention 4. fait la cuisine 5. faites de la planche à voile 6. fais du sport

3 1. Tu fais du vélo au parc. 2. Mes parents et moi, nous faisons un tour en voiture à la montagne. 3. Rosie fait de l'aérobic au gymnase. 4. Vous faites la connaissance des parents de votre petit(e) ami(e). 5. On ne fait pas de cheval après le dîner.

GRAMMAR 5A.1 QUIZ II

1 Answers will vary.

2 Answers will vary.

3 Answers will vary.

GRAMMAR 5A.2 QUIZ I

1 1. g 2. e 3. f 4. c 5. b 6. d

2 1. sortez 2. sort 3. courent 4. sers 5. sens 6. sortent 7. dormons 8. partent 9. sent

3 1. Oui, nous servons du fromage. 2. Je cours si vite parce que j'ai un examen à 8h00. 3. Oui, ils sortent parfois le week-end. 4. Il sort de son bureau à 18h30. 5. Tu pars/Vous partez pour Chicago lundi matin.

GRAMMAR 5A.2 QUIZ II

1 Answers will vary.

2 Answers will vary.

3 Answers will vary.

Leçon 5B
VOCABULARY QUIZ I

1 1. Non, c'est en novembre. 2. Non, c'est en mai. 3. Non, c'est en septembre. 4. Non, c'est en juillet. 5. Non, c'est en octobre.

2 1. Logique 2. Logique 3. Logique 4. Illogique 5. Illogique

3 1. On fait du ski en hiver. 2. Le mois d'avril est au printemps. 3. Il fait chaud en été. 4. Nous avons/ J'ai besoin d'un parapluie et d'un imperméable. 5. Aujourd'hui c'est le...

VOCABULARY QUIZ II

1 Answers will vary.

2 Answers will vary.

3 Answers will vary.

GRAMMAR 5B.1 QUIZ I

1 1. (Elle va épouser son petit ami) En deux mille quatorze. 2. Il y a douze mille huit cent trente-sept étudiants. 3. Trois cent quatre-vingt-onze filles travaillent dans son bureau. 4. Deux cents femmes vont à l'université. 5. (Ses parents partent pour Johannesburg) En deux mille vingt et un.

2 1. La télévision coûte un million deux cent trente mille trois cent quarante-cinq FCFA. 2. L'ordinateur coûte sept cent dix-huit mille neuf FCFA. 3. La calculatrice coûte cinq mille neuf cent quatre-vingt-quatre FCFA. 4. Les dictionnaires coûtent quatre-vingt-sept mille six cent quinze FCFA. 5. Les stylos coûtent trois cents FCFA.

GRAMMAR 5B.1 QUIZ II

1 Answers will vary.

2 Answers will vary.

3 Answers will vary.

GRAMMAR 5B.2 QUIZ I

1 1. protégeons 2. emploient 3. célèbrent 4. paie/ paye 5. envoyez 6. considères

2 1. Ils possèdent cinq voitures. 2. Elles répètent tous les jours. 3. Elle achète beaucoup de magazines. 4. Ils essaient/essayent une nouvelle recette. 5. Ils espèrent avoir de bonnes notes. 6. Nous nettoyons le garage. 7. Je préfère une boisson froide. 8. Tu amènes les enfants?

GRAMMAR 5B.2 QUIZ II

1 Answers will vary.

2 Answers will vary.

3 Answers will vary.

Leçon 6A
VOCABULARY QUIZ I

1 1. c 2. a 3. e 4. d 5. b 6. c

2 1. le divorce 2. l'invité 3. la vieillesse 4. l'enfant 5. la vie/la naissance 6. ensemble

3 1. hôtesse 2. champagne 3. vin 4. retraite 5. gâteau 6. étapes 7. cadeau 8. surprise

VOCABULARY QUIZ II

1 Answers will vary.

2 Answers will vary.

3 Answers will vary.

GRAMMAR 6A.1 QUIZ I

1 1. Ce 2. ces 3. cette; ce 4. Ces 5. Cet 6. ce 7. cet 8. cette 9. ces

2 1. ce chien 2. cette voiture 3. ces cadeaux 4. cet enfant 5. ce gâteau

3 1. J'achète cet ordinateur noir. 2. Vous ne fréquentez pas cette boîte de nuit. 3. Nous nageons dans cette piscine le vendredi. 4. Ils dépensent beaucoup d'argent pour ce garçon. 5. Quand fais-tu la connaissance de ces joueuses?

GRAMMAR 6A.1 QUIZ II

1 Answers will vary.

2 Answers will vary.

3 Answers will vary.

GRAMMAR 6A.2 QUIZ I

1 1. a fallu 2. ont couru 3. as emmené 4. avez appris 5. a dormi

2 1. Ethan a envoyé des bonbons à Louise. 2. Il n'a pas plu cet après-midi. 3. J'ai déjà été au musée avec mes amis. 4. Nous avons eu beaucoup de problèmes. 5. Avez-vous bu du lait?

3 1. Papa a acheté le champagne hier. 2. J'ai fait le gâteau au chocolat hier. 3. Julien et moi avons choisi la musique hier. 4. Christelle et Zoé ont nettoyé le salon hier. 5. Toi, tu as téléphoné aux invités hier!!!

GRAMMAR 6A.2 QUIZ II

1 Answers will vary.

2 Answers will vary.

3 Answers will vary.

Leçon 6B

VOCABULARY QUIZ I

1 a. 6 b. 9 c. 7 d. 3 e. 5 f. 1 g. 10 h. 8 i. 2 j. 4

2 1. chapeau 2. ceinture 3. vendeur 4. blanche 5. serré

3 1. Marilène et moi cherchons des robes vertes pour la fête de Raoul. 2. Ils portent une chemise violette et des lunettes noires. 3. De quelle couleur sont les chaussettes de Josie? 4. Hier, j'ai acheté trois écharpes marron. 5. Tu préfères des/les casquettes orange ou des/les casquettes grises?

VOCABULARY QUIZ II

1 Answers will vary.

2 Answers will vary.

3 Answers will vary.

GRAMMAR 6B.1 QUIZ I

1 1. lui 2. leur 3. t' 4. nous 5. lui

2 1. lui 2. vous 3. me 4. leur 5. t'

3 1. ils leur ont donné des cadeaux. 2. je ne vais / nous n'allons pas venir chez lui dimanche. 3. je lui écris souvent. 4. il leur a acheté des vêtements. 5. tu ne m'achètes pas de lunettes de soleil

GRAMMAR 6B.1 QUIZ II

1 Answers will vary.

2 Answers will vary.

GRAMMAR 6B.2 QUIZ I

1 1. d 2. f 3. e 4. b 5. a 6. c

2 1. répondons 2. Vendez 3. rendu 4. mis 5. perd 6. descendez 7. traduisent 8. souris

3 1. Quand avez-vous construit cette bibliothèque? 2. Ils ont ri toute la soirée. 3. Elle a promis d'acheter cet ordinateur. 4. J'ai rendu visite à ma nièce hier. 5. Tu n'as pas détruit cette vieille maison. 6. Nous avons attendu devant le musée.

GRAMMAR 6B.2 QUIZ II

1 Answers will vary.

2 Answers will vary.

3 Answers will vary.

Leçon 7A

VOCABULARY QUIZ I

1 1. partir en vacances 2. un départ 3. la mer 4. la Belgique 5. belge

2 1. étranger 2. campagne 3. aller-retour 4. douane 5. congé 6. Brésil

3 1. On parle japonais au Japon. 2. Dublin se trouve en Irlande. 3. On va en Angleterre. 4. On parle espagnol au Mexique et en Espagne. 5. On prend un avion. 6. Nous habitons aux États-Unis / au Canada.

VOCABULARY QUIZ II

1 Answers will vary.

2 Answers will vary.

3 Answers will vary.

GRAMMAR 7A.1 QUIZ I

1 1. allés 2. nés 3. morts 4. restées 5. parti 6. descendue

2 1. est né 2. est partie 3. sont allés 4. est monté 5. sont tombés 6. sont morts 7. est retournée

3 1. Ma famille est partie pour New York en avion. 2. Nous sommes arrivés tard la nuit. 3. Jeudi matin, ma mère est restée chez ma tante. 4. Sylvie et ma cousine sont montées dans la statue de la Liberté. 5. Moi, j'ai passé trois heures au musée.

GRAMMAR 7A.1 QUIZ II

1 Answers will vary.

2 Answers will vary.

3 Answers will vary.

GRAMMAR 7A.2 QUIZ I

1 1. a 2. b 3. c 4. d 5. d

2 1. Papa les a faites. 2. Nous l'avons pris pour aller à l'aéroport. 3. Je l'ai oubliée dans le taxi. 4. Mon frère les a regardés à l'aéroport. 5. Ma sœur et moi l'avons acheté.

3 1. Oui, elle les a choisies. 2. Oui, nous l'avons déjà entendue. 3. Non, il ne les a pas invités. 4. Oui, il va m'emmener à la bibliothèque. 5. Non, nous ne les avons / je ne les ai pas pris ce matin.

GRAMMAR 7A.2 QUIZ II

1 Answers will vary.

2 Answers will vary.

3 Answers will vary.

Leçon 7B

VOCABULARY QUIZ I

1 a. 4 b. 6 c. 2 d. 7 e. 5 f. 3 g. 1

2 1. I 2. L 3. I 4. L 5. L

3 1. neuvième 2. cinquième 3. premier 4. vingt et unième 5. quatorzième 6. rez-de-chaussée 7. individuelle 8. auberge

VOCABULARY QUIZ II

1 Answers will vary.

2 Answers will vary.

3 Answers will vary.

GRAMMAR 7B.1 QUIZ I

1 1. sérieusement 2. patiemment 3. constamment 4. prudemment 5. Franchement

2 1. Non, tes frères courent vite. 2. Non, Magali parle gentiment aux enfants. 3. Non, Sarina et Adèle ont mal compris ta question. 4. Non, j'envoie rarement des lettres à mes grands-parents. 5. Non, Guy et toi rentrez souvent après minuit.

3 1. Zoé et Alyssa écoutent attentivement le professeur. 2. Je n'aime absolument pas jouer au tennis. 3. Évidemment, mes copines préfèrent nager ici. 4. Vous pensez différemment de votre père. 5. Sa fiancée danse joyeusement.

GRAMMAR 7B.1 QUIZ II

1 Answers will vary.

2 Answers will vary.

3 Answers will vary.

GRAMMAR 7B.2 QUIZ I

1 1. perdais 2. buvaient 3. voyageait 4. finissions

2 1. était 2. faisait 3. allions 4. prenions 5. parlions 6. disait 7. aimait 8. suis 9. écrire 10. dis

3 1. Avant, ils parlaient gentiment aux clients. 2. Avant, on mangeait rarement au restaurant. 3. Avant, nous dormions bien la nuit. 4. Avant, toute la famille allait souvent à l'église.

GRAMMAR 7B.2 QUIZ II

1 Answers will vary.

2 Answers will vary.

3 Answers will vary.

Leçon 8A

VOCABULARY QUIZ I

1 1. e 2. f 3. a 4. c 5. b 6. d

2 1. un studio 2. un lavabo 3. des rideaux 4. un fauteuil 5. une affiche

3 1. quartier 2. loyer 3. armoire 4. déménager 5. tapis 6. résidence 7. emménager 8. tiroirs 9. escaliers

VOCABULARY QUIZ II

1 Answers will vary.

2 Answers will vary.

3 Answers will vary.

GRAMMAR 8A.1 QUIZ I

1 1. avons déménagé 2. étaient 3. faisait 4. ai eu 5. ne sont pas nées 6. Achetais-tu

2 1. a mis 2. aviez 3. prenait 4. sont montés 5. sont rentrées 6. avons choisi 7. fallait

3 1. Mes parents et moi allions au restaurant deux fois par semaine. 2. D'habitude, étiez-vous fatigués après un match de football? 3. Tes grands-parents jouaient régulièrement au tennis. 4. Le concert a commencé à huit heures. 5. Elle est morte dans un accident.

GRAMMAR 8A.1 QUIZ II

1 Answers will vary.

2 Answers will vary.

3 Answers will vary.

GRAMMAR 8A.2 QUIZ I

1 1. b 2. a 3. c 4. a

2 1. est partie/partait 2. a appelé 3. sommes arrivés 4. n'a pas trouvé/ne trouvait pas 5. n'était pas 6. a commencé 7. avons attendu 8. a réussi 9. avons pris 10. avons monté 11. sommes entrés 12. avait

3 1. Tout à coup, Mme Dialo a eu peur. 2. Mes cousines buvaient parfois du thé. 3. Nous avons vécu en Chine pendant deux ans. 4. Vous étiez médecin quand vous avez rencontré Clarisse?

GRAMMAR 8A.2 QUIZ II

1 Answers will vary.

2 Answers will vary.

3 Answers will vary.

Leçon 8B

VOCABULARY QUIZ I

1 1. la salle à manger 2. un aspirateur 3. la poussière 4. un tapis 5. un balai

2 1. sales 2. congélateur, frigo 3. couverture 4. grille-pain 5. débarrasses 6. (four à) micro-ondes 7. four 8. cafetière 9. cuisinière

3 1. la salle à manger 2. la cuisine 3. la salle de bains 4. la chambre 5. la salle de séjour

VOCABULARY QUIZ II

1 Answers will vary.

2 Answers will vary.

3 Answers will vary.

GRAMMAR 8B.1 QUIZ I

1 1. Tout à coup, la vieille femme est descendue au sous-sol. 2. Christophe et Danielle montaient souvent ces escaliers. 3. Saliou et toi avez perdu vos calculatrices hier soir. 4. Un jour, Marianne est partie pour Dakar. 5. Simon et moi mangions parfois au restaurant japonais.

2 1. étions 2. allions 3. nagions 4. a trouvé 5. avait

3 1. Nadine faisait la lessive quand ses copines sont arrivées. 2. Mes parents dormaient quand l'horloge est tombée du mur. 3. Nous balayions la cuisine quand Hubert a sorti la poubelle. 4. Vous jouiez ensemble quand nous avons quitté la maison. 5. Il rangeait sa chambre quand son ami a appelé.

GRAMMAR 8B.1 QUIZ II

1 Answers will vary.

2 Answers will vary.

3 Answers will vary.

GRAMMAR 8B.2 QUIZ I

1 1. connaissait 2. savez 3. ont su 4. Sait 5. savait

2 1. connais, ai connu 2. sais, connais 3. Savent, connaissent 4. savait, a su 5. connaît, sait

3 1. Il les a connus hier. 2. Nous ne savons / Je ne sais pas conduire. 3. Je ne l'ai pas reconnue. 4. Ils connaissent un bon restaurant québécois. 5. Non, nous ne savons pas faire la cuisine.

GRAMMAR 8B.2 QUIZ II

1 Answers will vary.

2 Answers will vary.

3 Answers will vary.

Unité 1
Leçon 1A
LESSON TEST I

1 1. familiar 2. formal 3. either 4. formal
5. formal 6. either

2 Answers will vary.

3 1. la; les 2. le; la; l' 3. des; une 4. des; de; un

4 1. onze; treize 2. trente-huit; quarante 3. vingt
et un; vingt-trois 4. six; huit 5. quarante-neuf;
cinquante et un

5 Answers will vary. Sample answers: 1. Je
m'appelle… 2. Oui, ça va (bien). / Non, ça va
mal. 3. Je vais (très) bien, merci. 4. Bonjour,
Guillaume. Enchanté(e).

LESSON TEST II

1 1. familiar 2. familiar 3. formal 4. familiar
5. formal 6. formal

2 Answers will vary.

3 1. la; la 2. le; l'; les 3. l'; les 4. un; de 5. une;
un 6. des; des; une

4 1. cinquante-huit; soixante 2. treize; quinze 3. l';
vingt 4. quatre; six 5. quarante; quarante-deux

5 Answers will vary. Sample answers: 1. Je
vais bien, merci. Et toi? 2. À tout à l'heure.
3. Bonjour, Claire. Enchanté(e). 4. Je
m'appelle…

Leçon 1B
LESSON TEST I

1 1. b 2. a 3. c 4. a 5. c 6. b

2 1. une porte 2. un crayon/stylo 3. un livre
4. une calculatrice 5. un bureau 6. une feuille
(de papier) 7. une corbeille à papier 8. un
dictionnaire 9. un professeur 10. un tableau

3 1. Oui, je suis au bureau. 2. Oui, ils sont à la
librairie. 3. Oui, tu es au café. 4. Oui, elle est
dans la salle de classe. 5. Oui, nous sommes à
l'école 6. Oui, elles sont au lycée.

4 1. C'est 2. Il est 3. Il est 4. C'est 5. C'est
6. Elle est

5 Answers will vary for the second part of each
item. 1. Elle est italienne. Elle est… 2. Ils sont
américains. Ils sont… 3. Ils sont allemands. Ils
sont… 4. Il est québécois/canadien. Il est…

6 Answers will vary. Sample answer: Salut! / Bonjour!
Je m'appelle… Je suis… Je suis de… Et toi?
Comment vas-tu? Quelle est ta nationalité?

LESSON TEST II

1 1. a 2. c. 3. b 4. a 5. b 6. c

2 1. un homme 2. une fille 3. un crayon/stylo
4. un ordinateur 5. un cahier 6. un garçon
7. une table 8. un stylo/crayon 9. une chaise
10. une femme

3 1. Les filles sont en classe. 2. Nous sommes à
Paris. 3. Vous êtes à l'école. 4. Tu es au lycée.
5. Je suis à la librairie.

4 1. C'est 2. Elle est 3. Elle est 4. Il est 5. Il est
6. C'est

5 Answers will vary for the second part of each
item. 1. Elles sont marocaines. Elles sont…
2. Elle est anglaise. Elle est… 3. Ils sont
espagnols. Ils sont… 4. Elle est martiniquaise.
Elle est… 5. Il est japonais. Il est…

6 Answers will vary. Sample answer: Salut! /
Bonjour! Je m'appelle… Je suis… Je suis de…
Alors, ça va? Tu es de quelle origine?

Unité 2
Leçon 2A
LESSON TEST I

1 1. c 2. b 3. a 4. c 5. c

2 1. le stylisme (de mode) 2. la physique
3. l'informatique 4. les mathématiques 5. les
langues étrangères 6. la psychologie

3 1. dessine 2. mangez 3. commence
4. rencontrent 5. partagent 6. regardes

4 1. n'étudions pas 2. n'oublies pas 3. ne cherche
pas 4. ne travaillent pas

5 Answers will vary in style, including intonation,
est-ce que, inversion, and tag lines. 1. Est-ce que
tu aimes dessiner? 2. Est-ce qu'il mange bientôt?
3. Elle est française, n'est-ce pas? 4. Vous
n'aimez pas partager l'appartement? 5. Y a-t-il
a des bourses pour l'université? 6. Pourquoi
cherches-tu un appartement?

6 Answers will vary. Answers should include
J'aime…, Je n'aime pas tellement…, and **Je
déteste…**

LESSON TEST II

1 1. c 2. b 3. c 4. a 5. b

2 1. la physique 2. la psychologie 3. les langues étrangères 4. les mathématiques 5. le stylisme (de mode) 6. l'informatique

3 1. étudie 2. mange 3. cherchez 4. voyageons 5. retrouves 6. travaillent

4 1. ne mangez pas 2. ne commençons pas 3. ne regardent pas 4. ne parle pas

5 Answers will vary in style, including intonation, **est-ce que**, inversion, and tag lines. 1. Est-ce que tu aimes étudier l'économie? 2. Aimes-tu le livre *Les Liaisons dangereuses*? / Est-ce que c'est ton livre préféré? 3. Il est sénégalais, n'est-ce pas? 4. Tu penses que la chimie est utile? 5. Y a-t-il les copains au café? 6. Tu aimes voyager?

6 Answers will vary. Answers should include **J'aime…, Je n'aime pas tellement…,** and **Je déteste…**

Leçon 2B
LESSON TEST I

1 1. b 2. c 3. b 4. c 5. a

2 Answers may vary slightly. 1. Tu prépares l'examen de maths. 2. Paul téléphone (à Marc/à un copain). 3. Ils visitent Paris/la tour Eiffel. 4. Vous dînez (au restaurant). 5. Je rentre (à la maison).

3 1. as; ai 2. avez; avons 3. ont; a

4 1. ai de la chance! 2. avons chaud 3. as tort 4. a peur de 5. ont froid

5 1. Il est neuf heures trente/et demie. 2. Il est onze heures moins le quart/dix heures quarante-cinq. 3. Il est une heure (du matin). 4. Il est seize heures quinze/quatre heures et quart (de l'après-midi).

6 Answers will vary.

LESSON TEST II

1 1. b 2. c 3. c 4. a 5. b

2 Answers may vary slightly. 1. Bertrand téléphone (à un copain). 2. Thomas et Émilie visitent Paris. 3. Je passe un examen de maths. 4. Tu rentres (à la maison). 5. Vous assistez au cours d'économie.

3 1. ont; avons 2. a; ai 3. As; avez

4 1. ai froid 2. a tort 3. ont peur 4. as raison 5. avez de la chance

5 1. Il est huit heures vingt. 2. Il est quatre heures/seize heures. 3. Il est six heures trente/et demie. 4. Il est une heure moins dix. / Il est minuit/midi cinquante.

6 Answers will vary.

Unité 3
Leçon 3A
LESSON TEST I

1 1. Faux. 2. Faux. 3. Vrai. 4. Je ne sais pas. 5. Faux. 6. Vrai.

2 1. la femme 2. la tante 3. la cousine 4. le grand-père 5. la sœur 6. la belle-sœur 7. la nièce 8. l'oncle 9. le père 10. le petit-fils

3 1. brune/rousse 2. vieux 3. grands 4. bel 5. marron/noirs/verts 6. courts

4 1. mon 2. sa 3. nos 4. leur 5. tes 6. leurs 7. son 8. vos

5 Answers will vary.

LESSON TEST II

1 1. c 2. a 3. b 4. a 5. c 6. a

2 1. ton oncle 2. célibataire 3. un(e)/le (la)/ton (ta) voisin(e) 4. ta cousine 5. ton frère/ton demi-frère 6. ta tante 7. ta grand-mère 8. ta belle-mère

3 1. fière 2. vieil 3. raides 4. gros 5. mauvaise 6. sérieux

4 1. sa 2. leurs 3. mes 4. vos 5. ton 6. notre 7. ses

5 Answers will vary.

Leçon 3B
LESSON TEST I

1 1. b 2. c 3. a 4. a 5. b

2 1. avocat 2. architecte 3. journaliste 4. dentiste 5. musicienne 6. artiste 7. médecin 8. coiffeuse

3 1. 73 2. 98 3. 65 4. 75 5. 80 6. 87

4 1. à gauche/près/à côté 2. sous/devant 3. derrière 4. loin 5. sur 6. entre

5 Answers will vary.

LESSON TEST II

1 1. a 2. b 3. b 4. c 5. a

2 1. une musicienne 2. un avocat 3. une journaliste 4. un athlète 5. un artiste

6. un médecin/un dentiste 7. un professeur
8. une coiffeuse

3 1. soixante 2. cent 3. quatre-vingt-un
4. soixante-quinze 5. quatre-vingts 6. quatre-vingt-seize

4 1. sur 2. devant 3. à droite/près 4. à gauche/à côté 5. en face/devant 6. derrière

5 Answers will vary.

Unité 4
Leçon 4A
LESSON TEST I

1 1. c 2. b 3. b 4. a 5. a 6. c

2 Answers may vary slightly. 1. Elles bavardent.
2. Elle quitte la maison. 3. Ils déjeunent/mangent. 4. Il passe chez quelqu'un/une copine.
5. Il dépense de l'argent.

3 1. allons à la piscine 2. vont en boîte (de nuit)
3. va au cinéma 4. vas au centre commercial/dans un/des magasin(s) 5. allez au café/au restaurant/au resto U

4 Answers may vary slightly. 1. Quelle heure est-il?
2. À quelle heure commence le film? 3. Comment est-ce qu'on va au cinéma? 4. Où est le cinéma?
5. Avec qui est-ce qu'on va au cinéma? 6. Combien de tickets as-tu? 7. Quand/À quelle heure est-ce qu'on va rentrer?

5 Answers will vary.

LESSON TEST II

1 1. a 2. c 3. b 4. b 5. a 6. c

2 Answers may vary slightly. 1. (Miriam et Alain) déjeunent/mangent. 2. (Jean) dépense de l'argent. 3. (Gilles et Paul) bavardent.
4. (Henri) quitte la maison. 5. (Jules) nage à la piscine.

3 1. allez au cinéma 2. vont au restaurant
3. allons à la montagne 4. vas au kiosque 5. va au gymnase

4 Answers may vary slightly. 1. Où est-ce que vous allez ce soir? 2. Pourquoi allez-vous au musée?
3. Avec qui est-ce que vous allez au musée?
4. Vous allez au musée à quelle heure? 5. Où allez-vous après? 6. À quel/Quel restaurant?
7. Combien d'argent as-tu?

5 Answers will vary.

Leçon 4B
LESSON TEST I

1 1. c 2. b 3. b 4. a 5. b

2 Answers will vary. Sample answers: 1. un café
2. un chocolat 3. une limonade 4. un éclair
5. un sandwich 6. des frites 7. une tasse 8. un verre 9. un prix 10. un pourboire

3 1. boit/prend une/de l' 2. prennent du
3. buvons/prenons une 4. bois/prends un/du
5. prend un 6. boivent/prennent un/du
7. prenez des 8. prends un

4 1. choisis 2. réfléchis 3. maigrir 4. maigrir
5. obéis 6. réagit 7. réfléchissent 8. Finissons

5 Answers will vary.

LESSON TEST II

1 1. a 2. a 3. c 4. b 5. c

2 Possible answers: un sandwich (au fromage/au jambon), des frites, une boisson gazeuse, une limonade, une bouteille d'eau, une tasse de café/un café, une tasse de thé/un thé, un croissant, un éclair

3 1. buvez/prenez du 2. prenons des 3. prends des
4. bois/prends un/du 5. boivent/prennent un/du
6. prend un 7. prend un 8. buvons/prenons un/du

4 1. choisir 2. réussissons 3. réfléchis 4. Obéis
5. choisis 6. finis 7. grossis 8. maigris

5 Answers will vary.

Unité 5
Leçon 5A
LESSON TEST I

1 1. a 2. a 3. c 4. b 5. a

2 Some answers may vary. 1. jouer au foot
2. marcher/faire une promenade 3. nager
4. faire du vélo 5. bavarder 6. jouer au basket(-ball)

3 Some answers may vary. 1. souvent 2. parfois
3. une fois par semaine/souvent 4. jamais

4 1. fait attention 2. faites la cuisine 3. faisons du jogging 4. font du ski 5. fais pas de vélo 6. fais la connaissance

5 1. sors 2. courez 3. part 4. dorment 5. sert

6 Answers will vary.

LESSON TEST II

1 1. b 2. b 3. a 4. c 5. c

2 1. jouer au foot 2. jouer au basket(-ball) 3. jouer au football américain 4. faire du cheval 5. aller à la pêche 6. jouer au volley(-ball)

3 Some answers may vary. 1. jamais 2. rarement 3. parfois 4. souvent

4 1. fais une promenade 2. font de la planche à voile 3. faites un tour (en voiture) 4. faire du sport 5. faisons du camping 6. fais attention

5 1. pars 2. sert 3. sortez 4. dormons 5. sent

6 Answers will vary.

Leçon 5B
LESSON TEST I

1 1. a 2. b 3. a 4. c 5. b

2 Answers may vary slightly. 1. C'est l'hiver. Il neige. Il fait froid. 2. C'est le printemps. Il pleut. Il fait bon. 3. C'est l'été. Il fait beau. Il fait chaud. 4. C'est l'automne. Il fait du vent. Il fait frais.

3 1. $642 2. $3.200 3. $798 4. $7.146 5. $2.529 6. $24.360

4 1. nettoie 2. envoient 3. espérons 4. emmènes 5. célèbre 6. achètent

5 Answers will vary.

LESSON TEST II

1 1. a 2. c 3. b 4. b 5. a

2 Answers may vary slightly. 1. C'est l'été. Il fait soleil. Il fait très chaud. 2. C'est le printemps. Il pleut. Il fait un temps épouvantable. 3. C'est l'hiver. Il fait soleil. Il fait très froid. 4. C'est l'hiver. Il neige. Il fait froid.

3 1. mille cinq cents euros 2. vingt-cinq mille quatre cents euros 3. quatre cent vingt-trois mille sept cent quarante euros 4. cinq mille trois cent quinze euros 5. trois cent soixante-cinq euros 6. six cent cinquante-trois euros

4 1. célébrons 2. emmènes 3. répète 4. nettoient 5. préfère 6. espérez

5 Answers will vary.

Unité 6
Leçon 6A
LESSON TEST I

1 1. b 2. a 3. c 4. a 5. b

2 1. ces 2. cet 3. cette 4. ce 5. ces

3 1. a déjà acheté 2. a déjà envoyé 3. avons déjà préparé 4. avez déjà décoré 5. a déjà téléphoné 6. ont déjà apporté

4 1. avez fait; avez préparé 2. a couru; a dormi 3. avons eu; avons emmené 4. as bu

5 Answers will vary.

LESSON TEST II

1 1. b 2. a 3. c 4. a 5. c

2 Answers will vary. Sample answer: Ces amis fêtent un mariage. Les invités boivent du champagne. Ils vont manger ce gâteau. Ils célèbrent le bonheur du jeune couple. Les jeunes mariés sont très heureux.

3 1. cet 2. cette 3. ces 4. ce

4 1. a déjà nettoyé 2. avons déjà fait 3. avez déjà préparé 4. as déjà téléphoné 5. ont déjà apporté 6. a déjà acheté

5 1. avez travaillé 2. ont fait du camping 3. avons couru; avons fait de l'aérobic 4. ai nettoyé; a fait 5. a préparé

6 Answers will vary.

Leçon 6B
LESSON TEST I

1 1. a 2. c 3. b 4. a

2 Possible answers (colors will vary): Il y a un pull (jaune). Il porte un costume (gris), une chemise (bleue), une cravate (rouge). Elle porte une jupe (noire), un sac à main (marron), un chemisier (rose), des chaussures (noires/marron).

3 1. sourit; n'a pas (beaucoup) souri 2. traduisons; n'avons pas traduit de latin 3. mettez; n'avez pas mis votre imperméable 4. construit; n'a pas construit de mur

4 1. j'ai envie de lui parler. 2. je leur envoie souvent des e-mails. 3. je ne leur prête pas mon ordinateur. 4. je leur ai (déjà) demandé de l'argent. 5. vous ne me posez pas trop de questions.

5 1. attends 2. entendez 3. vendent 4. perd; rends 5. réponds

6 Answers will vary.

LESSON TEST II

1 1. a 2. b 3. a 4. c

2 Possible answers (colors will vary): Il y a un chapeau (gris), Il porte des chaussures (noires/marron), un blouson (bleu), une cravate (rose et blanche), une chemise (violette), un pantalon (marron); Elle porte un chemisier (orange).

3 1. je ne leur donne pas de cadeaux 2. je leur envoie souvent des lettres 3. je ne lui prête pas mes vêtements 4. je lui pose parfois des questions 5. tu ne me parles pas de choses ennuyeuses.

4 1. vend 2. attendons 3. perdent 4. mettre 5. répond à 6. promets

5 1. rit; n'a pas (beaucoup) ri 2. construisent; n'ont pas construit 3. conduisons; n'avons pas conduit 4. mettez; n'avez pas mis

6 Answers will vary.

Unité 7
Leçon 7A
LESSON TEST I

1 1. a 2. b 3. c 4. a 5. c

2 1. Heidi va en Allemagne en bus. 2. John va en Angleterre en avion. 3. Jean-Claude va en Belgique en voiture. 4. Tatsuya va au Japon en bateau.

3 1. sont arrivés 2. est née 3. ne sont pas restés 4. est mort

4 1. sont allés; ont assisté 2. est parti; a rendu 3. est sortie; est restée 4. sont allées; ont pris

5 1. t'écoute 2. vais les faire 3. les ai achetés 4. ne vais pas les porter

6 Answers will vary.

LESSON TEST II

1 1. b 2. b 3. c 4. a 5. c

2 1. Carlos va au Brésil en voiture. 2. Lei va en Chine en avion. 3. Enrique va en Espagne en bus. 4. Fiona va en Irlande en bateau.

3 1. n'êtes pas partis 2. sont nés 3. est morte 4. ne sommes pas allé(e)s

4 1. sont sortis; ont dansé 2. est allé; a visité 3. est partie; a fait 4. sont allées; ont rendu

5 1. les fais 2. le prends 3. vais le prendre 4. ne vais pas la visiter

6 Answers will vary.

Leçon 7B
LESSON TEST I

1 1. a 2. a 3. c 4. a 5. c

2 Answers will vary. Sample answers: 1. Il va emmener les valises dans une chambre.

2. L'hôtelier travaille à la réception. 3. Il fait des réservations. 4. Elle travaille à la douane.

3 Some answers may vary. 1. poliment 2. patiemment 3. prudemment 4. constamment 5. élégamment 6. nerveusement

4 1. étais 2. habitions 3. travaillaient 4. venaient 5. avait 6. fallait 7. aidions 8. nageais 9. faisait 10. adorais

5 Answers will vary.

LESSON TEST II

1 1. b 2. c 3. b 4. a 5. b

2 Answers will vary. Sample answers: 1. L'agent de voyages fait des réservations. Les clients attendent à l'agence de voyages. 2. L'hôtelier prend les valises des clients. À la réception, la cliente prend la clé de sa chambre.

3 Some answers may vary. 1. seulement 2. Franchement 3. Malheureusement 4. mal 5. différemment 6. attentivement

4 1. avais 2. n'allait pas 3. finissaient 4. commençaient 5. étudiions 6. ne faisions pas 7. mangions 8. ne parlions pas 9. rendait 10. était

5 Answers will vary.

Unité 8
Leçon 8A
LESSON TEST I

1 1. b 2. c 3. c 4. a 5. b

2 1. la salle de bains 2. un fauteuil; un tapis 3. un miroir/un tableau/une affiche 4. au sous-sol/au garage 5. la table

3 1. suis partie 2. ai rendu 3. allais 4. a plu 5. avons fait 6. était

4 1. avons loué 2. a eu 3. pleuvait 4. avons trouvé 5. avait 6. sommes montés 7. sommes entrés 8. n'était pas

5 Answers will vary.

LESSON TEST II

1 1. c 2. b 3. a 4. a 5. b

2 Answers will vary. Sample answer for Photo A: C'est un salon. Il y a deux fauteuils, un canapé et une petite table avec une lampe. Il y a aussi des rideaux (verts) et un tapis. Sample answer for Photo B: C'est une chambre. Bien sûr, il y a un lit. Il y a aussi une affiche sur le mur, une petite table avec une lampe et une commode.

3 1. a perdu 2. sommes arrivées 3. a annulé
4. a donné 5. avait 6. n'était pas

4 1. neigeait 2. faisait 3. n'avais pas 4. suis resté
5. lisais 6. a frappé 7. était 8. est venue

5 Answers will vary.

Leçon 8B

LESSON TEST I

1 1. c 2. a 3. b 4. c 5. a 6. b

2 1. un lit 2. un oreiller 3. une couverture
4. un drap 5. un sèche-linge 6. le linge 7. un
lave-linge 8. un balai 9. une cuisinière 10. la
vaisselle

3 1. déménageait; a commencé 2. balayais;
a téléphoné 3. finissaient; sont sorties 4. faisait;
est arrivée

4 1. connais 2. sais 3. savez 4. connaissons
5. connaissez 6. connaissent

5 Answers will vary.

LESSON TEST II

1 1. b 2. c 3. a 4. b 5. a 6. c

2 Answers may vary slightly. 1. Il est dans la
chambre, il fait le lit. Il y a un oreiller, des draps
et une couverture. 2. Elle est dans la cuisine,
elle regarde dans le frigo. Il y a un frigo, un
congélateur et une cuisinière.
3. Elle est dans la salle de séjour, elle balaie. Il y
a un balai, un canapé et une table. 4. Il est dans
le couloir, il repasse. Il y a une lampe, un fer à
repasser et un mur.

3 1. allais; as téléphoné 2. passait; sommes
parti(e)s 3. écriviez; a mis 4. faisaient;
a commencé

4 1. connais 2. connaît 3. savez 4. sais 5. savons
6. connaissez

5 Answers will vary.

Unité 1

UNIT TEST I

1 1. Logique 2. Illogique 3. Illogique 4. Logique 5. Illogique 6. Logique 7. Logique 8. Logique 9. Illogique 10. Logique

2 1. calculatrice 2. appelle 3. difficile 4. tableau 5. occupé 6. français 7. problème 8. bonne journée

3 1. 26 2. 41 3. 18 4. 37 5. 52 6. 14 7. 23 8. 39 9. 60 10. 15

4 1. Le 2. un 3. une 4. la 5. des 6. L' 7. des 8. les

5 1. est 2. est 3. sont 4. suis 5. sommes 6. es 7. êtes 8. es

6 A: 1. Comment vous appelez-vous? 2. Il y a des lycées là-bas. 3. Pardon, excusez-moi. 4. Voilà des librairies. B: 5. L'actrice est élégante. 6. Tu es une amie sincère! 7. La fille de Mme Martin est réservée. 8. Ici, les étudiantes sont sénégalaises.

7 Suggested answers: A. 1. Ce sont des femmes. Il y a un professeur. 2. Voici un garçon. Il y a un sac à dos. 3. C'est le lycée Saint-Simon. Il y a une horloge. 4. C'est une chaise. Il y a un cahier.

8 Suggested answers: 1. Non, c'est salle dix-sept. 2. Non, c'est la salle quarante-deux, bâtiment J. 3. Les ordinateurs sont salle quarante, bâtiment D. 4. Non, bâtiment B, salle quarante-six. 5. Non, le bureau de Mme Girard est salle trente-cinq, bâtiment A. 6. Je vous en prie.

9 Answers will vary.

UNIT TEST II

1 1. Logique 2. Logique 3. Logique 4. Illogique 5. Illogique 6. Logique 7. Logique 8. Illogique 9. Logique 10. Illogique

2 1. littérature 2. problème 3. chanteur 4. élèves 5. bibliothèque 6. feuille 7. classe 8. horloge

3 1. cinquante et un 2. seize 3. vingt-huit 4. quarante-quatre 5. neuf 6. trente-cinq 7. dix-huit 8. onze 9. vingt-deux 10. soixante

4 1. sommes 2. es 3. êtes 4. sont 5. est 6. suis 7. est 8. sont

5 1. Ce sont des chanteuses charmantes. 2. Voilà des copines sympa(s)! 3. Il y a des filles françaises dans la classe. 4. Elles sont polies et brillantes.

6 Answers will vary.

7 Answers will vary.

8 Answers will vary.

9 Answers will vary.

Unité 2

UNIT TEST I

1 1. b 2. a 3. c 4. c 5. a 6. b 7. a 8. c

2 A: 1. détester 2. inutile 3. difficile 4. nuit B: 5. soirée 6. retrouver 7. expliquer 8. parler au téléphone

3 Suggested answers: 1. Elle a chaud. 2. Elle a 21 ans. 3. Elles ont sommeil. 4. Elles ont envie de parler. 5. Ils ont froid.

4 1. Dix heures quarante-cinq 2. Vingt heures 3. Vingt-trois heures 4. Quinze heures quinze 5. Sept heures moins dix (du matin) 6. Une heure et demie (de l'après-midi) 7. Six heures et quart (du soir)

5 Suggested answers: 1. Est-ce que tu as un crayon? 2. Est-ce que vous aimez le stylisme? 3. Est-ce qu'ils cherchent la salle 25? 4. Est-ce que la psychologie est difficile? 5. Est-ce que Martine et Leïla oublient l'heure?

6 1. commence 2. passe 3. prépare 4. assistez 5. partageons 6. explique 7. trouves 8. êtes 9. dessinent 10. ont

7 Suggested answers: 1. le mardi et le jeudi 2. J'adore les maths 3. j'ai cours de chimie générale 4. commence à dix heures et quart 5. Parce que j'ai un cours 6. Pas du tout

8 1. adore 2. commence 3. étudions 4. enseignent 5. dessine 6. écoute 7. assiste 8. aime mieux

9 Answers will vary.

UNIT TEST II

1 1. b 2. b 3. a 4. c 5. a 6. a 7. b 8. c

2 1. inutile 2. étudier 3. devoirs 4. déteste 5. prépare 6. Voyager

3 Suggested answers: 1. Il n'est pas en avance. 2. Il a envie d'étudier. 3. Ils n'ont pas chaud. 4. Elles ont sommeil.

4 1. Mange/Mangez à la maison. 2. Étudions ce soir. 3. Téléphonez à Julien. 4. Demande/Demandez une bourse. 5. Voyagez! 6. Rentrons à la maison. 7. Trouvez un autre cours. 8. Sois/Soyez optimiste.

5 Suggested answers: 1. quatre heures moins cinq. 2. vingt et une heures pile. / neuf heures pile. 3. minuit moins dix. 4. huit heures et quart. / vingt heures quinze.

6 Suggested answers: 1. Je déteste l'architecture. 2. Étudier le matin, c'est facile. / Étudier le soir, c'est difficile. 3. Vous n'êtes pas reçue à l'examen. 4. Si, j'ai froid. 5. Tu as sommeil? 6. Vous détestez travailler. 7. L'économie, ce n'est pas inutile. 8. Oui, pourquoi pas?

7 Answers will vary.

8 Answers will vary.

9 Answers will vary.

Unité 3
UNIT TEST I

1 1. a 2. h 3. h or b 4. f 5. d 6. e 7. b 8. g

2 1. mon 2. leurs 3. ta 4. ses 5. vos 6. son 7. ma 8. votre

3 1. 92 2. 63 3. 85 4. 71 5. 98 6. 100 7. 61 8. 96 9. 87 10. 79

4 Suggested answers: 1. ma tante 2. mon frère / mon cousin 3. épouse 4. mon frère / beau-frère 5. mon beau-père 6. ma cousine 7. ma grand-mère 8. cadet 9. mon grand-père 10. ma demi-soeur

5 Suggested answers: 1. à gauche de 2. près 3. à côté de 4. sur 5. sous 6. loin

6 Suggested answers: 1. heureuse 2. sociables 3. ennuyeux 4. optimistes 5. lent 6. paresseux 7. vieux 8. amusantes 9. impatiente 10. pénibles

7 1. Mais non, j'ai une bonne calculatrice bleue. 2. Mais non, j'ai un vieux sac à dos inutile. 3. Mais non, j'ai une jeune demi-soeur ennuyeuse. 4. Mais non, j'ai de belles voisines rousses.

8 Answers will vary.

9 Answers will vary.

UNIT TEST II

1 1. c 2. h 3. g 4. e 5. d 6. f 7. b 8. a

2 1. votre 2. ses 3. ton 4. ses 5. vos 6. leur 7. notre 8. ma

3 1. quatre-vingt-quatorze 2. soixante-cinq 3. quatre-vingts 4. soixante-dix-huit 5. quatre-vingt-dix-sept 6. soixante et un 7. soixante-six 8. quatre-vingt-dix 9. quatre-vingt-neuf 10. soixante-douze

4 Sample answers: 1. célibataire 2. ma sœur 3. ma mère 4. ma tante 5. la grand-mère 6. le cadet / son frère cadet 7. veuve 8. le fils 9. mon oncle 10. mon père / mon oncle / etc.

5 Sample answers: 1. Non, il est sur ton bureau. 2. Non, il est sur ma chaise. 3. Il est sous la table. 4. Non, il est près de la fenêtre. 5. Elle est sur son bureau.

6 Answers will vary. Sample answers: 1. Pierre-Alain est un bon coiffeur, parce qu'il est curieux/rapide/drôle. 2. Arielle est une bonne journaliste parce qu'elle est curieuse/gentille/courageuse. 3. Valérie est une bonne architecte parce qu'elle est travailleuse/intellectuelle. 4. Thierry et Sabine sont de bons athlètes parce qu'ils sont forts/grands/rapides. 5. Jean est un bon artiste parce qu'il est fou/généreux. 6. Amandine et sa sœur sont de bonnes musiciennes parce qu'elles sont travailleuses/sérieuses.

7 Answers will vary.

8 Answers will vary.

9 Answers will vary.

Unité 4
UNIT TEST I

1 1. c 2. a 3. c 4. b 5. b 6. a

2 1. b 2. h 3. g 4. c 5. f 6. d 7. a 8. i

3 Suggested answers: 1. Oui, il y a un jus d'orange, un verre d'eau et une bouteille d'eau. 2. Oui, il y a deux ou trois croissants. 3. Il y a deux sandwichs. 4. Il y a aussi des frites et une soupe. 5. Non, il n'y a pas de lait. 6. Il n'y a pas de boisson chaude.

4 1. Apportez 2. prends 3. déjeune 4. bois 5. coûtent 6. Laisse 7. bavardons 8. dépense 9. nages 10. patinez

5 1. grossis 2. finis 3. grandissent 4. rougit 5. maigrir 6. vieillit 7. choisissez 8. réfléchissons

6 Sample answers: 1. Sylvie va nager. 2. Je vais boire un café. 3. Hugo et Labib vont prendre de l'argent. 4. Vous allez manger quelque chose. 5. Tu vas visiter le centre-ville. 6. Nous allons danser.

7 Answers will vary.

8 Answers will vary.

UNIT TEST II

1 1. a 2. b 3. c 4. b 5. b 6. c

2 1. b 2. h 3. i 4. e 5. d 6. c 7. a 8. g

3 1. va 2. passent 3. comprends 4. apprenez 5. boivent 6. coûtent 7. buvons 8. prend

4 Suggested answers: 1. Pourquoi est-ce qu'elle rentre tard? 2. Avec qui est-ce qu'elle est au centre commercial? 3. Quand est-ce qu'ils vont au gymnase? 4. À quelle heure est le marché? 5. Où est-ce qu'il va au cinéma?

5 Answers will vary. Sample answers: 1. vas aller à la banque 2. allez passer à la papeterie 3. vais inviter Idris 4. vont aller à la piscine 5. va quitter la maison 6. va passer au magasin

6 Answers will vary. Sample answers: 1. buvez un chocolat chaud/une boisson chaude 2. bois de l'eau 3. mangeons pas d'éclair 4. demandes une table 5. bavardent 6. mange de la baguette/ du pain/un éclair 7. grossit 8. va en ville/va au cinéma/va au parc/explore le musée/explore la ville

7 Answers will vary.

8 Answers will vary.

9 Answers will vary.

Unité 5
UNIT TEST I

1 1. souvent 2. rarement 3. souvent 4. souvent 5. souvent 6. rarement 7. rarement 8. souvent

2 1. g 2. h 3. c 4. e 5. d 6. a 7. j 8. b 9. f 10. i

3 1. 882 2. 901 3. 517 4. 1.002 5. 2.912 6. 11.111 7. 64.800 8. 31.000.000 9. 400.067 10. 600.116

4 1. C'est le quatorze juillet, mille sept cent quatre-vingt-neuf. 2. C'est le six juin, mille neuf cent quarante-quatre. 3. C'est le douze octobre, mille quatre cent quatre-vingt-douze 4. C'est le quatre juillet, mille sept cent soixante-seize. 5. C'est le onze novembre, mille neuf cent dix-huit.

5 1. sent 2. sert 3. part 4. dors 5. courent 6. sortent 7. sert 8. sent 9. courez 10. dormons

6 Suggested answers: 1. Il nettoie la table. 2. Elle essaie un imperméable. 3. Ils paient/payent le serveur. 4. Elle achète quelque chose.

7 Suggested answers: 1. Mme Veille et Mme Lamy font une promenade. 2. Patrice joue avec Bruno. 3. Les enfants font du cheval. 4. Fatima et Julien jouent aux échecs. 5. Élodie fait du vélo. 6. M. Bourgeois et son groupe font de la gym.

8 1. Quelle est la date? 2. C'est quand ton anniversaire? 3. Quel temps fait-il? 4. Quelle température fait-il?

9 Answers will vary.

UNIT TEST II

1 1. souvent 2. rarement 3. rarement 4. souvent 5. rarement 6. souvent 7. souvent 8. rarement

2 A. 1. c 2. d 3. a 4. e 5. b
B. Answers will vary.

3 1. Deux cent seize 2. Deux cent cinquante mille un 3. Dix-sept mille 4. Neuf cents 5. Quatre cent cinquante-huit 6. Trois millions 7. Sept cent soixante-dix-sept 8. Cinq mille trois cent quatre-vingt-treize 9. Mille quatre-vingt-huit 10. Quatre-vingt-dix-neuf mille deux

4 Suggested answers: 1. Elle envoie des livres. 2. Il paie/paye les cafés. 3. Nous répétons le spectacle. 4. Je nettoie bien. 5. Tu achètes du pain. 6. Vous achetez quelque chose.

5 1. vont 2. pleut 3. jouent 4. fait 6. préfère 7. font 8. skient 9. marchent 10. bricolent 10. pratique

6 1. sortez 2. courent 3. sent 4. dormons 5. sers 6. pars

7 Sample answers: 1. Il fait beau. 2. On est au stade de football. 3. C'est le premier match de la saison. 3. Le joueur de droite joue pour l'Italie. 4. Un joueur est dans l'équipe française. 5. L'équipe italienne gagne le match. 6. J'aime beaucoup le football.

8 Answers will vary.

9 Answers will vary.

Unité 6
UNIT TEST I

1 1. b 2. c 3. a 4. b. 5. c 6. a 7. c 8. a

2 1. a 2. d 3. b 4. e 5. c 6. cravate 7. jour férié 8. adolescence 9. anorak 10. serrée

3 Suggested answers: 1. M. Duval porte des lunettes, un costume et une cravate. 2. Catherine et Jeanne portent des robes longues. 3. M. Berthet porte un costume. 4. Georges porte un pantalon, une ceinture et une chemise. 5. Denise porte une robe à manches longues. 6. Mme Malbon porte un tailleur et un sac à main.

4 1. cette 2. Ce, ci, ces, là 3. Cet 4. Ces 5. ces 6. ce, ci

5 1. nous 2. te 3. nous 4. lui 5. leur 6. vous
7. me 8. leur

6 1. Tu lui demandes la liste des invités. 2. Quentin leur envoie des invitations. 3. Vous me donnez l'adresse de la fête. 4. Ambre t'a prêté son chemisier. 5. On vous a donné de l'argent pour les boissons. 6. Vous nous avez donné des CD.

7 1. construis 2. entends 3. mets 4. attendent 5. perdez 6. promet 7. rendons 8. répondez 9. vend 10. traduis

8 1. avons fêté 2. ai porté 3. avons fait 4. a adoré 5. a mangé 6. ont bu 7. ont dansé 8. ai joué 9. a couru 10. ai construit

9 Answers will vary.

UNIT TEST II

1 1. b 2. a 3. c 4. b 5. c 6. a 7. a 8. b

2 Suggested answers: 1.M. Hubert porte un costume, une chemise et une casquette. / M. Hubert porte un pantalon, une chemise et une casquette. 2. Mme Hubert porte un tailleur. 3. M. Durand porte un pull et un pantalon. 4. Mme Durand porte un tailleur, un chemisier et elle a un sac à main. 5. M. Moreau porte une chemise, une ceinture et un pantalon. 6. Mme Moreau porte une jupe, un gilet et un tee-shirt.

3 1. Cette 2. Ce, Ces, ci/là 3. ce, ci/là 4. Ces 5. ce, cette 6. ces

4 1. me 2. nous 3. te 4. vous 5. leur 6. lui 7. vous 8. leur

5 1. perds 2. détruis 3. mettez 4. rends 5. répondez 6. souriez 7. conduis 8. attends 9. promettez 10. permets

6 1. a aimé 2. n'ont pas bu 3. a mis 4. ont fait 5. n'a pas chanté 6. avons ri 7. avez oublié 8. as nettoyé 9. ai amené 10. a promis

7 Sample answers: 1. Noémie a chanté. 2. Mme Pérotin a porté une belle robe. 3. Véronique a essayé le gâteau. 4. Henri et Mélanie ont dansé ensemble. 5. Mme Fournier a répondu aux questions de Jean-Patrick. 5. M. Tellier a pris du café.

8 Answers will vary.

9 Answers will vary.

Unité 7

UNIT TEST I

1 1. b 2. a 3. b 4. a 5. c 6. c

2 A. 1.couramment 2. évidemment 3. franchement 4. absolument 5. heureusement 6. vraiment B. 7. Évidemment 8. franchement 9. Heureusement 10. vraiment 11. couramment 12. absolument

3 1. un ticket de métro, l' 2. Ce livre, l' 3. Alexis et Maxime, les 4. les clés, les 5. 15 jours, les 6. le Brésil, le

4 1. était 2. descendions 3. allait 4. visitais 5. faisait 6. restions 7. sortions 8. réservait 9. lisait 10. utilisait

5 1. suis partie 2. suis tombée 3. avons passé 4. avons fait 5. avons bronzé 6. a lu 7. a décrit 8. est allée 9. sommes retournées 10. est née

6 Sample answers: 1. Elle est partie en bus. 2. Ils sont arrivés en Suisse. 3. Ils sont rentrés en taxi. 4. Il est allé au Canada.

7 1. ne l'ai pas réservée 2. les avons déjà pris 3. les ont bien aimées 4. l'a annulée 5. ne les ai pas faites 6. les ai décrites

8 Sample answers: 1. Michèle écrivait sur la plage tous les matins. 2. Pierre-Alain explorait la mer le samedi. 3. Samira et moi, nous jouions aux cartes deux fois par semaine. 4. Les filles bronzaient sur la plage deux heures par jour. 5. Il écoutait des CD très souvent. 6. Dominique dormait sur la plage après le déjeuner.

9 Answers will vary.

UNIT TEST II

1 1. c 2. b 3. a 4. b 5. a 6. c

2 A. 1. gentiment 2. constamment 3. bien 4. malheureusement 5. mal 6. poliment B. Answers will vary.

3 Sample answers: 1. Il est rentré vers minuit. 2. Elle est sortie devant l'hôtel. 3. Ils sont arrivés à l'église en avance. 4. Elles sont parties ensemble. 5. Elle est allée à la piscine.

4 1. bronzait 2. prenaient 3. avions 4. arrivaient 5. mourait 6. roulaient 7. faisions 8. utilisait

5 1. sommes partis, est restée 2. sommes retournés 3. suis sortie, suis tombée 4. est arrivé 5. sommes montés 6. sommes redescendus

6 1. Je les ai descendues au rez-de-chaussée.
2. On va l'attendre devant la maison. 3. Oui, je
les ai avec moi. 4. Je vais les appeler dans une
minute. 5. Tu les as préparés toi-même.
6. Malheureusement, je ne l'ai pas retrouvé.
7. Non, tu les as mises dans ton blouson.
8. Je l'ai écrite ici.

7 Sample answers: 1. Ils allaient à la gym
ensemble. 2. Elle faisait du cheval. 3. Ils
restaient chez eux. 4. Elle partait dans une
station de ski. 5. Il roulait beaucoup en voiture.

8 Answers will vary.

9 Answers will vary.

Unité 8
UNIT TEST I

1 1. Habitude 2. Habitude 3. Événement unique
4. Événement unique 5. Événement unique
6. Habitude 7. Événement unique 8. Habitude

2 1. la cafetière 2. le fer à repasser 3. le four 4. le
frigo 5. le (four à) micro-ondes 6. le grille-pain
7. le lave-vaisselle 8. le sèche-linge 9. le lave-linge
10. le congélateur

3 1. est tombé 2. balayais 3. ont déménagé
4. louait 5. avez fait 6. salissions 7. nettoyais
8. est descendue

4 1. sais, connais 2. sais 3. savons 4. connais
5. connaissaient, reconnaître 6. sait
7. reconnaissez 8. connaissons

5 1. savais, ai appris 2. connaissions, avons
rencontré 3. saviez, avez essayé 4. connaissaient,
ont déménagé 5. savait, a oublié 6. connaissais,
as acheté

6 1. était, ai lavée 2. avait, avons essuyé 3. étaient,
ont passé 4. avait, a rangé 5. était, avons sorties
6. fallait, ai repassé

7 1. étais 2. habitais 3. était 4. faisait
5. nettoyait 6. ai déménagé 7. ai loué 8. ai
habité 9. ai appris 10. sais

8 Suggested answers: 1. Ils sortaient la poubelle
quand le voisin leur a dit bonjour. 2. Il passait
l'aspirateur quand Nicolas est tombé. 3. Mireille
commençait à faire sa lessive quand sa voisine
est montée. 4. Ils lavaient leur voiture quand il a
commencé à pleuvoir. 5. Mon frère débarrassait
la table quand tu es arrivé

9 Answers will vary.

UNIT TEST II

1 1. Action 2. Cadre 3. Action 4. Action
5. Cadre 6. Cadre 7. Cadre 8. Action

2 Suggested answers: 1. pour laver mes vêtements
2. pour faire du café 3. pour nettoyer les tapis
4. pour repasser mes pantalons 5. pour nettoyer
la vaisselle

3 1. habitais, ai emménagé 2. faisais, est morte 3.
reconnaissions, a changé 4. louiez, avez achetée
5. vivaient, ont pris

4 Suggested answers: 1. l'as rangée/essuyée 2. ont
fait la lessive 3. l'ai nettoyé/l'ai lavé 4. les a
sorties 5. l'avons balayé/l'avons nettoyé/avons
passé l'aspirateur

5 1. avons passé 2. était 3. avait 4. avaient
5. avons fini 6. a commencé 7. a mis 8. ai passé

6 Sample answers: 1. sait faire son lit 2. ne
connaît pas mes parents 3. ne connaissent pas
mon immeuble 4. ne savent pas faire leur lessive
5. connaissez (bien) le musée du Louvre
6. sais cuisiner

7 Sample answers: 1. La vaisselle était sale, mais
Élisa ne l'a pas lavée. 2. La table à repasser était
dans la cuisine, mais Élisa n'a pas repassé le
linge. 3. La poubelle était pleine, mais Élisa ne
l'a pas sortie. 4. L'aspirateur était dehors, mais
Élisa ne l'a pas passé.

8 Answers will vary.

9 Answers will vary.

Unités 1–4
Leçons 1A–4B
EXAM I

1 1. D 2. C 3. B 4. A 5. B 6. A 7. D 8. A 9. A
10. C

2 1. travaille 2. chantons 3. étudie 4. déjeunes
5. patient 6. voyage 7. partageons 8. échouez

3 1. Combien de 2. Comment 3. Où 4. À qui
5. Quand 6. Quelle

4 1. 9h15 du matin. 2. 6h30 du soir. 3. 10h20 du
soir. 4. 3h45 de l'après-midi. 5. 8h35 du soir.
6. 2h40 du matin.

5 1. a 2. sommes 3. est 4. sont 5. avons 6. as

6 1. paresseux 2. désagréables/difficiles/pénibles
3. sociable/fou 4. intéressantes 5. malheureuse/
triste 6. pessimistes

7 Suggested answers: 1. vais au cinéma. 2. allons à
une boîte de nuit. 3. vas à l'hôpital. 4. allez à la
piscine. 5. va à l'épicerie.

8 1. finissons 2. réfléchis 3. obéit 4. réussissez
5. choisissent

9 1. sur 2. dans/entre 3. à gauche de 4. à droite
de 5. derrière 6. à droite de/à côté de

10 1. ton 2. son 3. leur 4. ma 5. notre 6. vos

11 1. au 2. à l' 3. à la

12 1. prendre 2. prends 3. bois/prends 4. buvons/
prenons 5. prenez 6. prenons

13 Answers will vary.

14 Answers will vary.

EXAM II

1 1. A 2. B 3. B 4. C 5. D 6. A 7. B 8. D 9. C
10. D

2 1. apportez 2. retrouve 3. ne laisses pas 4. rentre
5. dessinons 6. quittent 7. partageons 8. épouse

3 1. À qui 2. Comment 3. Combien 4. Qu'
5. Où 6. Qui

4 1. 9h45 du matin. 2. 5h du matin. 3. 8h15 du
soir. 4. 12h30. 5. 2h10 du matin.
6. 5h de l'après-midi/du soir.

5 1. as 2. sommes 3. a 4. avez 5. sont 6. suis

6 1. impatientes 2. désagréable/impoli
3. amusantes/drôles 4. vieux 5. paresseux
6. lente

7 Suggested answers: 1. vas à l'hôpital. 2. allez à
la piscine. 3. va à l'épicerie. 4. vais au cinéma.
5. allons à une boîte de nuit.

8 1. choisissent 2. maigrissons 3. réussis
4. finissez 5. réfléchis

9 1. dans 2. derrière 3. dans/entre 4. devant
5. sur 6. à droite de/à côté de

10 1. mon 2. leurs 3. votre 4. nos 5. tes 6. sa

11 1. à l' 2. à la 3. au 4. aux

12 1. boire 2. prend 3. buvez/prenez 4. prenons
5. boit/prend

13 Answers will vary.

14 Answers will vary.

Unités 5–8
Leçons 5A–8B
EXAM I

1 1. c 2. a 3. c 4. a 5. c 6. b 7. a 8. c 9. a 10. b

2 Answers will vary. Possible answers: 1. Ils font
du jogging. Il fait beau. 2. Ils jouent aux cartes.
C'est le printemps. 3. Il joue au foot. C'est l'été.
4. Il fait du vélo. Il fait soleil.

3 Answers may vary. Sample answers 1. Il fait la
vaisselle. Il est dans la cuisine. Il utilise l'évier.
2. Il lave le linge/fait la lessive. Il utilise le lave-
linge/sèche-linge. 3. Il repasse. Il utilise un fer
à repasser. 4. Il passe l'aspirateur. Il utilise un
aspirateur.

4 1. célèbre 2. achètes 3. essaie 4. nettoie
5. espèrent 6. préférons 7. amène 8. possédez

5 1. sort 2. promettent 3. apprends 4. partez
5. cours 6. construisent 7. dort

6 1. a fait; a acheté 2. avons fêté 3. ai pris 4. a
obéi; a nettoyé 5. ont couru 6. as préparé

7 1. suis arrivée 2. sont passés 3. sommes allés
4. est rentré 5. avons pris 6. sommes sorties
7. avons passé 8. avons pris 9. a entendues
10. sommes rentrés

8 1. lui ai acheté 2. leur parle 3. leur ai envoyé
4. ne t'ai pas posé 5. vais vous prêter

9 1. l'ai mise 2. les ai faits 3. la nettoyer
4. le passe

10 1. réfléchissions 2. espérions 3. aimait
4. passait 5. connaissait 6. essayait 7. faisait
8. partais 9. pensions 10. avaient

11 1. faisait; sommes partis 2. préféré; était
3. avais; as réussi 4. ne saviez pas; avez préparé
5. n'allais pas; suis rentré(e) 6. désiraient; ont loué

12 1. Noah reconnaît facilement sa cousine sur la
photo. 2. Je balaie souvent, mais je ne passe
pas l'aspirateur constamment. 3. Pour ne pas
réveiller les enfants, descendons doucement au
salon. 4. Il pleuvait fortement quand ils sont
sortis du métro. 5. Tu vas gentiment donner
la grande chambre à ton frère? 6. Ils sont bien
arrivés!

13 1. sommes allés 2. était 3. détestais 4. aimais bien
5. ai pris 6. avons rendu 7. sommes restées
8. a parlé/parlait 9. faisaient 10. arrivaient
11. connaissait 12. ai passé

14 Answers will vary.

15 Answers will vary.

EXAM II

1 1. a 2. b 3. c 4. c 5. c 6. a 7. c 8. a 9. b 10. a

2 Answer will vary. Possible answers: 1. Il fait de la
planche à voile. C'est l'été. 2. Il fait du cheval. Il
fait frais. 3. Ils font du camping. C'est l'automne.
4. Il fait du jogging. Il fait bon.

3 Answers may vary. Sample answers: 1. Elle range
les aliments. Elle est dans la cuisine. Elle utilise le
frigo. 2. Il fait le lit. Il est dans sa chambre.
3. Elle balaie. Elle utilise un balai. Elle est dans
le salon. 4. Il repasse. Il utilise le fer à repasser.

4 1. répète 2. emmènes 3. célèbre 4. considérons
5. protègent 6. emploie 7. payez 8. envoie

5 1. souris 2. réponds 3. ne perd pas 4. mettons
5. dorment 6. rendez 7. servent

6 1. ont fait 2. a commencé 3. as réussi 4. avons
bu 5. avez regardé, a plu 6. ai eu, ai dormi

7 1. suis allée 2. suis restée 3. sommes passées
4. est né 5. est arrivé 6. est morte 7. a fait
8. sont montés 9. a descendu 10. sont tombés

8 1. leur ai parlé 2. vais lui envoyer 3. leur ai
donné 4. leur achète 5. ne lui ai pas montré

9 1. le ranger 2. les ai sorties 3. l'essuie
4. l'ai faite

10 1. avais 2. allions 3. était 4. préférait
5. préparait 6. ne savions pas 7. commençais
8. finissait

11 1. dînait; avez fait 2. était; a nettoyé 3. ne

marchait pas; ont pris 4. connaissais; as fait
5. ne savait pas; a demandé 6. avons dit; arrivait

12 1. Heureusement, tout le monde va bien./Tout le
monde va bien, heureusement. 2. Ce menu est
vraiment original. 3. Vous attendez patiemment
dans la gare. 4. Tu as complètement rangé
l'appartement pour la visite de mes parents?
5. Cette librairie est franchement trop chère.
6. Ce week-end à la plage, nous avons
rapidement bronzé.

13 1. pleuvait 2. a quitté 3. avons pris 4. avions
5. avons vite choisi 6. allions 7. est arrivée
8. avons pris 9. mangeait 10. est arrivé
11. a eu/avait 12. était

14 Answers will vary.

15 Answers will vary.

Unités 1-8
Leçons 1A–8B

EXAM I

1 1. A 2. B 3. D 4. A 5. D 6. C 7. B 8. C 9. A
10. B

2 1. du/un 2. du/un 3. un/du/le 4. des 5. de/
d'une 6. la 7. un 8. du

3 1. attend 2. pensons 3. fêtent 4. rends
5. passes 6. finit 7. répondons 8. choisissent

4 1. Mais non, j'ai un vieil ordinateur bleu.
2. Mais non, j'ai des sœurs travailleuses et
gentilles. 3. Mais non, j'ai une voisine pénible et
ennuyeuse. 4. Mais non, ses cheveux sont courts
et blonds.

5 1. Il est 2. C'est 3. C'est 4. Elle est 5. Elle est
6. Elle est

6 1. a 2. va 3. ont 4. sommes 5. faites 6. allez
7. font 8. suis

7 1. promet 2. sortent 3. achète 4. finis
5. essayez 6. part

8 1. onzième 2. cinquième 3. premier

9 1. ce 2. Ces 3. Cet 4. ces 5. Cette

10 1. sont allées 2. a fini 3. as rendu 4. est sortie
5. ai eu 6. avons emmené 7. est tombé
8. n'avez pas essayé

11 1. leur 2. le 3. l' 4. lui 5. vous 6. l' 7. t'
8. les

12 1. habitais 2. allais 3. vendaient 4. achetions
5. faisions 6. servaient 7. repartions 8. finissait

13 1. Ils sont fiers de lui. 2. Elle travaille pour eux.
3. Il va chez elle.

14 Answers will vary.

15 Answers will vary.

EXAM II

1 1. C 2. D 3. A 4. B 5. B 6. D 7. C 8. A 9. D
10. A

2 1. un/du 2. une/de la 3. une/de la 4. une/de la
5. un 6. de 7. les 8. le

3 1. prenez 2. reviens 3. sentons 4. sert
5. épouse 6. emmènes 7. nagent 8. prête

4 1. Mais non, j'ai une tante petite et rousse. 2. Mais
non, j'ai de vieux livres inutiles. 3. Mais non, j'ai
un bel appartement bon marché. 4. Mais non, j'ai
des cousines sérieuses et jeunes.

5 1. C'est 2. Il est 3. Il est 4. Elle est 5. C'est
6. Elle est

6 1. fais 2. êtes 3. vas/es 4. avons 5. avez
6. faisons

7 1. répètes 2. pars 3. réfléchissons 4. ne sourit
pas 5. vendez 6. envoient

8 1. deuxième 2. quatrième 3. huitième

9 1. cette 2. Ces 3. Cet 4. ce 5. Cette

10 1. suis parti(e) 2. a réussi 3. êtes allée 4. avons
écrit 5. n'a pas acheté 6. avez pris 7. as dormi
8. ont choisi

11 1. les 2. vous 3. lui 4. leur 5. te 6. l' 7. leur
8. l'

12 1. avait 2. partions 3. recevait 4. faisions
5. conduisais 6. achetais 7. jouiez 8. gagnait

13 1. Elles vont chez lui ce soir. 2. Il est près d'eux.
3. Ils sont devant elles.

14 Answers will vary.

15 Answers will vary.

Unité 1
Leçon 1A
ROMAN-PHOTO
1 1. David 2. Sandrine 3. Amina 4. Rachid
5. Stéphane 6. Madame Forestier

CULTURE
1 Answers may vary slightly. 1. Vrai. 2. Faux.
A French **poignée de main** is brief and firm with
a single downward motion. 3. Faux. A logical
response to the question **Quoi de neuf?** would be
Rien de nouveau/Pas grand-chose. 4. Vrai.
5. Faux. **Le cours Mirabeau** is a main bou-
levard located in Aix-en-Provence. 6. Faux. **La
Provence** is a region in southeastern France.

LECTURE SUPPLÉMENTAIRE
1 1. Vrai. 2. Faux. Aline a cours de sciences
politiques. 3. Faux. Aline va très bien. 4. Vrai.
5. Faux. Le professeur s'appelle Dien. 6. Faux.
Dien est professeur au lycée. 7. Faux. Olivia va
à l'université à Aix-en-Provence. 8. Vrai.

Leçon 1B
ROMAN-PHOTO
1 Answers will vary. Sample answers: 1. égoïste,
sociable, française 2. élégante, sincère,
sénégalaise 3. agréable, poli, réservé, algérien
4. américain 5. intelligent 6. française, patiente

CULTURE
1 1. c 2. a 3. a 4. b 5. b 6. c

LECTURE SUPPLÉMENTAIRE
1 1. Il y a deux garçons. 2. Non, elle est élève au
lycée. 3. Oui, Nadja est une étudiante brillante.
4. Laura est sociable et indépendante. 5. Non,
Amadou est d'origine sénégalaise. 6. Non, Nadja
est martiniquaise. 7. Il s'appelle Mohammed.
8. Elle est d'origine vietnamienne. 9. Non, elle
est étudiante à l'université. 10. Non, elle est un
peu timide.

FLASH CULTURE
1 Answers will vary.

PANORAMA
1 1. b 2. a 3. c 4. b 5. a 6. c

Unité 2
Leçon 2A
ROMAN-PHOTO
1 1. Faux. Rachid n'aime pas le professeur de
sciences po. 2. Vrai. 3. Faux. Sandrine adore les
classiques de la littérature française. 4. Vrai. 5. Vrai.

CULTURE
1 1. a 2. c 3. c 4. b 5. b 6. b

LECTURE SUPPLÉMENTAIRE
1 1. Vrai. 2. Faux. Gisèle aime bien Céline. (Elle
est très sympa.) 3. Faux. Elle étudie les lettres.
4. Vrai. 5. Faux. Gisèle adore les sciences.
6. Faux. Les devoirs de biologie sont faciles.
7. Faux. Gisèle préfère la physique. / Gisèle
déteste les maths. 8. Faux. Gisèle retrouve
Céline au gymnase.

Leçon 2B
ROMAN-PHOTO
1 Answers will vary.

CULTURE
1 1. b 2. a 3. a 4. b 5. c 6. a

LECTURE SUPPLÉMENTAIRE
1 Answers may vary slightly. 1. Non, il n'assiste
pas à un cours d'anglais le mardi après-midi. Le
cours d'anglais est le mardi matin. 2. Il arrive
à l'université à dix heures et demie. 3. Non, le
cours d'informatique est le vendredi après-midi.
Il commence à une heure moins le quart.
4. Il arrive tôt à l'université le lundi et le jeudi.
5. Il est à trois heures et demie de l'après-midi.
6. Il commence à onze heures et demie du matin.
7. Il est en avance parce que le cours d'anglais
commence à deux heures et quart. 8. Le
mercredi, il a cours de onze heures et demie du
matin à deux heures et quart de l'après-midi.

FLASH CULTURE
1 1. un point de rencontre 2. la bibliothèque
3. l'espagnol 4. la physique 5. le collège

PANORAMA
1 1. Vrai. 2. Vrai. 3. Faux. 4. Vrai. 5. Vrai.
6. Faux. 7. Vrai. 8. Vrai. 9. Faux.

Unité 3
Leçon 3A

ROMAN-PHOTO

1 1. b 2. a 3. a 4. c 5. a

CULTURE

1 1. b 2. c 3. a 4. c 5. a

LECTURE SUPPLÉMENTAIRE

1 Answers may vary slightly. 1. Oui, elle travaille dans un lycée à Québec. Elle enseigne les maths. 2. Non, c'est le beau-père de Ludmilla et de Jules. C'est le père de Charles. 3. C'est la grand-mère de Ludmilla et de Jules (la mère de Nathalie). 4. Non, elle ne l'aime pas du tout. Il n'est pas gentil et il est égoïste. 5. Non, elle est divorcée. Elle est mariée avec Maurice maintenant. 6. Elle est de taille moyenne. Elle a les cheveux châtains et les yeux bleus. 7. Il s'appelle Maurice. 8. Ils sont petits et blonds. 9. Non, il est fiancé. 10. Non, la famille a deux chiens et un chat.

Leçon 3B

ROMAN-PHOTO

1 1. a 2. b 3. c 4. a 5. c

CULTURE

1 1. a 2. b 3. a 4. c 5. b

LECTURE SUPPLÉMENTAIRE

1 1. Faux. Il est près de Paris. 2. Faux. Il/Elle travaille le matin et le soir. 3. Faux. C'est le zéro un, quarante-deux, cinquante-six, soixante-dix-huit, trente-six. 4. Vrai. 5. Faux. L'anglais est utile. 6. Vrai. 7. Vrai. 8. Vrai.

FLASH CULTURE

1 Answers will vary.

PANORAMA

1 1. Faux. Sous les rues de Paris/Dans les catacombes, on peut voir des squelettes de 7.000.000 de personnes. 2. Vrai. 3. Faux. Si on a envie de voir *La Joconde,* on va au musée du Louvre. 4. Faux. La pyramide de verre du Louvre a été construite par I.M. Pei. 5. Vrai.

Unité 4
Leçon 4A

ROMAN-PHOTO

1 Answers will vary. Sample answers: 1. David pense que Juliette Binoche est dans une épicerie à Aix-en-Provence. 2. Sandrine, Amina et David cherchent l'épicerie. 3. David, Sandrine et Amina trouvent l'épicerie, mais la dame n'est pas Juliette Binoche.

CULTURE

1 1. écouter de la musique 2. bavarder 3. féca 4. restaurant 5. chaud 6. Paris

LECTURE SUPPLÉMENTAIRE

1 Answers may vary slightly. 1. Il s'appelle le Gaumont. 2. Non, il ne donne pas l'adresse d'un marché. 3. Il y a vingt-cinq magasins dans le centre commercial. 4. Elle est (au) 16 rue Maréchal Joffre. 5. Il s'appelle le musée Espace des sciences. 6. Il patine à la Patinoire-Skating de Rennes. 7. Il aime dîner au restaurant Le Gourmandin. 8. On va à la discothèque Pym's Club.

Leçon 4B

ROMAN-PHOTO

1 Answers may vary slightly. 1. étudier 2. dessiner 3. une/de la soupe de poisson, des sandwichs jambon-fromage, des frites, des éclairs 4. un sandwich jambon-fromage; des frites 5. la/de la soupe; un sandwich au fromage 6. une bouteille d'eau minérale

CULTURE

1 1. b 2. c 3. a 4. c 5. b 6. c

LECTURE SUPPLÉMENTAIRE

1 1. Faux. Sophie n'a pas faim. Elle a soif. 2. Faux. Nadine aime mieux le pain de campagne. 3. Faux. Sophie prend un café et une eau minérale. 4. Faux. Un garçon (Nathan) et une fille (Nadine) prennent un thé glacé. 5. Faux. Nathan a soif. Il a envie d'un thé glacé. 6. Vrai. Un sandwich au fromage coûte cinq euros cinquante. 7. Faux. Marc prend une soupe et un éclair au café. 8. Vrai. Nadine prend des frites.

FLASH CULTURE

1 Answers may vary. Un café au lait, une limonade, un coca, un hot-dog, des éclairs.

PANORAMA

1 1. a 2. c 3. a 4. c 5. b 6. a 7. b 8. b

Unité 5
Leçon 5A
ROMAN-PHOTO

1 1. dessiner (la nature et les belles femmes) 2. au football 3. sortir 4. chanter 5. le sport

CULTURE

1 1. e 2. c 3. g 4. b 5. h 6. a

LECTURE SUPPLÉMENTAIRE

1 Answers may vary slightly. 1. Ses livres préférés sont les bandes dessinées. 2. Non, il ne va jamais au musée. 3. Ahmed lit quatre livres par semaine. Oui, il lit beaucoup. 4. Il aime jouer aux cartes. 5. Jouer aux échecs et aux cartes, faire la cuisine et bricoler sont des passe-temps qu'on pratique surtout à la maison. 6. Le week-end, il pratique parfois le vélo et le tennis. 7. Le sport préféré d'Ahmed est le jogging. Il pratique le jogging cinq fois par semaine, le matin. 8. Il va plus souvent au cinéma.

Leçon 5B
ROMAN-PHOTO

1 1. b 2. a 3. b 4. a 5. b 6. c

CULTURE

1 1. b 2. a 3. b 4. a 5. c 6. c

LECTURE SUPPLÉMENTAIRE

1 Answers may vary slightly. (1) Brest (Lyon); (2) Lyon (Brest); (3) il fait beau (bon, du soleil); (4) quatorze; (5) Paris (Toulouse, Ajaccio); (6) Toulouse (Paris, Ajaccio); (7) Ajaccio (Paris, Toulouse); (8) neige (fait mauvais, fait froid); (9) froid (mauvais); (10) nuageux; (11) températures; (12) six

1. Non, il fait froid et le temps est nuageux.
2. À Paris, il fait douze degrés. 3. Il fait plus frais à Marseille. 4. Oui, on fait du ski près de

Grenoble aujourd'hui parce qu'il neige. 5. C'est le mois de novembre. C'est l'automne.

FLASH CULTURE

1 1. du jogging 2. au tennis 3. le basket 4. à la pétanque 5. de la gym et de la danse 6. au cinéma

PANORAMA

1 1. c 2. a 3. c 4. c 5. b 6. a 7. b 8. b

Unité 6
Leçon 6A
ROMAN-PHOTO

1 Answers will vary.

CULTURE

1 1. b 2. b 3. b 4. b or c 5. a 6. b

LECTURE SUPPLÉMENTAIRE

1 Answers may vary slightly. 1. Il passe son enfance au Havre, en Normandie. 2. Il apprend les techniques artistiques avec l'artiste Eugène Boudin. 3. Il habite à Paris. Il étudie l'art. 4. Il fonde le mouvement impressionniste avec Pierre-Auguste Renoir. 5. Ils tombent amoureux et ils se marient. 6. Après la naissance de leur premier enfant, ils vont habiter à Argenteuil. 7. C'est la mort de Camille, la première femme de Monet. 8. Non, il se marie avec Alice Hoschede.

Leçon 6B
ROMAN-PHOTO

1 1. c 2. a 3. c 4. b 5. c 6. b

CULTURE

1 1. c 2. b 3. c 4. b 5. a 6. a

LECTURE SUPPLÉMENTAIRE

1 Answers may vary slightly. 1. Elle fait des vêtements pour les jeunes (pour les hommes et les femmes). 2. C'est une collection d'été. 3. Ils sont rouges, jaunes, blancs et bleus. 4. Elle fait des jupes, des robes et des chemisiers. 5. Ses créations sont simples, agréables, jeunes et bon marché. 6. Ils sont souvent en coton et en soie parce que c'est agréable quand il fait chaud. 7. Elle fait des shorts et des chemises à manches courtes. 8. Elle travaille sur une collection d'accessoires qui va sortir à l'automne. Cette collection va avoir des lunettes de soleil, des sacs à main, des casquettes et des ceintures.

FLASH CULTURE

1 1. a 2. c 3. a 4. b 5. a

PANORAMA

1 1. b 2. a 3. a 4. c 5. b 6. a 7. c

Unité 7
Leçon 7A
ROMAN-PHOTO

1 1. Faux. David est resté dans un hôtel près de la tour Eiffel. 2. Vrai. 3. Faux. David n'a pas visité Paris en voiture/en métro. 4. Vrai. 5. Vrai. 6. Vrai. 7. Faux. David a pris le métro. 8. Vrai.

CULTURE

1 1. Vrai. 2. Faux. Une des langues officielles à Tahiti est le français/le tahitien. 3. Faux. La ville principale de Tahiti est Papeete. 4. Faux. On est probablement à la gare. 5. Faux. On va en Afrique. 6. Vrai.

LECTURE SUPPLÉMENTAIRE

1 Answers may vary slightly. 1. On va à Paris en TGV. Le départ est à 6h55 et l'arrivée est à 9h04. 2. On descend à la station Maubert-Mutualité. 3. On va se promener à pied et on va aussi prendre le bus, le métro et le bateau-mouche. 4. On va visiter la Cathédrale Notre-Dame et le musée du Louvre. On va faire une promenade en bateau-mouche sur la Seine et on va aussi se promener dans le quartier Latin et faire du shopping. 5. On voyage en avion. On arrive à Rio. 6. On voyage en avion, en autobus, en train et en bateau. 7. On va déjeuner dans un restaurant à Copacabana, on va visiter la ville et on va bronzer à la plage. 8. J'ai envie de faire un voyage au Brésil. J'ai envie de visiter Paris.

Leçon 7B
ROMAN-PHOTO

1 1. b 2. a 3. c 4. c 5. a

CULTURE

1 1. c 2. a 3. a 4. a 5. b 6. b

LECTURE SUPPLÉMENTAIRE

1 1. Vrai. Il a réservé un billet aller-retour Paris-Montréal. 2. Faux. La date d'arrivée à Montréal est le 18 mars. 3. Faux. Il a choisi un hôtel confortable au centre-ville. 4. Vrai. Il a quatre étages. 5. Faux. Sa chambre est au deuxième étage. 6. Faux. Il a réservé une chambre avec un grand lit. 7. Faux. On donne son numéro de réservation. 8. Vrai. Elle est au rez-de-chaussée, à côté de la salle avec le fax et les ordinateurs.

FLASH CULTURE

1 1. l'avion 2. un train 3. la gare 4. le car 5. l'autobus 6. le taxi

PANORAMA

1 1. c 2. b 3. a 4. a 5. c 6. b 7. b 8. a 9. c

Unité 8
Leçon 8A
ROMAN-PHOTO

1 1. d 2. b 3. a 4. e 5. c

CULTURE

1 1. a 2. c 3. a 4. b 5. a 6. c

LECTURE SUPPLÉMENTAIRE

1 Answers may vary slightly. 1. Il y a deux appartements à louer. 2. Il est dans une résidence de charme, dans le quartier des hôpitaux et des facultés. 3. Il a deux balcons, une cave et l'immeuble a un ascenseur. 4. La maison en banlieue n'est pas dans un immeuble. Elle a un jardin et une piscine. 5. Il est jeune et agréable. Il y a un cinéma et un musée. 6. Les trois appartements n'ont pas de baignoire. Ils ont une douche. 7. Il y a un canapé, une armoire, une table, des chaises et des étagères. 8. Le logement idéal pour un jeune étudiant est le studio meublé. Il est au centre-ville, près d'un arrêt d'autobus pour les universités. Il est meublé et le loyer n'est pas très cher.

Leçon 8B

ROMAN-PHOTO

1 1. a 2. c 3. b 4. a 5. c

CULTURE

1 1. Faux. Les logements français sont plus petits.
2. Vrai. 3. Faux. Les appartements ont rarement
un lave-vaisselle. 4. Faux. Les kasbah sont
des bâtisses de terre qu'on trouve dans le Sud
marocain. 5. Vrai.

LECTURE SUPPLÉMENTAIRE

1 Answers may vary slightly. 1. Ils mettent leur
chocolat chaud dans le four à micro-ondes et
leurs toasts dans le grille-pain. 2. Non, Madame
Arceneaux prépare le café. Je le sais, parce que le
café est souvent tout chaud dans la cafetière quand
Nadine arrive dans la cuisine. 3. Les enfants font
la vaisselle, Nadine range un peu la cuisine et
ensuite, ils font les lits. 4. Monsieur Arceneaux fait
la cuisine parce que Madame Arceneaux déteste
la faire. 5. On fait la vaisselle dans l'évier. Il n'y a
pas de lave-vaisselle parce que la cuisine est trop
petite. 6. Elle fait la lessive. Non, elle ne quitte
pas l'appartement, parce qu'il y a un lave-linge et
un sèche-linge dans l'appartement. 7. Les enfants
rangent leur chambre, Madame Arceneaux passe
l'aspirateur et Nadine enlève la poussière. 8. Oui,
elle est contente d'habiter chez les Arceneaux parce
que la famille est super, les enfants sont gentils,
ils aident pas mal à la maison et Nadine n'a pas
beaucoup de travail.

FLASH CULTURE

1 1. quartier 2. appartements 3. résidences
4. maisons 5. balcons

PANORAMA

1 1. c 2. a 3. b 4. a 5. a 6. c 7. c 8. b

Answers